Grundwissen für den Beruf

Mathematik

WIRTSCHAFT

Herausgegeben von
Reinhold Koullen

unter Mitarbeit von
Wolfgang Hecht
Alexander Osanna

und der Verlagsredaktion

Cornelsen

Bildquellenverzeichnis

Adpic: S. 161/T. Ott
Cmi/mediacolors/Hoffmann: S. 117
Cornelsen Verlagsarchiv: S. 123
Delespinasse: S. 85/2
Fotofinder: S. 105/Yvonne Szallies/Intro
Fotolia: S. 93/Ursula Deja, S. 119/MASP, S. 126/Gina Sanders, S. 152/Reinhold Föger, S. 188 u.
iStockphoto: S. 135/richyrichimages
Mauritius: S. 147/Pohlmann
Merges-Verlag, Heidelberg: S. 106 o.
Metro AG: S. 144
Pitopia: S. 149/Santje
pixelio.de: S. 116/Gundula Kerekes
Sebastian Fanselow, Berlin: 108
Shutterstock: S. 5, S. 27, S. 39, S. 56/Dmitry Kalinovsky, S. 57, S. 59, S. 74, S. 75, S. 92/wavebreakmedia ltd, S. 101/2/Kenneth V. Pilon, S. 106 u., S. 110/Alexander Raths, S. 111/Ilja Mašík, S. 112 o./Vladimir Daragan, S. 112 u./Anna Lurye, S. 118/Angel Simon, S. 129/Dmitriy Shironosov, S. 131/Dmitry Kalinovsky, S. 138/Igor Stepovik, S. 154/1/Mike Tan C.T., S. 154/2/Nataliya Hora, S. 155/Bombaert Patrick, S. 158/Sergej Razvodovskij, S. 180, S. 181, S. 182/Ruff, S. 185/Elena Schweitzer, S. 190/Buro Pavel
Stockfood: S. 101/1
Ulrich Sengebusch, Geseke (technische Zeichnungen, Grafik): S. 16/2, S. 170
Volkmar E. Janicke, München: S. 41
Wikipedia: S. 73/2, S. 73/3

Impressum

Redaktion: Marielle Kaufmann
Außenredaktion: Torsten Gebauer unter Mitarbeit von Pascal Berten
Bildredaktion: Christina Fanselow
Umschlaggestaltung: hawemannundmosch, Berlin
Titelfoto: Jaschar Vossoug, Berlin
Technische Umsetzung: checkplot, Berlin
Grafiken: Christine Wächter, Berlin
Illustrationen: Uta Bettzieche, Leipzig

www.cornelsen.de

1. Auflage, 6. Druck 2018

Druck: Athesiadruck GmbH

ISBN 978-3-06-450540-7

PEFC
PEFC/18-31-166

PEFC zertifiziert
Dieses Produkt stammt aus nachhaltig bewirtschafteten Wäldern und kontrollierten Quellen.
www.pefc.de

Ganze Zahlen

Brüche

Dezimalbrüche

Größen

Gleichungen

Zuordnungen und Dreisatz

Inhalt

Ganze Zahlen

Check-in

Testen Sie sich selbst: Kreuzen Sie den Buchstaben neben dem richtigen Ergebnis an.

1| 436 + 25 =
A 451 C 461
B 466 D 459

2| 1 045 + 3 624 + 4 320 =
A 9 988 C 8 989
B 7 004 D 8 899

3| 177 – 21 =
A 165 C 151
B 156 D 157

4| 6 643 – 5 322 =
A 2 321 C 1 321
B 1 231 D 2 132

5| $9 \cdot 42 =$
A 387 C 368
B 378 D 388

6| $604 \cdot 1\,009 =$
A 69 436 C 609 436
B 60 946 D 509 436

7| 108 : 12 =
A 8 C 10
B 11 D 9

8| 7 548 : 37 =
A 214 C 134
B 222 D 204

9| $205 - 4 \cdot 25 =$
A – 105 C 105
B 5 025 D 100

10| 260 – (35 + 195) =
A 60 C 30
B 420 D 90

11| $33 \cdot (46 + 15) =$
A 2 013 C 1 113
B 1 533 D 2 123

12| 219 + 12 : 3 =
A 213 C 77
B 223 D 233

13| – 28 + 52 =
A 34 C 24
B – 24 D – 34

14| 35 – (– 13) =
A – 48 C 22
B 48 D – 22

15| $-6 \cdot (-12) =$
A – 72 C 82
B 72 D – 82

16| – 28 : 7 =
A 4 C – 21
B – 4 D 21

17| $3^2 =$
A 6 C 9
B 8 D 5

18| $2^3 =$
A 4 C 6
B 8 D 9

19| $\sqrt{4} =$
A 2 C 16
B 4 D 8

20| $\sqrt{16} =$
A 2 C 8
B 16 D 4

Kontrollieren Sie Ihre Lösungen. Nutzen Sie dazu Seite 199.

- Haben Sie richtig gelöst, machen Sie in der Tabelle ein Kreuz.
- Haben Sie falsch gelöst, finden Sie Hilfen und weitere Übungen auf den angegebenen → Seiten.

1	2	3	4	5	6	7	8	9	10	11	12	13	14	15	16	17	18	19	20
→ S. 7/8		→ S. 9/10		→ S. 11/12		→ S. 13/14		→ S. 15				→ S. 17/18		→ S. 19		→ S. 21		→ S. 22	

Addieren

Das Ergebnis beim Addieren heißt **Summe**.

12 + 7 = 19 **Summe**

↑ **plus**

Schriftlich addieren: 398 + 5 273 + 82 = ?

Zahlen richtig untereinander schreiben:

	T	H	Z	E
		3	9	8
+	5	2	7	3
+			8	2
		2	1	
	5	7	5	3

	Addieren:	Schreiben:	Übertragen:
Einer (E)	2 + 3 + 8 = 13	3	1
Zehner (Z)	1 + 8 + 7 + 9 = 25	5	2
Hunderter (H)	2 + 2 + 3 = 7	7	
Tausender (T)	5 = 5	5	

Kurz:

		3	9	8
	5	2	7	3
+			8	2
		2	1	
	5	7	5	3

1| 48 + 52 =

2| 22 + 69 =

3| 28 + 39 =

4| 75 + 24 =

5| 32 + 69 =

6| 43 + 67 =

7| 76 + 23 =

8| 85 + 35 =

9| 98 + 75 =

10| 132 + 52 =

11| 348 + 37 =

12| 66 + 745 =

13| 249 + 132 =

14| 637 + 298 =

15| 127 + 569 =

16| 734 + 370 =

17| 1 287 + 34 =

18| 565 + 1 746 =

Füllen Sie die Tabellen wie im Beispiel aus.

19|

+	12	15	28	66
38				
16		31		
56				

20|

+	22	17	39	61
35				
16				
52				

21|

+	312	715	258	664
387				
186				
56				

22|

+	312	715	658	464
415				
236				
314				

Lösungen

1–9| 67; 91; 99; 99; 100; 101; 110; 120; 173 10–18| 184; 381; 385; 696; 811; 935; 1 104; 1 321; 2 311 19| 28; 44; 50; 53; 66; 68; 71; 82; 84; 104; 122 20| 33; 38; 52; 55; 57; 69; 74; 74; 77; 91; 96; 113 21| 314; 368; 444; 498; 645; 699; 720; 771; 850; 901; 1 051; 1 102 22| 548; 626; 700; 727; 778; 879; 894; 951; 972; 1 029; 1 073; 1 130

Addieren

1| 17 + 43 + 37 = ______

2| 24 + 39 + 51 = ______

3| 124 + 239 + 351 = ______

4| 1 024 + 2 239 + 3 351 = ______

5| 500 + 8 888 + 23 567 = ______

6| 267 + 49 850 + 100 500 = ______

7| 44 056 + 13 780 + 22 578 = ______

8| 100 270 + 34 008 + 18 555 = ______

9| 35 + 350 +3 500 + 35 000 = ______

10| 2 000 + 200 + 20 + 2 = ______

11| 507 + 705 + 5 007 + 7 005 = ______

12| 401 + 4 111 + 4 001 + 4 101 = ______

13| 2 460 + 2 540 + 2 540 + 2 460 = ______

14| 3 550 + 3 550 + 2 540 + 2 450 = ______

15| 9 900 + 990 + 99 + 90 = ______

16| 6 372 + 6 372 + 6 372 + 6 372 = ______

Berechnen Sie die Summe der drei Zahlen in einer Spalte wie im Beispiel.

17|

1. Zahl	4 567	12 341	29 407
2. Zahl	56	8 753	65 381
3. Zahl	9 876	702	70 099
Summe	14 499	21796	164887

18|

1. Zahl	10 267	12 341	64 832
2. Zahl	366	87 538	10 005
3. Zahl	9 876	7 021	3 019
Summe			

19|

1. Zahl	5 693	2 341	29 407
2. Zahl	756	9 753	6 538
3. Zahl	7 689	418	72 019
Summe	14138	12512	107964

20|

1. Zahl	9 087	712	1 035
2. Zahl	983	8 921	9 634
3. Zahl	988	1 023	20 456
Summe			

Vervollständigen Sie die Mauer wie im Beispiel.

21|

738				
378	360			
208	170	190		
138	70	100	90	
120	18	52	48	42

22|

56	19	45	50	33

Lösungen

1–8| 97; 114; 714; 6 614; 32 955; 80 414; 150 617; 152 833 9–16| 2 222; 10 000; 11 079; 12 090; 12 614; 13 224; 25 488; 38 885 17–20| 10 656; 11 058; 12 512; 14 138; 20 509; 21 796; 31 125; 77 856; 106 900; 107 964; 164 887 21| 70; 90; 100; 170; 190; 208; 360; 378; 738 22| 64; 75; 83; 95; 139; 159; 178; 298; 337; 635

Subtrahieren

Das Ergebnis beim Subtrahieren heißt **Differenz**.

28 – 6 = 22 **Differenz**

↑ **minus**

Schriftlich subtrahieren: 6 835 – 543 = ?

Zahlen richtig untereinander schreiben:

	T	H	Z	E
	6	8	3	5
–		5	4	3
		1		
	6	2	9	2

	Ergänzen:	Schreiben:	Übertragen:
Einer (E)	3 + **2** = 5	2	
Zehner (Z)	4 + **9** = 13	9	1
Hunderter (H)	1 + 5 = 6; 6 + **2** = 8	2	
Tausender (T)	0 + **6** = 6	6	

Kurz:

	6	8	3	5
–		5	4	3
		1		
	6	2	9	2

1| 98 – 52 =

2| 72 – 39 =

3| 99 – 57 =

4| 56 – 39 =

5| 156 – 39 =

6| 234 – 15 =

7| 166 – 150 =

8| 166 – 149 =

9| 104 – 39 =

10| 317 – 45 =

11| 627 – 331 = 296

12| 213 – 148 = 65

13| 1 659 – 52 = 1607

14| 6 237 – 26 = 6211

15| 8 392 – 114 = 8278

16| 9 367 – 255 = 9112

17| 4 667 – 507 = 4160

18| 9 708 – 752 = 8956

19| 1056 – 512 =

20| 8 943 – 999 =

21| 3 080 – 3 053 =

22| 4 667 – 4 507 =

23| 4 008 – 3 456 =

24| 3 896 – 2 698 =

Berechnen Sie die Differenz der beiden Zahlen einer Spalte wie im Beispiel.

25|

1. Zahl	663	582	846
2. Zahl	391	283	268
Differenz	272		

26|

1. Zahl	538	663	547
2. Zahl	425	391	386
Differenz			

27|

1. Zahl	4 567	6 000	5 678
2. Zahl	3 876	782	4 321
Differenz			

28|

1. Zahl	6 792	98 214	56 239
2. Zahl	5 628	89 523	23 511
Differenz			

Lösungen

1–12| 16; 17; 17; 33; 42; 46; 65; 65; 117; 219; 272; 296

13–24| 27; 160; 544; 552; 1 198; 1 607; 4 160; 6 211; 7 944; 8 278; 8 956; 9 112

25–28| 113; 161; 272; 299; 578; 691; 1 164; 1 357; 5 218; 8 691; 32 728

Mehrere Zahlen subtrahieren

Erster Lösungsweg:
75 – 21 – 15 – 4
= 54 – 15 – 4
= 39 – 4
= 35

Zweiter Lösungsweg:
75 – 21 – 15 – 4
= 75 – 40
= 35

21 + 15 + 4 = 40

Mehrere Zahlen schriftlich subtrahieren: 2 997 – 284 – 461 – 71 = ?

Zahlen richtig untereinander schreiben:

	T	H	Z	E
	2	9	9	7
–		2	8	4
–		4	6	1
–			7	1
		2		
	2	1	8	1

	Addieren und ergänzen:	Schreiben:	Übertragen:
Einer (E)	1 + 1 + 4 = 6; 6 + **1** = 7	1	
Zehner (Z)	7 + 6 + 8 = 21; 21 + **8** = 29	8	2
Hunderter (H)	2 + 4 + 2 = 8; 8 + **1** = 9	1	
Tausender (T)	0 + **2** = 2	2	

Kurz:

	2	9	9	7
–		2	8	4
–		4	6	1
–			7	1
		2		
	2	1	8	1

1| 91 – 43 – 7 =

2| 45 – 22 – 23 =

3| 67 – 23 – 44 =

4| 110 – 57 – 43 =

5| 124 – 39 – 11 =

6| 324 – 139 – 151 =

Subtrahieren Sie wie im Beispiel die 2. und 3. Zahl einer Spalte von der 1. Zahl.

7|

1. Zahl	567	369	978
2. Zahl	56	212	121
3. Zahl	76	45	58
Differenz	435		

8|

1. Zahl	456	1 234	4 940
2. Zahl	156	875	653
3. Zahl	287	202	700
Differenz			

9|

1. Zahl	4 567	12 341	94 507
2. Zahl	56	8 753	65 381
3. Zahl	2 876	702	7 009
Differenz			

10|

1. Zahl	56 912	66 125	44 712
2. Zahl	5 523	563	1 324
3. Zahl	6 874	12 889	10 099
Differenz			

11| 34 567 – 12 341 – 9 407 =

12| 98 256 – 8 753 – 65 381 =

13| 221 740 – 85 643 –29 318 =

14| 8 484 – 2 323 – 919 – 3 212 =

15| 30 000 – 5 631 – 6 099 – 4 567 =

16| 83 467 – 23 476 – 178 – 3 053 =

Lösungen

1–6| 0; 0; 10; 34; 41; 74 7–10| 13; 112; 157; 799; 1 635; 2 886; 3 587; 22 117; 33 289; 44 515; 52 673 11–16| 2 030; 12 819; 13 703; 24 122; 56 760; 106 779

Multiplizieren

Das Ergebnis beim Multiplizieren heißt **Produkt**.

3 · 4 = 12 **Produkt**
↑
mal

3 · 4 = 4 + 4 + 4 = 12

Halbschriftlich multiplizieren: 127 · 3 = ?

100 · 3 =	300
20 · 3 =	60
7 · 3 =	21
	381

Schriftlich multiplizieren mit einstelligen Zahlen: 127 · 3 = ?

H	Z	E		
1	2	7	·	3
	3	8	1	
	H	Z	E	

	Multiplizieren:	Schreiben:	Übertragen:
Einer (E)	3 · 7 = 21	1	2
Zehner (Z)	3 · 2 + 2 = 8	8	
Hunderter (H)	3 · 1 = 3	3	

Kurz:

1	2	7	·	3
		3	8	1

1| 8 · 52 =

2| 62 · 4 =

3| 72 · 3 =

4| 24 · 5 =

5| 99 · 7 =

6| 4 · 38 =

7| 3 · 17 =

8| 26 · 9 =

9| 57 · 3 =

10| 32 · 3 =

11| 44 · 7 =

12| 8 · 78 =

13| 4 · 120 =

14| 7 · 220 =

15| 144 · 6 =

16| 3 · 360 =

17| 123 · 0 =

18| 0 · 754 =

19| 4 · 583 =

20| 783 · 9 =

21| 762 · 1 =

22| 1 · 9 607 =

23| 4 397 · 5 =

24| 7 · 2 531 =

Füllen Sie die Tabelle wie im Beispiel aus.

25|

·	0	1	10	100	1 000
5					
48		48			
682					
1 394					

Lösungen

1–12| 51; 96; 120; 152; 171; 216; 234; 248; 308; 416; 624; 693 13–24| 0; 0; 480; 762; 864; 1 080; 1 540; 2 332; 7 047; 9 607; 17 717; 21 985 25| 0; 0; 0; 0; 5; 50; 480; 500; 682; 1 394; 4 800; 5 000; 6 820; 13 940; 48 000; 68 200; 139 400; 682 000; 1 394 000

Multiplizieren

Schriftlich multiplizieren mit mehrstelligen Zahlen: 137 · 43 = ?

1	3	7	·	4	3	
	5	4	8			
		4	1	1		
	5	8	9	1		

Zuerst die Zehner: 137 · 4 = 548
Dann die Einer: 137 · 3 = 411
Zuletzt Addieren.

Kurz:

1	3	7	·	4	3
		5	4	8	
			4	1	1
		5	8	9	1

1| 104 · 91 =

2| 317 · 44 =

3| 57 · 331 =

4| 374 · 89 =

5| 46 · 246 =

6| 511 · 67 =

7| 234 · 41 =

8| 517 · 76 =

9| 611 · 61 =

10| 632 · 49 =

11| 37 · 333 =

12| 615 · 93 =

Füllen Sie die Tabellen wie im Beispiel aus.

13|

·	15	30	1
990			
106	1 590		
256			
471			

14|

·	13	26	52
20			
48			
682			
894			

15|

·	0	12	120
659	0	7,908	79,080
186	0	2,232	22,320
567	0	6,804	68,040
710	0	8,520	85,200

16|

·	160	320	640
56	5,600	17,920	8960
75	12,000	24,000	48,000
509	81,440	162 880	325,760
604	96,640	93,280	386 560

17| 124 · 551 =

18| 304 · 139 =

19| 162 · 229 =

20| 430 · 100 =

21| 430 · 200 =

22| 430 · 300 =

23| 97 531 · 1 =

24| 97 531 · 10 =

25| 97 531 · 100 =

Lösungen

1–12| 9464; 9 594; 11 316; 12 321; 13 948; 18 867; 30 968; 33 286; 34 237; 37 271; 39 292; 57 195
13| 106; 256; 471; 990; 3 180; 3 840; 7 065; 7 680; 14 130; 14 850; 29 700 14| 260; 520; 624; 1 040; 1 248; 2 496; 8 866; 11 622; 17 732; 23 244; 35 464; 46 488 15| 0; 0; 0; 0; 2 232; 6 804; 7 908; 8 520; 22 320; 68 040; 79 080; 85 200 16| 8 960; 12 000; 17 920; 24 000; 35 840; 48 000; 81 440; 96 640; 162 880; 193 280; 325 760; 386 560 17–25| 37 098; 42 256; 43 000; 68 324; 86 000; 97 531; 129 000; 975 310; 9 753 100

Dividieren

Das Ergebnis beim Dividieren heißt **Quotient**.

12 : 4 = 3 **Quotient** (↑ **geteilt durch**)

Probe: 3 · 4 = 12 ✔

Schriftlich dividieren durch einstellige Zahlen: 834 : 6 = ?

1. Schritt:

```
 834 : 6 = 1
-6  ← 1·6=6
 2
```

2. Schritt:

```
 834 : 6 = 13
-6
 23
-18  ← 3·6=18
  5
```

3. Schritt:

```
 834 : 6 = 139
-6
 23
-18
  54
 -54  ← 9·6=54
   0
```

Kurz:

```
 834 : 6 = 139
-6
 23
-18
  54
 -54
   0
```

Oft gehen Divisionen nicht auf. Es bleibt ein **Rest**.

```
 5421 : 6 = 9
-54  ← 9·6=54
  0
```

```
 5421 : 6 = 903 Rest 3
-54
  021
  -18  ← 3·6=18
    3
```

2 : 6 geht nicht. Notieren Sie die 0 im Ergebnis, bevor Sie die 1 herunterholen!

Kurz:

```
 5421 : 6 = 903 R 3
-54
  021
  -18
    3
```

1| 60 : 4 = ____

2| 80 : 5 = ____

3| 72 : 9 = ____

4| 69 : 3 = ____

5| 99 : 3 = ____

6| 51 : 3 = ____

7| 104 : 4 = ____

8| 102 : 6 = ____

9| 144 : 9 = ____

10| 8415 : 3 = ____

11| 7635 : 3 = ____

12| 8346 : 3 = ____

13| 3549 : 7 = ____

14| 8680 : 7 = ____

15| 4606 : 7 = ____

16| 9216 : 9 = ____

17| 1062 : 9 = ____

18| 6282 : 9 = ____

Achtung! Bei den Aufgaben 19 bis 27 bleibt ein Rest.

19| 279 : 6 = ____ R ____

20| 592 : 3 = ____ R ____

21| 653 : 4 = ____ R ____

22| 9737 : 3 = ____ R ____

23| 7325 : 6 = ____ R ____

24| 8834 : 8 = ____ R ____

25| 9683 : 7 = ____ R ____

26| 7369 : 5 = ____ R ____

27| 6547 : 3 = ____ R ____

28| 276 : 6 = ____

29| 2760 : 6 = ____

30| 1000 : 5 = ____

31| 1000 : 50 = ____

32| 2000 : 4 = ____

33| 2000 : 40 = ____

Lösungen

1–9| 8; 15; 16; 16; 17; 17; 23; 26; 33 10–18| 118; 507; 658; 698; 1024; 1240; 2545; 2782; 2805

19–27| 46 R 3; 163 R 1; 197 R 1; 1104 R 2; 1220 R 5; 1383 R 2; 1473 R 4; 2182 R 1; 3245 R 2

28–33| 20; 46; 50; 200; 460; 500

Dividieren

Schriftlich dividieren durch mehrstellige Zahlen: 216 : 18 = ?

1. Schritt:

	2	1	6	:	1	8	=	1
–	1	8	← 1 · 18 = 18					
		3						

2. Schritt:

	2	1	6	:	1	8	=	1	2
–	1	8	↓						
		3	6						
	–	3	6	← 2 · 18 = 36					
			0						

Kurz:

	2	1	6	:	1	8	=	1	2
–	1	8							
		3	6						
	–	3	6						
			0						

1| 2436 : 12 =

4| 2736 : 19 =

7| 2530 : 11 =

2| 2265 : 15 =

5| 4200 : 21 =

8| 6279 : 39 =

3| 3276 : 42 =

6| 2088 : 24 =

9| 9471 : 77 =

10| 26322 : 82 =

13| 16605 : 45 =

16| 35224 : 28 =

11| 11928 : 56 =

14| 33285 : 35 =

17| 1471392 : 32 =

12| 12141 : 57 =

15| 47982 : 22 =

18| 2777280 : 55 =

Achtung! Es bleibt ein Rest.

19| 11418 : 12 = 951,5 R 6

22| 56432 : 45 = 1254 R 2

20| 50463 : 16 = 3,153 R 15

23| 37829 : 18 = 37,818 R 11

21| 27820 : 61 = 456 R 4

24| 560038 : 56 = R

25| Tragen Sie die Lösungen in die Felder des Kreuzzahlrätsels ein.

Beachten Sie:
In jedes Feld darf nur eine Ziffer eingetragen werden.

1		2		3		4
		5				
6	7			8	9	
10		11		12		13
		14				
15				16		

waagerecht	
1	1000 : 8
3	4536 : 9
5	3549 : 7
6	1332 : 6
8	3048 : 8
10	1962 : 6
12	1785 : 7
14	6300 : 9
15	1485 : 5
16	3648 : 8

senkrecht	
1	1562 : 11
2	11040 : 20
3	8595 : 15
4	8379 : 19
7	8160 : 30
9	35400 : 40
10	3744 : 12
11	19425 : 25
12	2652 : 13
13	11886 : 21

Lösungen

1–9| 78; 87; 123; 144; 151; 161; 200; 203; 230 10–18| 213; 213; 321; 369; 951; 1258; 2181; 45981; 50496 19–24| 456 R 4; 951 R 6; 1254 R 2; 2101 R 11; 3153 R 15; 10000 R 38 25| 125; 142; 204; 222; 255; 272; 297; 312; 327; 381; 441; 456; 504; 507; 552; 566; 573; 700; 777; 885

Rechenregeln

Klammern werden immer **zuerst** ausgerechnet.

17 – (5 + 8) = ?
17 – 13 = 4

Punktrechnung geht **vor** Strichrechnung.

24 – 12 : 3 = ?
24 – 4 = 20

16 + 5 · 7 = ?
16 + 35 = 51

Aber: (16 + 5) · 7 = ?
21 · 7 = 147

1| 17 – (5 + 3) = 9

2| (23 + 7) – 9 = 21

3| 100 – (6 – 4) = 98

4| (23 – 3) – (7 – 3) = 16

5| (68 – 48) + 42 – 40 = 22

6| (28 + 7) – (28 – 7) = 14

7| 80 – 5 · 8 = 40

8| 80 · 5 – 8 = 392

9| 50 + 16 : 4 = 54

10| 18 – 24 : 4 = 12

11| (57 – 6) · 3 = 153

12| 57 – (6 · 3) = 35

13| 60 : (3 · 5) = 4

14| (60 : 3) · 5 =

15| (100 : 25) + 63 = 67

16| 21 : 3 + 6 · 4 = 31

17| 90 – 30 : 6 – 4 = 81

18| 28 + 12 · 6 – 100 = 0

19| (40 – 16) : 4 + 40 · 5 = 211

20| 52 – (25 · 4) : 25 + 102 = 158

21| (1 300 : 13) – 40 + 15 · 10 = 210

22| Füllen Sie das Kreuzzahlrätsel aus.

1				2		3
4			5		6	
		7		8		
	9					
10		11				12
	13				14	
15				16		

waagerecht

1 945 – (627 + 2)
2 17 · (8 + 9)
4 (21 – 14) · 7
6 (111 + 110) : 13
7 17 · (35 : 5)
9 18 360 – (4120 + 240)
11 21 · 21 – 20
15 65 · (238 – 233)
16 (5 599 + 79) – (5 359 + 178)

senkrecht

1 (2 300 + 87) : 7
3 1 308 – (676 : 2)
5 100 · 1 000 – 58 976
7 6 · (58 – 15 – 19)
8 56 · 16 + 5
10 1 197 : (3 · 3)
12 3 765 : (45 : 3)
13 (1 000 – 412) : 14
14 4 004 : (137 – 46)

Lösungen
1–6| 9; 14; 16; 21; 22; 98 7–15| 4; 12; 39; 40; 54; 67; 100; 153; 392
16–21| 0; 31; 81; 150; 206; 210 22| 17; 42; 44; 49; 119; 133; 141; 144; 251; 289; 316; 325
341; 421; 901; 970; 14 000; 41 024

Positive und negative Zahlen

Zahlengerade:

–6 –5 –4 –3 –2 –1 0 1 2 3 4 5 6

negative Zahlen (kleiner als 0) | positive Zahlen (größer als 0)

Welche Temperatur erhält man?

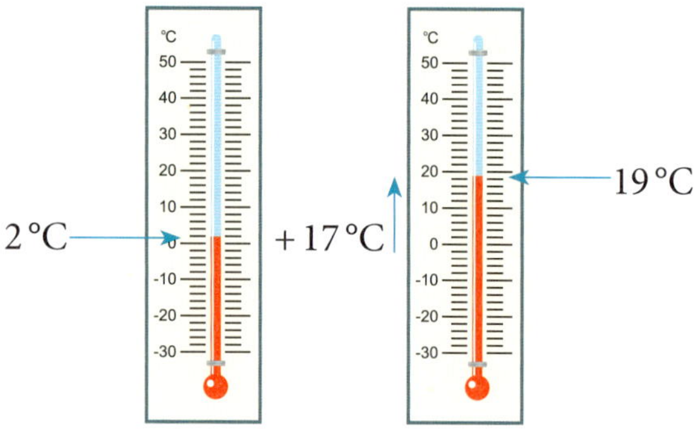

1| von 2 °C um 17 °C wärmer 19 °C

2| von 0 °C um 7 °C wärmer ____ °C

3| von 0 °C um 7 °C kälter ____ °C

4| von 15 °C um 7 °C kälter ____ °C

5| von 9 °C um 17 °C kälter ____ °C

6| von – 12 °C um 7 °C wärmer ____ °C

7| von – 12 °C um 17 °C wärmer ____ °C

8| von – 12 °C um 17 °C kälter ____ °C

9| Berechnen Sie den neuen Kontostand.

alter Kontostand	3540 €	487 €	320 €	450 €	– 534 €	-759 €
Einzahlung (+)	670 €			295 €	840 €	1100 €
Auszahlung (–)		149 €	580 €	755 €		
neuer Kontostand	€	€	€	€	€	€

Wie viel Meter liegen zwischen …

10| … 5 m ü. NN und 78 m ü. NN? 73 m

11| … 58 m ü. NN und 15 m u. NN? 43/ 73 m

12| … 15 m ü. NN und 58 m ü. NN? 73/ 43 m

13| … 30 m u. NN und 8 m u. NN? 22 m

14| … 75 m u. NN und 48 m u. NN? 27 m

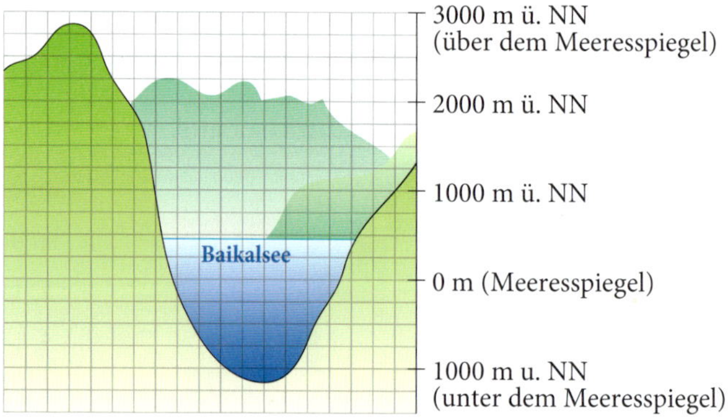

15| Anna Star hat 340 € auf ihrem Konto. Innerhalb einer Woche hebt sie dreimal 15 € ab. Wie viel Euro sind anschließend noch auf ihrem Konto?

295 €

16| Lukas Frei hat 3 000 € auf seinem Sparbuch. Für Fahrstunden hebt er fünfmal 250 € ab. Wie viel Euro sind dann noch auf seinem Sparbuch?

1750 €

Lösungen

1-8| – 29; – 8; – 7; – 5; 5; 7; 8 9| – 260; – 10; 306; 338; 341; 4 210

10-14| 22; 27; 43; 73; 73 15-16| 295; 1 750

Ganze Zahlen addieren

Addieren einer positiven Zahl
Vorzeichen weglassen und addieren

5 + (+ 4) = 5 + 4 = 9

2 + (+ 6) = 2 + 6 = 8

– 3 + (+ 7) = – 3 + 7 = 4

Addieren einer negativen Zahl
Gegenzahl subtrahieren

5 + (– 4) = 5 – 4 = 1

2 + (– 6) = 2 – 6 = – 4

– 3 + (– 7) = – 3 – 7 = – 10

Die Gegenzahl von – 4 ist 4.

1| 3 + (+ 4) =	4| – 12 + (+ 3) =	7| 0 + (+ 5) =
2| 9 + (+ 6) =	5| – 12 + 3 =	8| 7 + (+ 16) =
3| – 9 + (+ 6) =	6| – 50 + 75 =	9| – 7 + (+ 16) =

10| 9 + (– 4) =	13| – 5 + (– 5) =	16| 0 + (– 13) =
11| 9 + (– 10) =	14| – 17 + (– 8) =	17| 6 + (– 6) =
12| – 9 + (– 10) =	15| – 22 + (– 24) =	18| – 6 + (– 6) =

Füllen Sie die Tabellen wie im Beispiel aus.

19|

+	– 5	– 3	3	5
– 8				
– 4	– 9			
0				
4				
8				

20|

+	– 25	– 11	11	25
– 15				
– 7				
0				
7				
15				

21| 12 + 5 =	26| 76 + 24 =	31| 12 + (– 11) + (– 1) =
22| 12 + (+ 5) =	27| 76 +(+ 24) =	32| 8 + (– 7) + (– 1) =
23| 12 + (– 5) =	28| 76 + (– 24) =	33| – 7 + 15 + (– 23) =
24| – 12 + (+ 5) =	29| – 76 + (+ 24) =	34| 10 + (– 9) + 44 =
25| – 12 + (– 5) =	30| – 76 + (– 24) =	35| – 6 + (+ 1) + (– 8) =

Lösungen

1–9| – 9; – 9; – 3; 5; 7; 9: 15; 23; 25 10–18| – 46; – 25; – 19; – 13; – 12; – 10; – 1; 0; 5

19| –13; – 11; – 7; – 5; – 5; – 3; – 3; – 1; – 1; 1; 1; 3; 3; 5; 5; 7; 9; 11; 13

20| – 40; – 32; – 26; – 25; – 18; – 18; – 11; – 10; – 4; – 4; 4; 4; 10; 11; 18; 18; 25; 26; 32; 40

21–35| – 100; – 52; – 17; – 15; – 13; – 7; 0; 0; 7; 17; 17; 45; 52; 100; 100

Ganze Zahlen subtrahieren

Subtrahieren einer positiven Zahl
Vorzeichen weglassen und subtrahieren

6 – (+ 3) = 6 – 3 = 3

4 – (+ 5) = 4 – 5 = – 1

– 7 – (+ 3) = – 7 – 3 = – 10

Subtrahieren einer negativen Zahl
Gegenzahl addieren

6 – (– 3) = 6 + 3 = 9

4 – (– 5) = 4 + 5 = 9

– 7 – (– 3) = – 7 + 3 = – 4

Die Gegenzahl von – 3 ist 3.

1| 5 – (+ 3) =

2| 10 – (+ 11) =

3| – 6 – (+ 8) =

4| – 1 – (+ 12) =

5| – 1 – 12 =

6| 11 – (+ 7) =

7| – 7 – (+ 7) =

8| 7 – (+ 7) =

9| – 34 – (+ 6) =

10| – 1 – (– 4) =

11| 5 – (– 7) =

12| – 3 – (– 9) =

13| 7 – (– 2) =

14| 6 – (– 6) =

15| 15 – (– 30) =

16| 8 – (– 8) =

17| – 8 – (– 8) =

18| – 4 – (– 4) =

Füllen Sie die Tabellen wie im Beispiel aus.

19|

–	– 5	– 3	3	5
– 8				
– 4	1			
0				
4				
8				

20|

–	– 25	– 11	11	25
– 15				
– 7				
0				
7				
15				

21| 12 – 5 =

22| 12 – (+ 5) =

23| 12 – (– 5) =

24| – 12 – (+ 5) =

25| – 12 – (– 5) =

26| – 9 – 4 + (– 7) =

27| – 5 + (– 5) – 10 =

28| 7 – (– 2) + 16 =

29| 12 – 11 + (– 1) =

30| – 6 + 1 – (– 8) =

31| 70 – 18 – (– 8) =

32| 25 + 5 – (– 20) =

33| – 7 + (– 15) – (– 3) =

34| 78 – (– 12) + 16 =

35| – 80 – 25 – (– 75) =

Lösungen

1–9| – 40; – 14; – 14; – 13; – 13; – 1; 0; 2; 4   10–18| 0; 0; 3; 6; 9; 12; 12; 16; 45

19| –13; – 11; – 9; – 7; – 5; – 5; – 3; – 3; – 1; – 1; 1; 3; 3; 5; 5; 7; 9; 11; 13

20| – 40; – 32; – 26; – 25; – 18; – 18; – 11; – 10; – 4; – 4; 4; 4; 10; 11; 18; 18; 25; 26; 32; 40

21–35| – 30; – 20; – 20; – 19; – 17; – 7; 0; 3; 7; 7; 17; 25; 50; 60; 106

Ganze Zahlen multiplizieren und dividieren

Zwei gleiche Vorzeichen: Ergebnis ist positiv

$2 \cdot 3 = 6$ $\quad -2 \cdot (-3) = 6$

$8 : 4 = 2$ $\quad -8 : (-4) = 2$

Zwei verschiedene Vorzeichen: Ergebnis ist negativ

$2 \cdot (-3) = -6$ $\quad -2 \cdot 3 = -6$

$8 : (-4) = -2$ $\quad -8 : 4 = -2$

Werden mehr als zwei Zahlen miteinander multipliziert oder dividiert,rechnet man nacheinander.

$\underbrace{2 \cdot 3} \cdot (-4) = 6 \cdot (-4) = -24$

$\underbrace{8 : (-4)} : (-2) = -2 : (-2) = 1$

Aber: Klammern werden immer zuerst gerechnet.

$8 : \underbrace{((-4) : (-2))} = 8 : 2 = 4$

1| $9 \cdot 7 =$ ___

2| $7 \cdot (-9) =$ ___

3| $-9 \cdot (-7) =$ ___

4| $-9 \cdot 7 =$ ___

5| $-9 \cdot (+7) =$ ___

6| $0 \cdot (-9) =$ ___

7| $8 \cdot (-7) =$ ___

8| $-5 \cdot (-7) =$ ___

9| $-6 \cdot 4 =$ ___

10| $12 : 4 =$ ___

11| $-12 : 4 =$ ___

12| $12 : (-4) =$ ___

13| $-12 : (-4) =$ ___

14| $-12 : (+4) =$ ___

15| $0 : (-4) =$ ___

16| $(-27) : (-9) =$ ___

17| $56 : (-8) =$ ___

18| $-54 : 9 =$ ___

Füllen Sie die Tabellen wie im Beispiel aus.

19|

·	– 5	– 3	3	5
– 8				
– 4	20			
0				
4				
8				

20|

:	– 4	– 3	3	4
– 24				
– 12	3			
0				
12				
24				

21| $6 \cdot (-12) =$ ___

22| $-72 : 9 =$ ___

23| $-96 : (-8) =$ ___

24| $-12 \cdot (-8) =$ ___

25| $4 \cdot (-6) \cdot 2 =$ ___

26| $-100 : (-50) : (-2) =$ ___

Lösungen

1–9| – 63; – 63; – 63; – 56; – 24; 0; 35; 63; 63 10–18| – 7; – 6; – 3; – 3; – 3; 0; 3; 3; 3

19| – 40; – 40; – 24; – 24; – 20; – 20; – 12; – 12; 0; 0; 0; 0; 12; 12; 20; 24; 24; 40; 40

20| – 8; – 8; – 6; – 6; – 4; – 4; – 3; – 3; 0; 0; 0; 0; 3; 4; 4; 6; 6; 8; 8

21–26| – 72; – 48; – 8; – 1; 12; 96

Vermischte Aufgaben

1| $18 + 21 = \square$	6| $107 - 47 - 60 = \square$	11| $15 - 9 - 78 = \square$
2| $77 - 23 = \square$	7| $-13 + 14 + 4 = \square$	12| $15 - (+9) - (+78) = \square$
3| $12 - (+12) = \square$	8| $50 - 100 + 50 = \square$	13| $-15 + (-9) - 78 = \square$
4| $17 + (-12) = \square$	9| $-33 - 11 + 55 = \square$	14| $-15 - 9 - (-78) = \square$
5| $28 + 44 - 31 = \square$	10| $27 + 24 - 52 = \square$	15| $-15 + 9 - 78 = \square$

16| $5 \cdot 12 = \square$	21| $550 : 25 = \square$	26| $32 \cdot (-3) = \square$
17| $-12 \cdot 8 = \square$	22| $-550 : (-22) = \square$	27| $28 : (-7) = \square$
18| $12 \cdot (-8) = \square$	23| $270 : (+30) = \square$	28| $-8 \cdot 20 = \square$
19| $96 : 4 = \square$	24| $-270 : (-30) = \square$	29| $2\,800 : (-14) = \square$
20| $-96 : 4 = \square$	25| $-270 : 30 = \square$	30| $-15 \cdot (-100) = \square$

31| $26 + \boxed{4} = 30$	35| $-10 + \square = -5$	39| $6 \cdot \square = 12$
32| $15 + \square = 18$	36| $-10 + \square = 5$	40| $7 \cdot \square = 63$
33| $37 - \square = 27$	37| $-10 + \square = -20$	41| $72 : \square = 9$
34| $18 - \square = 9$	38| $-10 + \square = 0$	42| $66 : \square = 6$

Achtung: Punktrechnung vor Strichrechnung. Klammern zuerst.

43| $50 + 3 \cdot 4 = \square$	49| $22 - (7 + 5) = \square$	55| $(64 - 39) \cdot (13 - 8) = \square$
44| $(50 + 3) \cdot 4 = \square$	50| $-20 + 18 : 3 = \square$	56| $45 : (-5) \cdot (7 - 4) = \square$
45| $62 - 4 \cdot 8 = \square$	51| $48 : (-4) + 9 = \square$	57| $2 \cdot 15 - (28 - 13) = \square$
46| $8 + 16 : (-2) = \square$	52| $-9 \cdot 12 + 36 = \square$	58| $-7 \cdot 3 \cdot (-4) = \square$
47| $3 \cdot (17 - 12) = \square$	53| $-24 - 4 \cdot 2 = \square$	59| $120 - 8 \cdot 7 = \square$
48| $28 : (19 - 5) = \square$	54| $42 + 12 : (-3) = \square$	60| $47 - 8 \cdot 3 : 12 = \square$

Lösungen

1–15| −102; − 84; − 72; − 72; − 1; 0; 0; 0; 5; 5; 11; 39; 41; 54; 54 16–30| − 200; − 160; − 96; − 96; − 96; − 24; − 9; − 4; 9; 9; 22; 24; 25; 60; 1 500 31–42| − 10; 2; 3; 5; 8; 9; 9; 10; 10; 11; 15 43–60| − 72; − 32; − 27; − 14; − 3, 0; 2; 10; 15; 15; 30; 38; 45; 62; 64; 84; 125; 212

Potenzen

Für $3 \cdot 3 \cdot 3 \cdot 3 \cdot 3$ schreibt man kurz: 3^5 (gesprochen: *3 hoch 5*).

$3 \cdot 3 \cdot 3 \cdot 3 \cdot 3 = 3^5 = 243$

Grundzahl — 3^5 — Hochzahl

Potenz

Potenzen werden immer zuerst berechnet.

$4^2 + 5$
$= 4 \cdot 4 + 5$
$= 16 + 5 = 21$

$4 \cdot 2^3$
$= 4 \cdot 2 \cdot 2 \cdot 2$
$= 4 \cdot 8 = 32$

Schreiben Sie als Potenz von 10.

1| $10 \cdot 10 \cdot 10 =$ 10^3

2| $10 \cdot 10 =$

3| $10 =$

4| $1 =$

Schreiben Sie die Zahl als Potenz von 10.

5| $1\,000 = 10 \cdot 10 \cdot 10 = 10^3$

6| $100 =$ ___ $=$

7| $10\,000 =$ ___ $=$

8| $10 =$ ___ $=$

9| $5^2 =$

10| $9^2 =$

11| $10^2 =$

12| $12^2 =$

13| $20^2 =$

14| $11^2 =$

15| $6^2 + 4 =$

16| $15 + 8^2 =$

17| $7^2 + 32 =$

18| $2^3 =$

19| $3^3 =$

20| $4^3 =$

21| $2^4 =$

22| $3^4 =$

23| $4^4 =$

24| $1^3 + 44 =$

25| $2 \cdot 5^3 =$

26| $10^3 + 6^3 =$

Berechnen Sie die Potenzen mithilfe der Tasten x^2 bzw. x^y des Taschenrechners (siehe Einband hinten).

27| $19^2 =$

28| $17^2 =$

29| $34^2 =$

30| $12^3 =$

31| $16^3 =$

32| $27^3 =$

33| $7^4 =$

34| $11^4 =$

35| $14^4 =$

Lösungen

1–8| 10^0; 10^1; 10^1; 10^2; 10^2; 10^4 9–17| 25; 40; 79; 81; 81; 100; 121; 144; 400

18–26| 8; 16; 27; 45; 64; 81; 250; 256; 1 216

27–35| 289; 361; 1 156; 1 728; 2 401; 4 096; 14 641; 19 683; 38 416

Quadrat- und Kubikwurzeln

Quadratwurzel aus 64 = 8, denn $8 \cdot 8 = 64$.

Man schreibt: $\sqrt{64} = 8$

Wurzelziehen: $8^2 = 64$ → $\sqrt{64} = 8$

Quadrieren: $\sqrt{64} = 8$ → $8^2 = 64$

Kubikwurzel aus 8 = 2, denn $2 \cdot 2 \cdot 2 = 8$.

Man schreibt: $\sqrt[3]{8} = 2$

Kubikwurzelziehen: $2^3 = 8$ → $\sqrt[3]{8} = 2$

hoch 3 rechnen: $\sqrt[3]{8} = 2$ → $2^3 = 8$

Ergänzen Sie jeweils die fehlende Zahl.

1| $\sqrt{9} = 3$, denn $3^2 = 9$

2| $\sqrt{\square} = 4$, denn $4^2 = \square$

3| $\sqrt{\square} = 6$, denn $6^2 = \square$

4| $\sqrt{\square} = 12$, denn $12^2 = \square$

5| $\sqrt{49} = 7$, denn $7^2 = 49$

6| $\sqrt{100} = \square$, denn $\square^2 = 100$

7| $\sqrt{64} = \square$, denn $\square^2 = 64$

8| $\sqrt{81} = \square$, denn $\square^2 = 81$

9| $\sqrt[3]{\square} = 2$, denn $2^3 = \square$

10| $\sqrt[3]{\square} = 4$, denn $4^3 = \square$

11| $\sqrt[3]{\square} = 7$, denn $7^3 = \square$

12| $\sqrt[3]{27} = \square$, denn $\square^3 = 27$

13| $\sqrt[3]{125} = \square$, denn $\square^3 = 125$

14| $\sqrt[3]{1\,000} = \square$, denn $\square^3 = 1\,000$

15| $\sqrt{25} = \square$

16| $\sqrt{16} = \square$

17| $\sqrt{121} = \square$

18| $\sqrt{2\,500} = \square$

19| $\sqrt{1\,600} = \square$

20| $\sqrt{400} = \square$

21| $\sqrt[3]{64} = \square$

22| $\sqrt[3]{216} = \square$

23| $\sqrt[3]{1} = \square$

Berechnen Sie die Wurzeln mithilfe der Tasten $\sqrt{\ }$ bzw. $\sqrt[x]{\ }$ des Taschenrechners (siehe Einband hinten).

24| $\sqrt{169} = \square$

25| $\sqrt{361} = \square$

26| $\sqrt{529} = \square$

27| $\sqrt{441} = \square$

28| $\sqrt{484} = \square$

29| $\sqrt{324} = \square$

30| $\sqrt[3]{729} = \square$

31| $\sqrt[3]{1\,331} = \square$

32| $\sqrt[3]{2\,744} = \square$

Lösungen

1–8| 8; 9; 10; 16; 36; 144 9–14| 3; 5; 8; 10; 64; 343

15–23| 1; 4; 4; 5; 6; 11; 20; 40; 50

24–32| 9; 11; 13; 14; 18; 19; 21; 22; 23

Check-out

Testen Sie sich selbst: Kreuzen Sie den Buchstaben neben dem richtigen Ergebnis an.

1 | $735 + 68 =$

A 793 C 703
B 803 D 802

2 | $145 + 362 + 432 =$

A 839 C 939
B 949 D 929

3 | $7\,643 - 6\,622 =$

A 1 002 C 998
B 1 021 D 1 221

4 | $93\,867 - 8\,735 =$

A 85 234 C 74 298
B 86 329 D 85 132

---

5 | $8 \cdot 53 =$

A 242 C 424
B 64 D 432

6 | $39 \cdot 409 =$

A 15 951 C 1 576
B 23 401 D 15 832

7 | $144 : 12 =$

A 11 C 12
B 13 D 14

8 | $2\,214 : 18 =$

A 128 C 132
B 123 D 124

---

9 | $205 - 5 \cdot 20 =$

A 4 000 C 5 125
B – 105 D 105

10 | $760 - (35 + 195) =$

A 920 C 600
B 1 020 D 530

11 | $34 \cdot (46 + 15) =$

A 2 074 C 1 549
B 1 054 D 1 579

12 | $189 + 153 : 3 =$

A 240 C 214
B 114 D 340

---

13 | $-58 + 52 =$

A – 110 C 6
B 110 D – 6

14 | $47 - (-12) =$

A 59 C 35
B – 59 D – 35

15 | $-6 \cdot (-11) =$

A – 66 C 15
B 66 D – 15

16 | $-32 : 8 =$

A 4 C – 5
B – 4 D – 3

---

17 | $5^2 =$

A 10 C 7
B 25 D 3

18 | $4^3 =$

A 64 C 16
B 12 D 9

19 | $\sqrt{36} =$

A 6 C 9
B 12 D 3

20 | $\sqrt[3]{8} =$

A 4 C 64
B 24 D 2

Kontrollieren Sie Ihre Lösungen. Nutzen Sie dazu Seite 199.

- Haben Sie richtig gelöst, machen Sie in der Tabelle ein Kreuz.
- Haben Sie falsch gelöst, finden Sie Hilfen und weitere Übungen auf den angegebenen → Seiten.

1	2	3	4	5	6	7	8	9	10	11	12	13	14	15	16	17	18	19	20
→ S. 7/8		→ S. 9/10		→ S. 11/12		→ S. 13/14		→ S. 15				→ S. 17/18		→ S. 19		→ S. 21		→ S. 22	

Anwendungsaufgaben

(Lösungen Seite 200)

1| Sarah Kriescher ist Vertreterin einer Telekommunikationsfirma. Sie fuhr mit dem Firmenauto in der letzten Woche 1 549 km. Der Kilometerzähler zeigt nun 28 541 km an. Welchen Kilometerstand hatte der Wagen bevor Sarah ihn übernahm?

26,992 km

2| Jan Wolle hat 40 Liter Wandfarbe gekauft. Für das Wohnzimmer benötigt er ca. 14 Liter Farbe, für die Küche ca. 8 Liter und für den Flur ca. 4 Liter.

a Wie viel Liter Farbe bleiben übrig?

14 ℓ

b Reicht die Menge aus, um auch noch das Schlafzimmer zu streichen? Dafür bräuchte Jan mindestens 12 Liter Farbe.

Ja   12 Liter noch übr.

3| Die Schulbücherei möchte neue Bücher kaufen. Durch die Einnahmen des letzten Flohmarktes stehen dafür 1 273 € zur Verfügung. Bei unterschiedlichen Verlagen wurden nun für 512 €, 307 € und 183 € Bücher bestellt.

a Wie viel € bleiben übrig?

€ 271

b Reicht das verbleibende Geld für den Kauf von zwei neuen Regalen, die 98 € und 144 € kosten sollen?

JA.

4| Leon Strauch liefert Pizzen aus. Zusätzlich zu seinem Lohn erhält er häufig Trinkgeld. Diese Woche erhielt er: Montag 8 €, Dienstag 11 €, Mittwoch 5 €, Donnerstag 12 €, Freitag und Samstag jeweils 14 € Trinkgeld.

a Wie viel € Trinkgeld erhielt er in dieser Woche insgesamt?

64 €

b Leon spart sein Trinkgeld für ein 410 € teures Handy. Er hat schon 360 € zurückgelegt. Reicht das Geld nach dieser Woche für das Handy?

424 € haben.

5| Lukas Henn fährt für eine Apotheke täglich Medikamente aus.

Letzte Woche fuhr er am Montag 18 km, am Dienstag 11 km und am Mittwoch 13 km. Am Donnerstag hatte er 3 Fahrten mit je 5 km und am Freitag 4 Fahrten mit je 3 km. Wie viel km ist Lukas Henn in der letzten Woche insgesamt gefahren?

69 km

6| Leon Willems verpackt Versandartikel in Kartons. Einen Karton muss er in 18 Minuten gepackt haben.

a In wie viel Minuten muss er 5 Kartons gepackt haben?

90 min

b In wie viel Minuten muss er 15 Kartons gepackt haben?

270 min   4,5 Stunden

c Kann er an einem Arbeitstag von 8 Stunden 25 Kartons packen?

JA.

7| Julia Körfer fährt an fünf Tagen mit dem Roller zur Arbeit. Die Entfernung zwischen Wohnung und Arbeitsstelle beträgt 13 km. Ihr Kollege Kevin Ziba benutzt das Auto. Er fährt an einem Tag insgesamt 25 km.

a Wie viel km fährt Julia wöchentlich zur Arbeit?

65 km

b Wie viel km fährt Kevin wöchentlich zur Arbeit?

15 km   120

c Um wie viel km unterscheidet sich der wöchentliche Arbeitsweg?

10 km   60

8| Ein Einzelhändler hat am Wochenbeginn 647 € auf seinen Geschäftskonto. Am Dienstag hebt er 350 € ab und am Mittwoch 225 €.

a Wie hoch ist der aktuelle Kontostand?

72 €

b Am Wochenende werden 260 € für Versicherungen abgebucht. Wie viel € Schulden hat der Einzelhändler dann?

188 €

9| Daniel Raub hat 442 € auf seinem Sparbuch. Nach Weihnachten zahlt er 130 € ein. Im April zahlt er noch einmal 125 € ein. Im Sommer möchte er Urlaub machen. Die Reise kostet 650 €.

a Reicht das gesparte Geld dafür?

697

b Wie viel € bleiben als Taschengeld übrig?

247 €

10| Ein Sparkonto hat diesen Kontenverlauf:

Datum	Soll (S) in €	Haben (H) in €
01.03.		78
03.04.		56
15.08.	110	
10.10.		97
01.12.		84
22.12.	119	

(S) Soll = Auszahlungen
(H) Haben = Einzahlungen

a Wie viel € waren am 16.08. auf dem Konto?

24 €

b Wie viel € konnte man am 23.12. noch abheben?

86 €

11| Hanna Müller erhält folgenden Lohnzettel.

Bruttolohn	1 650 €	
Lohnsteuer		– 250 €
Kirchensteuer		– 20 €
Sozialversicherung		– 343 €

Wie viel € werden als Nettolohn ausgezahlt?

€

12| Das Geschäftskonto eines Büroartikelhändlers weist am 13. April ein Guthaben von 2 860 € aus. Zwischen dem 14. und 30. April ergaben sich folgende Geschäftsvorfälle:

Datum	Text	Soll (S) in €	Haben (H) in €
14.04.	Zahlung vom Kunden Fritz		1 270
15.04.	Mietzahlung	900	
20.04.	Zahlung an Lieferer Aicher	1 100	
27.04.	Barabhebung	100	
29.04.	Gehaltszahlung	870	

Wie hoch ist der Kontostand am 30. April?

€

13| In einem Großhandelsbetrieb beträgt am 1. Januar eines Jahres der Bestand an Schrauben 120 000 Stück. Nachfolgend sind die Zu- und Abgänge an Schrauben für den Monat Januar aufgeführt:

Datum	Zugang	Abgang
9.01.		30 000
13.01.		65 000
17.01.	50 000	
28.01.		40 000

Wie hoch ist der Bestand an Schrauben Ende Januar?

14| Eine Telefongesellschaft verlegt in einem Wohngebiet 28 Telefonanschlüsse. Pro Anschluss wird eine Gebühr von 129 € verlangt. Wie viel € kosten alle Anschlüsse insgesamt?

€

15| Tim Jung bezahlt monatlich für seine Handy-Flatrate 56 €.

a Wie viel € zahlt er in einem Jahr?

€

b Tim erhält ein neues Angebot: eine Handy-Flatrate für 49 € monatlich. Wie viel € könnte Tim jährlich sparen?

€

Abschlusstest

Kontrollieren Sie Ihre Lösungen auf der Seite 207.

1| 1 024 + 2 369 + 3 501 =

2| 8 827 – 3039 =

3| 10 020 – 2 738 – 351 =

4| 567 · 8 =

5| 1 834 · 15 =

6| 882 : 7 =

7| 23 646 : 42 =

8| 100 – (86 – 64) – 48 + 97 – 36 =

9| 780 · 5 – 13 =

10| 95 · 3 – 8 · 11 =

11| 718 – 264 : 8 =

12| 877 – (27 · 26) : 27 + 365 =

13| 7^2 =

14| $3^2 - \sqrt{9}$ =

15| Welche Temperatur erhält man?

a von 8 °C um 5 °C kälter ____ °C

b von 8 °C um 10 °C kälter ____ °C

c von – 5 °C um 10 °C kälter ____ °C

d von – 5 °C um 7 °C wärmer ____ °C

16| – 55 + 110 =

17| – 26 – 74 + 10 =

18| – 4 · 12 =

19| – 150 : (– 5) =

20| – 34 – 6 + 4 · (– 2) =

21| Jan Esser erhält 11 € als Stundenlohn. Er hat in der letzten Woche 42 Stunden gearbeitet. Wie hoch ist sein Wochenlohn?

____ €

22| Lara Burger hat im Oktober 1 125 € verdient. Sie erhielt einen Stundenlohn von 9 €. Wie viele Stunden hat sie in diesem Monat gearbeitet?

____ Stunden

23| Familie Yasdi kaufte einen Neuwagen für 13 565 €. Nach einigen Jahren verkaufte sie ihn wieder für 2 649 €. Wie groß war der Wertverlust?

____ €

24| 

Bei einer Urlaubsfahrt wurden 1 935 km gefahren. Der Kilometerzähler zeigt danach 41 598 km an. Berechnen Sie den Kilometerstand vor Beginn des Urlaubs.

____ km

25| Marie Doersch hatte am Monatsanfang 457 € auf ihrem Konto. Nacheinander hat sie 175 € und 60 € abgehoben. Am Monatsende werden 260 € für die Miete abgebucht. Wie viel € Schulden hat Marie dann?

____ €

26| Ein Rollermotor macht in einer Minute 6 200 Umdrehungen. Wie viele Umdrehungen wird er in 1 Stunde machen?

1 Stunde hat 60 Minuten

27| Die Förderleistung einer Pumpe beträgt 48 Liter pro Minute. Wie lange braucht die Pumpe um einen Tank mit 3 120 Liter Wasser vollständig zu leeren?

____ min

Brüche

Check-in

Testen Sie sich selbst: Kreuzen Sie den Buchstaben neben dem richtigen Ergebnis an.

1| Erweitern Sie: $\frac{2}{3} =$

A $\frac{10}{15}$ B $\frac{12}{15}$ C $\frac{5}{15}$ D $\frac{6}{15}$

2| Erweitern Sie: $\frac{3}{4} =$

A $\frac{16}{12}$ B $\frac{4}{12}$ C $\frac{3}{12}$ D $\frac{9}{12}$

3| Kürzen Sie so weit wie möglich: $\frac{36}{48} =$

A $\frac{3}{4}$ B $\frac{4}{5}$ C $\frac{2}{8}$ D $\frac{5}{6}$

4| Kürzen Sie so weit wie möglich: $\frac{27}{81} =$

A $\frac{3}{9}$ B $\frac{1}{3}$ C $\frac{1}{9}$ D $\frac{2}{9}$

5| $\frac{2}{5} + \frac{1}{5} =$

A $\frac{3}{10}$ B $\frac{3}{5}$ C $\frac{2}{5}$ D $\frac{2}{10}$

6| $\frac{2}{7} + \frac{3}{14} =$

A $\frac{5}{14}$ B $\frac{4}{14}$ C $\frac{1}{2}$ D $\frac{5}{21}$

7| $3\frac{1}{2} + 2\frac{2}{7} =$

A $5\frac{3}{7}$ B $5\frac{6}{7}$ C $5\frac{3}{9}$ D $5\frac{11}{14}$

8| $\frac{7}{9} - \frac{1}{3} =$

A $\frac{6}{9}$ B $\frac{4}{9}$ C $\frac{6}{3}$ D $\frac{6}{6}$

9| $5 - \frac{4}{9} =$

A $4\frac{2}{9}$ B $4\frac{2}{18}$ C $4\frac{5}{9}$ D $4\frac{5}{6}$

10| $5\frac{7}{15} - \frac{1}{3} =$

A $5\frac{1}{2}$ B $4\frac{3}{5}$ C $5\frac{6}{12}$ D $5\frac{2}{15}$

11| $3 \cdot \frac{2}{7} =$

A $\frac{21}{7}$ B $\frac{6}{7}$ C $\frac{6}{21}$ D $\frac{5}{21}$

12| $\frac{2}{3} \cdot \frac{4}{5} =$

A $\frac{8}{15}$ B $\frac{12}{15}$ C $\frac{6}{8}$ D $\frac{6}{15}$

13| $2\frac{1}{3} \cdot 3\frac{1}{2} =$

A $8\frac{4}{6}$ B $9\frac{1}{6}$ C $8\frac{1}{6}$ D $6\frac{1}{6}$

14| $\frac{7}{8} \cdot 1\frac{4}{5} =$

A $\frac{7}{10}$ B $1\frac{7}{10}$ C $\frac{23}{40}$ D $1\frac{23}{40}$

15| $\frac{5}{9} : \frac{3}{4} =$

A $\frac{20}{27}$ B $\frac{3}{20}$ C $\frac{15}{36}$ D $\frac{2}{5}$

16| $16 : \frac{1}{4} =$

A 4 B 64 C 32 D $\frac{1}{64}$

17| $3\frac{1}{2} : 2 =$

A $1\frac{3}{4}$ B $\frac{4}{7}$ C $\frac{3}{4}$ D $1\frac{1}{4}$

18| $4\frac{1}{2} : 3\frac{1}{4} =$

A $1\frac{5}{13}$ B $1\frac{1}{4}$ C $14\frac{5}{8}$ D $1\frac{3}{4}$

Kontrollieren Sie Ihre Lösungen. Nutzen Sie dazu Seite 199.

- Haben Sie richtig gelöst, machen Sie in der Tabelle ein Kreuz.
- Haben Sie falsch gelöst, finden Sie Hilfen und weitere Übungen auf den angegebenen → Seiten.

1	2	3	4	5	6	7	8	9	10	11	12	13	14	15	16	17	18
→ S. 31				→ S. 32/35						→ S. 33		→ S. 35		→ S. 34		→ S. 35	

Bruchteile und Brüche

Zerlegt man ein Ganzes in 2, 3, 4, 5, … gleich große Teile, erhält man Halbe, Drittel, Viertel, Fünftel, …

Man schreibt $\frac{1}{2}, \frac{1}{3}, \frac{1}{4}, \frac{1}{5}, \ldots$ Das sind **Bruchteile**.

Teilt man z. B. eine Pizza in 4 gleich große Teile, erhält man Viertel.

Jeder Teil ist $\frac{1}{4}$ der ganzen Pizza.

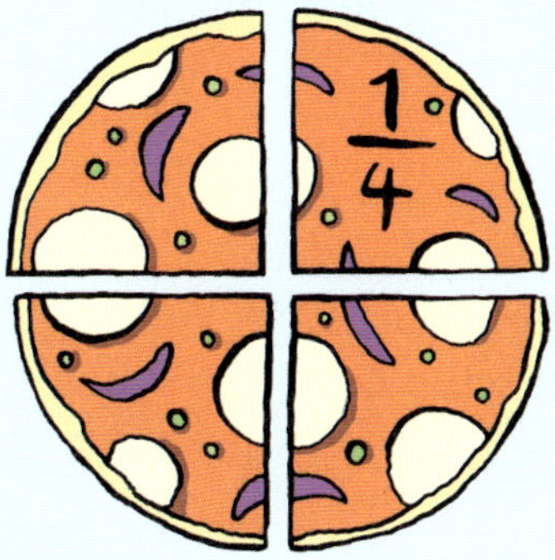

Bruchschreibweise

Bruchstrich ⟶ $\frac{1}{4}$

1 ⟵ Der **Zähler** gibt die Anzahl der Bruchteile an.

4 ⟵ Der **Nenner** gibt an, in wie viele Teile das Ganze unterteilt wurde.

Brüche mit gleichem Nenner heißen **gleichnamig**: $\frac{1}{4}$ und $\frac{3}{4}$ sind gleichnamig.

Brüche mit unterschiedlichem Nenner heißen **ungleichnamig**: $\frac{1}{4}$ und $\frac{1}{3}$ sind ungleichnamig.

Benennen Sie die Bruchteile.

1| 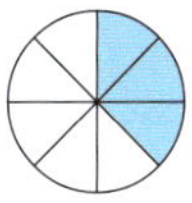 = $\frac{3}{8}$

2| 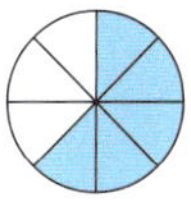 =

3| 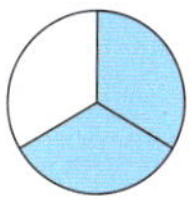 =

4|  =

5|  =

6|  =

7| 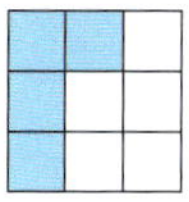 =

8| 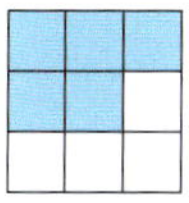 =

9| 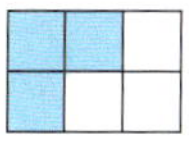 =

Welcher Bruch ist größer?

10| $\frac{1}{3}$ oder $\frac{1}{4}$ $\frac{1}{3}$

11| $\frac{1}{2}$ oder $\frac{1}{4}$

12| $\frac{1}{2}$ oder $\frac{2}{3}$

13| $\frac{2}{3}$ oder $\frac{3}{4}$

14| $\frac{4}{4}$ oder $\frac{3}{7}$

15| $\frac{1}{2}$ oder $\frac{3}{3}$

Berechnen Sie.

16| ein Drittel von 60 = 20

17| ein Drittel von 18 =

18| zwei Drittel von 18 =

19| ein Viertel von 8 =

20| zwei Viertel von 8 =

21| drei Viertel von 8 =

22| ein Viertel von 12 =

23| zwei Viertel von 12 =

24| drei Viertel von 12 =

Lösungen

1–9| $\frac{2}{5}$; $\frac{4}{9}$; $\frac{3}{6}$; $\frac{5}{9}$; $\frac{5}{8}$; $\frac{2}{3}$; $\frac{7}{10}$; $\frac{4}{5}$

10–15| $\frac{1}{2}$; $\frac{2}{3}$; $\frac{3}{4}$; $\frac{3}{3}$; $\frac{4}{4}$

16–24| 2; 3, 4; 6; 6; 6; 9; 12

Gemischte Zahlen

Umwandlung
Bruch → gemischte Zahl:

$\frac{5}{2} = 2\frac{1}{2}$

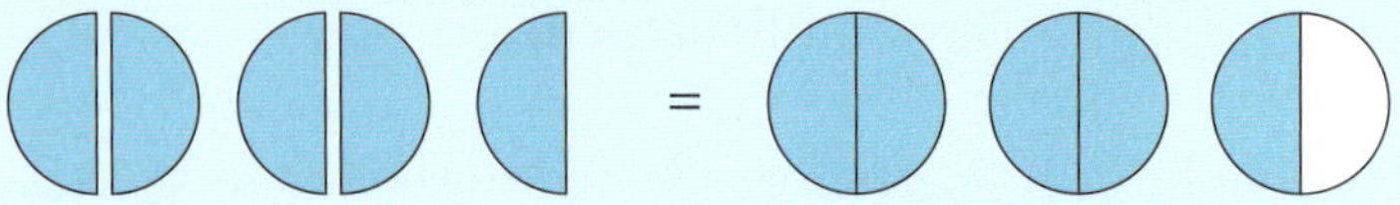

Umwandlung
gemischte Zahl → Bruch:

$2\frac{1}{4} = \frac{9}{4}$

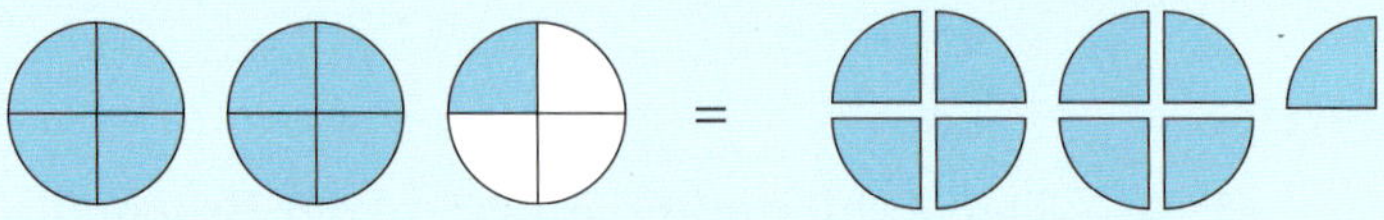

Schreiben Sie wie im Beispiel als Bruch und als gemischte Zahl.

		Bruch	gemischte Zahl
1|	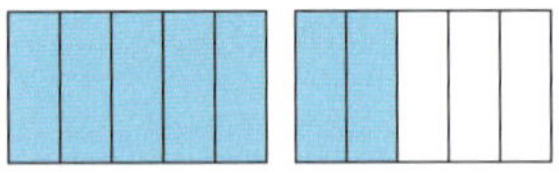	= $\frac{7}{5}$	= $1\frac{2}{5}$
2|	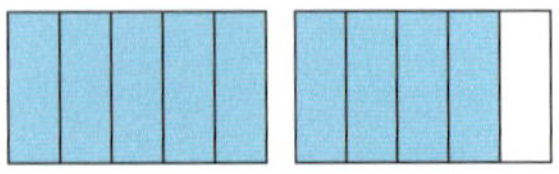	=	=
3|	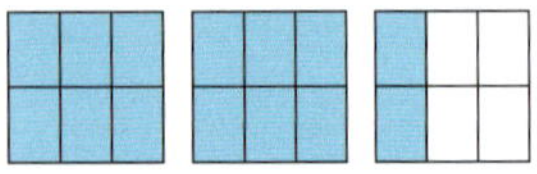	=	=
4|	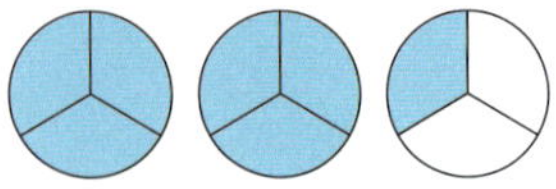	=	=
5|	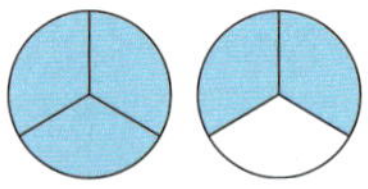	=	=
6|	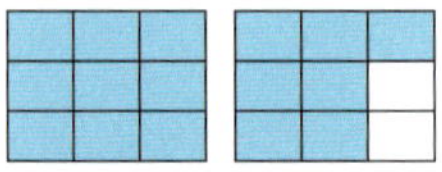	=	=
7|	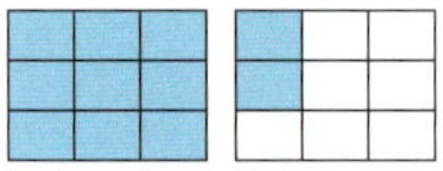	=	=
8|	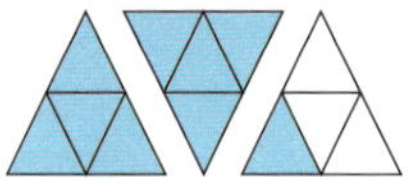	=	=

Schreiben Sie als Bruch.

9| $2\frac{3}{4} =$

10| $3\frac{1}{4} =$

11| $1\frac{1}{2} =$

12| $4\frac{1}{2} =$

13| $4\frac{1}{3} =$

14| $2\frac{2}{3} =$

15| $1\frac{3}{5} =$

16| $3\frac{4}{5} =$

Schreiben Sie als gemischte Zahl.

17| $\frac{7}{2} =$

18| $\frac{9}{2} =$

19| $\frac{7}{3} =$

20| $\frac{10}{3} =$

21| $\frac{9}{4} =$

22| $\frac{17}{4} =$

23| $\frac{8}{5} =$

24| $\frac{9}{5} =$

Lösungen

1–8| $\frac{11}{9}$; $1\frac{2}{9}$; $\frac{5}{3}$; $1\frac{2}{3}$; $\frac{16}{9}$; $1\frac{7}{9}$; $\frac{9}{5}$; $1\frac{4}{5}$; $\frac{9}{4}$; $2\frac{1}{4}$; $\frac{14}{6}$; $2\frac{2}{6}$; $\frac{7}{3}$; $2\frac{1}{3}$

9–16| $\frac{3}{2}$; $\frac{8}{5}$; $\frac{8}{3}$; $\frac{11}{4}$; $\frac{13}{4}$; $\frac{19}{5}$; $\frac{13}{3}$; $\frac{9}{2}$

17–24| $1\frac{3}{5}$; $1\frac{4}{5}$; $2\frac{1}{4}$; $2\frac{1}{3}$; $3\frac{1}{3}$; $3\frac{1}{2}$; $4\frac{1}{4}$; $4\frac{1}{2}$

Erweitern und kürzen

Bruch **erweitern**:
Zähler und Nenner mit derselben Zahl multiplizieren

$\frac{3}{4} = \frac{3 \cdot 2}{4 \cdot 2} = \frac{6}{8}$

$\frac{3}{4}$ wurde erweitert mit 2.

$\frac{3}{4} = \frac{6}{8}$

Bruch **kürzen**:
Zähler und Nenner durch dieselbe Zahl dividieren

$\frac{4}{10} = \frac{4 : 2}{10 : 2} = \frac{2}{5}$

$\frac{4}{10}$ wurde gekürzt auf $\frac{2}{5}$.
Gekürzt wurde mit 2.

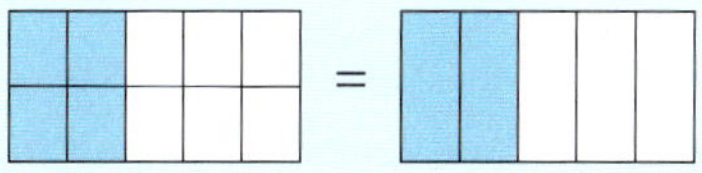

$\frac{4}{10} = \frac{2}{5}$

Kürzen Sie soweit wie möglich.

1| $\frac{96}{120} =$ ☐ **3|** $\frac{30}{42} =$ ☐ **5|** $\frac{21}{49} =$ ☐ **7|** $\frac{125}{100} =$ ☐

2| $\frac{40}{144} =$ ☐ **4|** $\frac{24}{36} =$ ☐ **6|** $\frac{44}{132} =$ ☐ **8|** $\frac{16}{96} =$ ☐

Erweitern Sie auf den jeweils angegebenen Nenner und tragen Sie die Zahl ein, mit der erweitert wurde.

9|

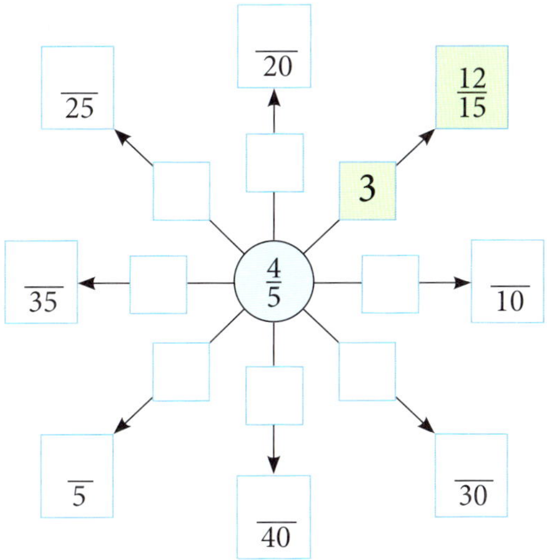

10|

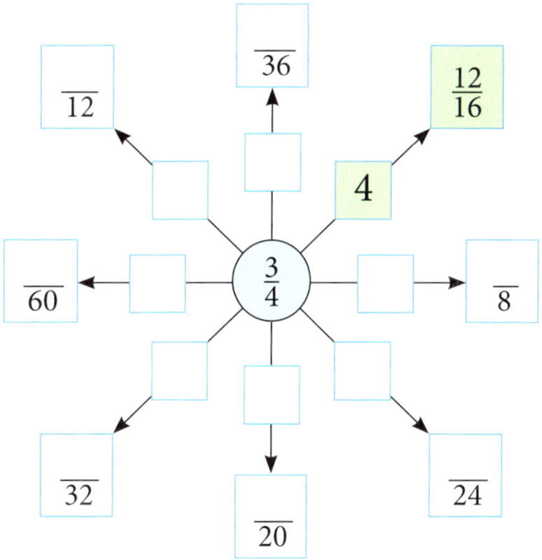

Machen Sie die Brüche durch Erweitern gleichnamig.

11| $\frac{1}{2} = \frac{3}{6}$ und $\frac{1}{3} = \frac{2}{6}$

12| $\frac{3}{4} =$ ☐ und $\frac{1}{3} =$ ☐

13| $\frac{1}{5} =$ ☐ und $\frac{1}{2} =$ ☐

14| $\frac{5}{6} =$ ☐ und $\frac{3}{8} =$ ☐

Lösungen

1–8| $\frac{1}{6}$; $\frac{5}{18}$; $\frac{1}{3}$; $\frac{3}{7}$; $\frac{2}{3}$; $\frac{5}{7}$; $\frac{4}{5}$; $\frac{5}{4}$

9| $\frac{4}{5}$; $\frac{8}{10}$; $\frac{16}{20}$; $\frac{20}{25}$; $\frac{24}{30}$; $\frac{28}{35}$; $\frac{32}{40}$; 1; 2; 4; 5; 6; 7; 8

10| $\frac{6}{8}$; $\frac{9}{12}$; $\frac{15}{20}$; $\frac{18}{24}$; $\frac{24}{32}$; $\frac{27}{36}$; $\frac{45}{60}$; 2; 3; 5; 6; 8; 9; 15

11–14| $\frac{2}{10}$; $\frac{4}{12}$; $\frac{9}{24}$; $\frac{5}{10}$; $\frac{9}{12}$; $\frac{20}{24}$

Addieren und subtrahieren

Gleichnamige Brüche (Beispiel Addition): $\frac{1}{12} + \frac{9}{12} = ?$

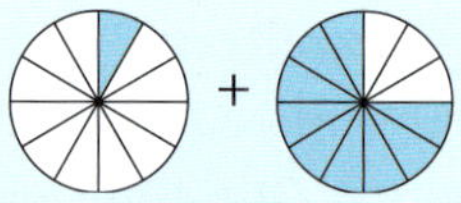

Zähler addieren: $\frac{1+9}{12} = \frac{10}{12}$

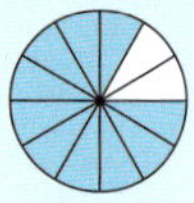

Wenn möglich: Ergebnis kürzen oder als gemischte Zahl schreiben. $\frac{10}{12} = \frac{5}{6}$

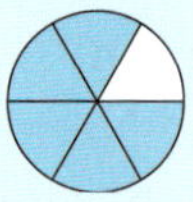

Ungleichnamige Brüche (Beispiel Subtraktion): $\frac{2}{3} - \frac{1}{2} = ?$

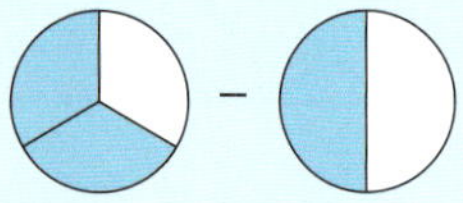

Brüche zuerst gleichnamig machen: (erweitern auf den gemeinsamen Nenner 6) $\frac{2 \cdot 2}{3 \cdot 2} - \frac{1 \cdot 3}{2 \cdot 3} = \frac{4}{6} - \frac{3}{6} = ?$

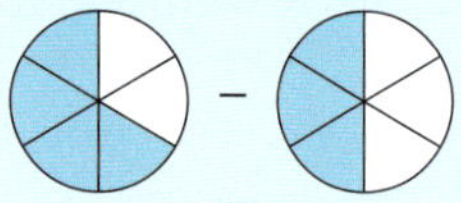

Dann die Zähler subtrahieren: $\frac{4-3}{6} = \frac{1}{6}$

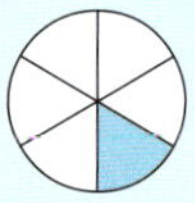

Füllen Sie die Tabellen wie im Beispiel aus.

1|

+	$\frac{1}{2}$	$\frac{1}{3}$	$\frac{1}{4}$	$\frac{1}{5}$	$\frac{1}{6}$
$\frac{1}{2}$	$\frac{2}{2} = 1$	$\frac{5}{6}$			
$\frac{1}{3}$					
$\frac{1}{4}$					

2|

–	$\frac{1}{10}$	$\frac{1}{9}$	$\frac{1}{8}$	$\frac{1}{7}$	$\frac{1}{6}$
$\frac{1}{2}$	$\frac{4}{10} = \frac{2}{5}$				
$\frac{3}{4}$					
$\frac{4}{5}$					

3| $\frac{2}{5} + \frac{3}{10} =$ ☐

5| $\frac{1}{3} + \frac{7}{9} =$ ☐

7| $\frac{2}{3} + \frac{1}{4} =$ ☐

9| $\frac{3}{4} + \frac{1}{7} =$ ☐

4| $\frac{3}{7} + \frac{2}{14} =$ ☐

6| $\frac{1}{2} + \frac{5}{6} =$ ☐

8| $\frac{2}{5} + \frac{1}{2} =$ ☐

10| $\frac{7}{8} + \frac{4}{5} =$ ☐

11| $\frac{3}{10} - \frac{1}{5} =$ ☐

13| $\frac{7}{9} - \frac{1}{3} =$ ☐

15| $\frac{2}{3} - \frac{1}{4} =$ ☐

17| $\frac{3}{4} - \frac{1}{7} =$ ☐

12| $\frac{7}{3} - \frac{3}{14} =$ ☐

14| $\frac{5}{6} - \frac{1}{2} =$ ☐

16| $\frac{1}{2} - \frac{2}{5} =$ ☐

18| $\frac{1}{6} - \frac{1}{7} =$ ☐

Lösungen

1| $\frac{5}{12}$; $\frac{9}{20}$; $\frac{1}{2}$; $\frac{1}{2}$; $\frac{8}{15}$; $\frac{7}{12}$; $\frac{7}{12}$; $\frac{2}{3}$; $\frac{2}{3}$; $\frac{7}{10}$; $\frac{3}{4}$; $\frac{3}{4}$; $\frac{5}{6}$ 2| $\frac{1}{3}$; $\frac{5}{14}$; $\frac{3}{8}$; $\frac{7}{18}$; $\frac{7}{12}$; $\frac{17}{28}$; $\frac{5}{8}$; $\frac{19}{30}$; $\frac{23}{36}$; $\frac{13}{20}$; $\frac{23}{35}$; $\frac{27}{40}$; $\frac{31}{45}$; $\frac{7}{10}$ 3–10| $\frac{4}{7}$; $\frac{7}{10}$; $\frac{25}{28}$; $\frac{9}{10}$; $\frac{11}{12}$; $1\frac{1}{9}$; $1\frac{1}{3}$; $1\frac{27}{40}$ 11–18| $\frac{1}{42}$; $\frac{1}{10}$; $\frac{1}{10}$; $\frac{1}{3}$; $\frac{5}{12}$; $\frac{4}{9}$; $\frac{17}{28}$; $2\frac{5}{42}$

Multiplizieren

Bruch mal Bruch:
Rechnen Sie: Zähler mal Zähler und Nenner mal Nenner. $\frac{1}{3} \cdot \frac{2}{5} = \frac{1 \cdot 2}{3 \cdot 5} = \frac{2}{15}$

Oft erleichtert Kürzen das Rechnen. $\frac{5}{9} \cdot \frac{3}{5} = \frac{\cancel{5}^{1} \cdot \cancel{3}^{1}}{{}_{3}\cancel{9} \cdot \cancel{5}_{1}} = \frac{1 \cdot 1}{3 \cdot 1} = \frac{1}{3}$

Ganze Zahl mal Bruch:
Die ganze Zahl zuerst in einen Bruch umwandeln.
Rechnen Sie dann: Zähler mal Zähler und Nenner mal Nenner. $4 \cdot \frac{3}{5} = \frac{4}{1} \cdot \frac{3}{5} = \frac{4 \cdot 3}{1 \cdot 5} = \frac{12}{5} = 2\frac{2}{5}$

oder kurz:
Zähler mit der ganzen Zahl multiplizieren. $4 \cdot \frac{3}{5} = \frac{4 \cdot 3}{5} = \frac{12}{5} = 2\frac{2}{5}$

Füllen Sie die Tabellen wie im Beispiel aus.

1|

$\cdot$	$\frac{1}{3}$	$\frac{3}{5}$	$\frac{2}{7}$	$\frac{10}{11}$	$\frac{8}{13}$
$\frac{1}{2}$	$\frac{1}{6}$				
$\frac{2}{3}$					
$\frac{3}{4}$					
$\frac{4}{5}$					

2|

$\cdot$	$\frac{1}{2}$	$\frac{2}{3}$	$\frac{3}{4}$	$\frac{3}{8}$	$\frac{4}{9}$
$\frac{5}{6}$					
$\frac{5}{8}$					
$\frac{6}{7}$					
$\frac{7}{8}$					

3| $\frac{7}{20} \cdot \frac{4}{5} =$ ☐

4| $\frac{4}{9} \cdot \frac{3}{4} =$ ☐

5| $\frac{3}{5} \cdot \frac{5}{7} =$ ☐

6| $\frac{4}{6} \cdot \frac{2}{10} =$ ☐

7| $\frac{4}{10} \cdot \frac{3}{8} =$ ☐

8| $\frac{4}{9} \cdot \frac{3}{8} =$ ☐

9| $\frac{5}{8} \cdot \frac{4}{7} =$ ☐

10| $\frac{6}{7} \cdot \frac{1}{3} =$ ☐

11|

$\cdot$	$\frac{3}{4}$	$\frac{4}{5}$	$\frac{1}{3}$	$\frac{3}{10}$	$\frac{1}{4}$
4	3				
6					

12|

$\cdot$	2	3	4	6	10
$\frac{1}{2}$					
$\frac{5}{6}$					

Lösungen

1| $\frac{1}{7}$; $\frac{4}{21}$; $\frac{3}{14}$; $\frac{2}{9}$; $\frac{8}{35}$; $\frac{1}{4}$; $\frac{4}{15}$; $\frac{3}{10}$; $\frac{4}{13}$; $\frac{2}{5}$; $\frac{16}{39}$; $\frac{9}{20}$; $\frac{5}{11}$; $\frac{6}{13}$; $\frac{12}{25}$; $\frac{32}{65}$; $\frac{20}{33}$; $\frac{15}{22}$; $\frac{8}{11}$

2| $\frac{15}{64}$; $\frac{5}{18}$; $\frac{5}{16}$; $\frac{5}{16}$; $\frac{9}{28}$; $\frac{21}{64}$; $\frac{10}{27}$; $\frac{8}{21}$; $\frac{7}{18}$; $\frac{5}{12}$; $\frac{5}{12}$; $\frac{3}{7}$; $\frac{7}{16}$; $\frac{15}{32}$; $\frac{5}{9}$; $\frac{4}{7}$; $\frac{7}{12}$; $\frac{5}{8}$; $\frac{9}{14}$; $\frac{21}{32}$

3–10| $\frac{2}{15}$; $\frac{3}{20}$; $\frac{1}{6}$; $\frac{7}{25}$; $\frac{2}{7}$; $\frac{1}{3}$; $\frac{5}{14}$; $\frac{3}{7}$

11| 1; $1\frac{1}{5}$; $1\frac{1}{3}$; $1\frac{1}{2}$; $1\frac{4}{5}$; 2; $3\frac{1}{5}$; $4\frac{1}{2}$; $4\frac{4}{5}$

12| 1; $1\frac{1}{2}$; $1\frac{2}{3}$; 2; $2\frac{1}{2}$; 3; $3\frac{1}{3}$; 5; 5; $8\frac{1}{3}$

Dividieren

Bruch durch Bruch:
Mit dem Kehrwert des zweiten Bruches multiplizieren. $\frac{2}{3} : \frac{5}{7} = \frac{2}{3} \cdot \frac{7}{5} = \frac{2 \cdot 7}{3 \cdot 5} = \frac{14}{15}$

Der Kehrwert von $\frac{5}{7}$ ist $\frac{7}{5}$.

Ganze Zahl durch Bruch:
Die ganze Zahl zuerst in einen Bruch umwandeln. Dann dividieren. $4 : \frac{2}{3} = \frac{4}{1} : \frac{2}{3} = \frac{4}{1} \cdot \frac{3}{2} = \frac{4 \cdot 3}{1 \cdot 2} = \frac{12}{2} = 6$

Bruch durch ganze Zahl:
Die ganze Zahl zuerst in einen Bruch umwandeln. Dann dividieren. $\frac{5}{8} : 2 = \frac{5}{8} : \frac{2}{1} = \frac{5}{8} \cdot \frac{1}{2} = \frac{5 \cdot 1}{8 \cdot 2} = \frac{5}{16}$

oder kurz:
Den Nenner mit der ganzen Zahl multiplizieren. $\frac{5}{8} : 2 = \frac{5}{8 \cdot 2} = \frac{5}{16}$

Füllen Sie die Tabellen wie im Beispiel aus.

1|

:	$\frac{1}{3}$	$\frac{3}{5}$	$\frac{2}{7}$	$\frac{10}{11}$	$\frac{8}{13}$
$\frac{1}{2}$	$1\frac{1}{2}$				
$\frac{2}{3}$					
$\frac{3}{4}$					
$\frac{4}{5}$					

2|

:	$\frac{1}{2}$	$\frac{2}{3}$	$\frac{3}{4}$	$\frac{3}{8}$	$\frac{4}{9}$
$\frac{5}{6}$					
$\frac{5}{8}$					
$\frac{6}{7}$					
$\frac{7}{8}$					

3| $\frac{6}{7} : \frac{1}{4} =$ ☐

4| $\frac{2}{3} : \frac{1}{4} =$ ☐

5| $\frac{2}{5} : \frac{1}{10} =$ ☐

6| $\frac{5}{9} : \frac{2}{3} =$ ☐

7| $\frac{3}{4} : \frac{4}{3} =$ ☐

8| $\frac{1}{2} : \frac{2}{5} =$ ☐

9| $\frac{7}{10} : \frac{2}{5} =$ ☐

10| $\frac{1}{10} : \frac{1}{2} =$ ☐

11|

:	$\frac{2}{3}$	$\frac{3}{4}$	$\frac{4}{5}$	$\frac{5}{6}$	$\frac{7}{8}$
6					
8					

12|

:	2	3	4	6	10
$\frac{2}{5}$					
$\frac{3}{7}$					

Lösungen

1| $\frac{11}{20}$; $\frac{11}{15}$; $\frac{13}{16}$; $\frac{33}{40}$; $\frac{5}{6}$; $\frac{22}{25}$; $1\frac{1}{12}$; $1\frac{7}{32}$; $1\frac{1}{9}$; $1\frac{1}{4}$; $1\frac{3}{10}$; $1\frac{1}{3}$; $1\frac{3}{4}$; 2; $2\frac{1}{4}$; $2\frac{1}{3}$; $2\frac{2}{5}$; $2\frac{5}{8}$; $2\frac{4}{5}$

2| $\frac{5}{6}$; $\frac{15}{16}$; $1\frac{1}{9}$; $1\frac{1}{7}$; $1\frac{1}{6}$; $1\frac{1}{4}$; $1\frac{1}{4}$; $1\frac{2}{7}$; $1\frac{5}{16}$; $1\frac{13}{32}$; $1\frac{2}{3}$; $1\frac{2}{3}$; $1\frac{5}{7}$; $1\frac{3}{4}$; $1\frac{7}{8}$; $1\frac{13}{14}$; $1\frac{31}{32}$; $2\frac{2}{9}$; $2\frac{2}{7}$; $2\frac{1}{3}$

3–10| $\frac{1}{5}$; $\frac{9}{16}$; $\frac{5}{6}$; $1\frac{1}{4}$; $1\frac{3}{4}$; $2\frac{2}{3}$; $3\frac{3}{7}$; 4

11| $6\frac{6}{7}$; $7\frac{1}{5}$; $7\frac{1}{2}$; 8; 9; $9\frac{1}{7}$; $9\frac{3}{5}$; 10; $10\frac{2}{3}$; 12

12| $\frac{1}{25}$; $\frac{3}{70}$; $\frac{1}{15}$; $\frac{1}{14}$; $\frac{1}{10}$; $\frac{3}{28}$; $\frac{2}{15}$; $\frac{1}{7}$; $\frac{1}{5}$; $\frac{3}{14}$

Mit gemischten Zahlen rechnen

Gemischte Zahlen werden zum Rechnen in Brüche umgewandelt.

Addieren: $1\frac{1}{2} + 2\frac{3}{4} = \frac{3}{2} + \frac{11}{4} = \frac{6}{4} + \frac{11}{4} = \frac{17}{4} = 4\frac{1}{4}$

Tipp: Meist ist es einfacher zuerst die Ganzen zusammenzufassen:

$1\frac{1}{2} + 2\frac{3}{4} = 3 + \frac{1}{2} + \frac{3}{4} = 3 + \frac{2}{4} + \frac{3}{4} = 3 + \frac{5}{4} = 3 + 1\frac{1}{4} = 4\frac{1}{4}$

Subtrahieren: $4\frac{1}{2} - 2\frac{3}{5} = \frac{9}{2} - \frac{13}{5} = \frac{45}{10} - \frac{26}{10} = \frac{19}{10} = 1\frac{9}{10}$

Multiplizieren: $3\frac{4}{5} \cdot 2\frac{1}{7} = \frac{19}{5} \cdot \frac{15}{7} = \frac{19 \cdot \cancel{15}^{3}}{{}_{1}\cancel{5} \cdot 7} = \frac{19 \cdot 3}{1 \cdot 7} = \frac{57}{7} = 8\frac{1}{7}$

Dividieren: $3\frac{4}{5} : 2\frac{1}{5} = \frac{19}{5} : \frac{11}{5} = \frac{19}{5} \cdot \frac{5}{11} = \frac{19 \cdot \cancel{5}^{1}}{{}_{1}\cancel{5} \cdot 11} = \frac{19 \cdot 1}{1 \cdot 11} = = \frac{19}{11} = 1\frac{8}{11}$

Erinnerung:

$1\frac{1}{2} = 1 + \frac{1}{2} = \frac{2}{2} + \frac{1}{2} = \frac{3}{2}$

$2\frac{3}{4} = 2 + \frac{3}{4} = \frac{8}{4} + \frac{3}{4} = \frac{11}{4}$

$4\frac{1}{2} = 4 + \frac{1}{2} = \frac{8}{2} + \frac{1}{2} = \frac{9}{2}$

$2\frac{3}{5} = 2 + \frac{3}{5} = \frac{10}{5} + \frac{3}{5} = \frac{13}{5}$

Füllen Sie die Tabellen wie im Beispiel aus.

1|

+	$2\frac{1}{2}$	$3\frac{1}{10}$	$4\frac{1}{4}$	$5\frac{1}{3}$
$1\frac{1}{4}$	$3\frac{3}{4}$			
$2\frac{1}{5}$				
$3\frac{1}{7}$				

2|

–	$1\frac{1}{4}$	$2\frac{3}{5}$	$\frac{7}{8}$	$2\frac{2}{7}$
$3\frac{1}{10}$	$1\frac{17}{20}$			
$4\frac{1}{2}$				
$9\frac{5}{8}$				

3|

·	$2\frac{1}{2} = \frac{5}{2}$	$3\frac{1}{5} =$	$1\frac{7}{8} =$	$1\frac{1}{3} =$	$3\frac{2}{7} =$
$3\frac{1}{2} = \frac{7}{2}$	$\frac{35}{4} = 8\frac{3}{4}$				
$2\frac{1}{5} =$					

4|

:	$1\frac{1}{2} = \frac{3}{2}$	$3\frac{1}{5} =$	$5\frac{1}{4} =$	$1\frac{1}{3} =$	$2\frac{3}{8} =$
$4\frac{1}{2} = \frac{9}{2}$	3				
$2\frac{1}{4} =$					

Lösungen

1| $4\frac{7}{20}$; $4\frac{7}{10}$; $5\frac{3}{10}$; $5\frac{1}{2}$; $5\frac{9}{14}$; $6\frac{17}{70}$; $6\frac{9}{20}$; $6\frac{7}{12}$; $7\frac{11}{28}$; $7\frac{8}{15}$; $8\frac{10}{21}$

2| $\frac{1}{2}$; $\frac{57}{70}$; $1\frac{9}{10}$; $2\frac{3}{14}$; $2\frac{9}{40}$; $3\frac{1}{4}$; $3\frac{5}{8}$; $7\frac{1}{40}$; $7\frac{19}{56}$; $8\frac{3}{8}$; $8\frac{3}{4}$

3| (nur Produkte) $2\frac{14}{15}$; $4\frac{1}{8}$; $4\frac{2}{3}$; $5\frac{1}{2}$; $6\frac{9}{16}$; $7\frac{1}{25}$; $7\frac{8}{35}$; $11\frac{1}{5}$; $11\frac{1}{2}$

4| (nur Quotienten) $\frac{3}{7}$; $\frac{45}{64}$; $\frac{6}{7}$; $\frac{18}{19}$; $1\frac{13}{32}$; $1\frac{1}{2}$; $1\frac{11}{16}$; $1\frac{17}{19}$; $3\frac{3}{8}$

Bruchteile bestimmen

Bruchteile und Multiplikation: Sarah nimmt an einem 8 km Lauf teil.

Sie hat ein Viertel der Strecke geschafft.
Wie viele km sind das?

$\frac{1}{4}$ von 8 km = 2 km

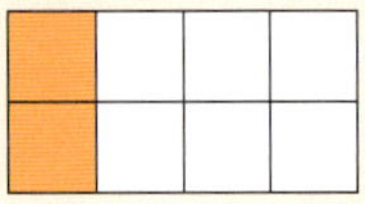

Man kann auch rechnen: $\frac{1}{4} \cdot 8\,\text{km} = 2\,\text{km}$

Nach 30 min hat sie drei Viertel der Strecke geschafft.
Wie viele km sind das?

$\frac{3}{4}$ von 8 km $= 3 \cdot \frac{1}{4}$ von 8 km

$= 3 \cdot 2\,\text{km} = 6\,\text{km}$

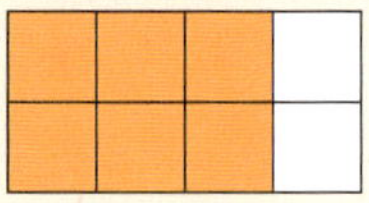

Man kann auch rechnen: $\frac{3}{4} \cdot 8\,\text{km} = 6\,\text{km}$

Bruchteile und Division: 10 Schüler wollen sich 4 Pizzen zu gleichen Teilen aufteilen.

In wie viele Stücke müssen die Pizzen jeweils geteilt werden? Wie viele Stücke erhält jeder?

$4 : 10 = \frac{4}{10} = \frac{2}{5}$

Kürzen

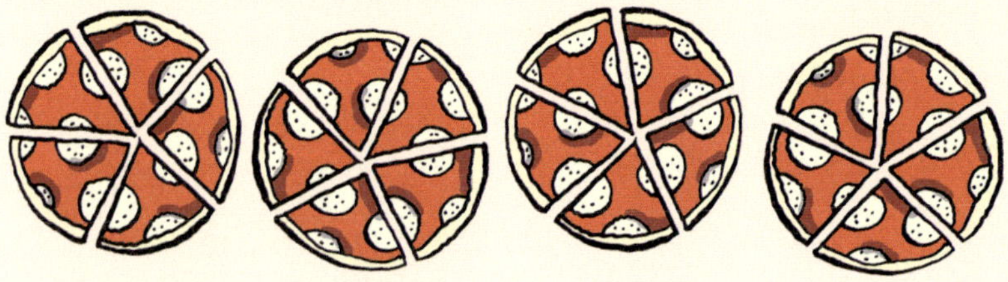

Die Pizzen werden jeweils in fünf gleich große Stücke geteilt. Jeder Schüler erhält zwei Stücke.

1| $\frac{1}{2}$ von 4 km = 2 km

2| $\frac{1}{3}$ von 60 min = ☐ min

3| $\frac{2}{3}$ von 60 min = ☐ min

4| $\frac{1}{2}$ von 12 kg = ☐ kg

5| $\frac{1}{4}$ von 12 kg = ☐ kg

6| $\frac{3}{4}$ von 12 kg = ☐ kg

7| $\frac{1}{10}$ von 30 € = ☐ €

8| $\frac{2}{10}$ von 30 € = ☐ €

9| $\frac{9}{10}$ von 30 € = ☐ €

10| $\frac{1}{2}$ von $\frac{1}{4}$ kg = ☐ kg

11| $\frac{1}{2}$ von $\frac{3}{4}$ km = ☐ km

12| $\frac{1}{2}$ von $\frac{1}{2}$ km = ☐ km

13| $\frac{1}{3}$ von $\frac{1}{2}$ h = ☐ h

14| $\frac{2}{3}$ von $\frac{1}{2}$ h = ☐ h

15| $\frac{1}{2}$ von $\frac{1}{3}$ ℓ = ☐ ℓ

16| $\frac{1}{4}$ von $\frac{1}{3}$ ℓ = ☐ ℓ

17| $\frac{3}{4}$ von $\frac{1}{3}$ ℓ = ☐ ℓ

18| $\frac{1}{3}$ von $\frac{1}{3}$ ℓ = ☐ ℓ

19| 10 Schüler wollen sich 6 Pizzen zu gleichen Teilen aufteilen.
a In wie viele Stücke müssen die Pizzen jeweils geteilt werden? ☐
b Wie viele Stücke erhält jeder? ☐

20| 12 Schüler wollen sich 8 Pizzen zu gleichen Teilen aufteilen.
a In wie viele Stücke müssen die Pizzen jeweils geteilt werden? ☐
b Wie viele Stücke erhält jeder? ☐

Lösungen

1–9| 3; 3; 6; 6; 9, 20; 27; 40;

10–18| $\frac{1}{12}$; $\frac{1}{9}$; $\frac{1}{8}$; $\frac{1}{6}$; $\frac{1}{6}$; $\frac{1}{3}$; $\frac{1}{4}$; $\frac{1}{4}$; $\frac{3}{8}$

19–20| 2; 3; 3; 5

Check-out

Testen Sie sich selbst: Kreuzen Sie den Buchstaben neben dem richtigen Ergebnis an.

1| Erweitern Sie: $\frac{2}{5}=$

A $\frac{2}{20}$ B $\frac{4}{20}$ C $\frac{6}{20}$ D $\frac{8}{20}$

2| Erweitern Sie: $\frac{2}{3}=$

A $\frac{2}{18}$ B $\frac{6}{18}$ C $\frac{12}{18}$ D $\frac{9}{12}$

3| Kürzen Sie so weit wie möglich: $\frac{48}{64}=$

A $\frac{24}{32}$ B $\frac{12}{16}$ C $\frac{6}{8}$ D $\frac{3}{4}$

4| Kürzen Sie so weit wie möglich: $\frac{99}{132}=$

A $\frac{33}{44}$ B $\frac{11}{15}$ C $\frac{3}{4}$ D $\frac{50}{66}$

5| $\frac{6}{7}+\frac{1}{7}=$

A 1 B $\frac{7}{14}$ C $\frac{6}{14}$ D $\frac{5}{7}$

6| $\frac{3}{4}+\frac{5}{8}=$

A $1\frac{1}{8}$ B $\frac{19}{12}$ C $1\frac{3}{8}$ D $\frac{8}{12}$

7| $1\frac{1}{6}+4\frac{8}{9}=$

A $6\frac{1}{18}$ B $5\frac{1}{18}$ C $4\frac{1}{9}$ D $5\frac{4}{9}$

8| $\frac{5}{6}-\frac{3}{4}=$

A $\frac{1}{12}$ B $\frac{2}{2}$ C $\frac{2}{6}$ D $\frac{1}{3}$

9| $5-\frac{1}{17}=$

A $4\frac{3}{17}$ B $4\frac{16}{17}$ C $4\frac{1}{17}$ D $3\frac{16}{17}$

10| $4\frac{5}{9}-2\frac{2}{3}=$

A $2\frac{8}{9}$ B $3\frac{8}{9}$ C $1\frac{8}{9}$ D $2\frac{3}{6}$

11| $\frac{3}{4}\cdot\frac{4}{9}=$

A $\frac{15}{36}$ B $\frac{5}{12}$ C $\frac{1}{3}$ D $\frac{6}{24}$

12| $4\cdot\frac{2}{7}=$

A $1\frac{1}{7}$ B $2\frac{1}{7}$ C $\frac{6}{7}$ D $\frac{2}{28}$

13| $1\frac{4}{5}\cdot 3=$

A $\frac{12}{15}$ B $\frac{12}{5}$ C $5\frac{2}{5}$ D $3\frac{12}{5}$

14| $2\frac{1}{2}\cdot 3\frac{1}{5}=$

A $5\frac{9}{10}$ B $6\frac{1}{10}$ C 7 D 8

15| $\frac{2}{3}:\frac{1}{7}=$

A $\frac{2}{21}$ B $\frac{3}{21}$ C $4\frac{2}{3}$ D 5

16| $24:\frac{2}{3}=$

A $\frac{24}{6}$ B $\frac{6}{24}$ C 36 D $\frac{12}{3}$

17| $2\frac{8}{9}:2=$

A $2\frac{4}{9}$ B $1\frac{4}{9}$ C $1\frac{8}{9}$ D $\frac{8}{9}$

18| $3\frac{1}{2}:2\frac{1}{2}=$

A $1\frac{2}{5}$ B $2\frac{1}{3}$ C $\frac{3}{2}$ D $1\frac{3}{4}$

Kontrollieren Sie Ihre Lösungen. Nutzen Sie dazu Seite 199.

- Haben Sie richtig gelöst, machen Sie in der Tabelle ein Kreuz.
- Haben Sie falsch gelöst, finden Sie Hilfen und weitere Übungen auf den angegebenen → Seiten.

1	2	3	4	5	6	7	8	9	10	11	12	13	14	15	16	17	18
→ S. 31				→ S. 32/35						→ S. 33		→ S. 35		→ S. 34		→ S. 35	

Anwendungsaufgaben

(Lösungen Seite 200)

1| Die drei Gesellschafter eines Sportartikelgeschäfts verteilen den Jahresgewinn folgendermaßen:
Georg Fährmann erhält $\frac{1}{5}$, Lukas Schneider erhält $\frac{1}{4}$ und Andrea Polanski erhält den Rest.
Welchen Bruchteil des Jahresgewinns erhält Andrea Polanski?

2| Der Verkäufer Tim verwendet von seinem Monatseinkommen $\frac{1}{3}$ für Miete, $\frac{1}{4}$ für Verpflegung, $\frac{1}{5}$ für Kleidung und $\frac{1}{6}$ für Sonstiges.
Welchen Bruchteil seines Monatseinkommens kann Tim sparen?

3| Die Fläche eines Geschäftshauses wird von vier Einzelhändlern genutzt. Der Lebensmittelhändler nutzt $\frac{1}{2}$ der Gesamtfläche, der Buchhändler $\frac{1}{4}$, der Schuhhändler $\frac{1}{6}$ und der Juwelier den Rest.
Welchen Anteil der Gesamtfläche nutzt der Juwelier?

4| Die Größe eines Bildschirms wird häufig durch die Länge der Diagonale in Zoll angegeben.

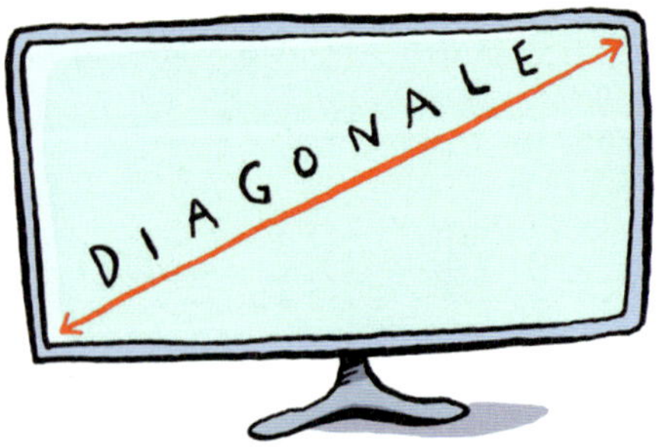

1 Zoll = 1" = $2\frac{27}{50}$ cm

Geben Sie die folgenden Längen in cm an.

a 17 Zoll = ______ cm

b 19 Zoll = ______ cm

5| Der Büroartikelgroßhandel BüroTech verschickt 5 Pakete per Spedition an seine Kunden. Die Pakete haben folgende Gewichte:
$5\frac{1}{4}$ kg, $7\frac{1}{2}$ kg, $15\frac{2}{3}$ kg, $12\frac{3}{4}$ kg und $6\frac{2}{3}$ kg.
Berechnen Sie das Gesamtgewicht der Sendung.

______ kg

6| Im Unterricht werden die Lungenvolumina einiger Schüler gemessen.
Das Volumen von Max beträgt $2\frac{1}{5}$ Liter (ℓ), sein Lehrer verfügt über ein Volumen von $3\frac{7}{10}$ ℓ. Bei einem Leistungssportler hat man ein Volumen von $7\frac{3}{4}$ ℓ festgestellt.
Wie viele Liter beträgt der Unterschied zwischen den Lungenvolumina …

a … des Lehrers und Max?

______ ℓ

b … des Leistungssportlers und des Lehrers?

______ ℓ

c … des Leistungssportlers und Max?

______ ℓ

7| Lukas schafft in einer Minute eine $\frac{3}{4}$ Runde im Park zu laufen.
Wie viele Runden schafft er bei gleich bleibender Geschwindigkeit in 20 Minuten?

8| Lena arbeitet nach Absprache stundenweise im Lager eines Baumarktes. Sie erhält dafür einen Stundenlohn von 12 € brutto. Diesen Monat hatte sie folgende Arbeitszeiten:

1. Woche: $11\frac{1}{2}$ h	3. Woche: $10\frac{2}{3}$ h
2. Woche: $12\frac{3}{4}$ h	4. Woche: $15\frac{1}{3}$ h

Berechnen Sie Lenas Bruttogehalt für diesen Monat.

______ €

9 Sarah fährt täglich von Montag bis Freitag mit dem Fahrrad 5 km zur Schule hin und 5 km wieder zurück. Für eine Strecke benötigt sie $\frac{1}{4}$ Stunde.
Wie viele Stunden fährt Sarah in einer Woche?

☐ Stunden

10 Ein Feinkostladen möchte 3 kg lose Pralinen in kleine Tüten füllen. In die Tüten passt jeweils $\frac{1}{5}$ kg.

a Wie viele Tüten können gefüllt werden?

☐

b Eine kleine Tüte Pralinen soll 4 € kosten. Wie viel € können insgesamt eingenommen werden?

☐ €

11 Ein Weinballon fasst 12 Liter. Der Wein soll in $\frac{3}{4}$-Liter-Flaschen abgefüllt werden.

a Wie viele Flaschen Wein erhält man?

☐

b Wie viele Flaschen Wein erhält man, wenn der Wein in $\frac{1}{4}$-Liter-Flaschen abgefüllt wird?

☐

12 Eine Heizungsanlage in einem Bürogebäude verbraucht durchschnittlich $27\frac{1}{2}$ Liter Heizöl am Tag. Im Tank sind noch 2 695 Liter Heizöl.
Für wie viele Tage reicht die Menge aus?

☐

13 Ein Regentank fasst 1 000 Liter Wasser. Leon benötigt täglich 4 volle Gießkannen Wasser für seinen Kräutergarten. Die Gießkanne fasst $4\frac{3}{4}$ Liter.
Für wie viele ganze Tage reicht das Wasser im Regentank?

☐

14

Auf einer Förderbandstraße werden von einem Automaten pro Minute $3\frac{1}{3}$ Liter Wasser in Flaschen gefüllt. Die Flaschen fassen jeweils $\frac{1}{3}$ Liter Wasser.

a Wie viele Flaschen werden in 1 Minute gefüllt?

☐

1 Stunde = 60 Minuten

b Wie viele Flaschen werden in 1 Stunde gefüllt?

☐

c Wie viele Minuten benötigt der Automat für eine Flasche?

☐ min

15 In den deutschen Fischfanggebieten werden viele Seefischarten gefangen. Die Grafik zeigt die Anteile der häufigsten Arten:

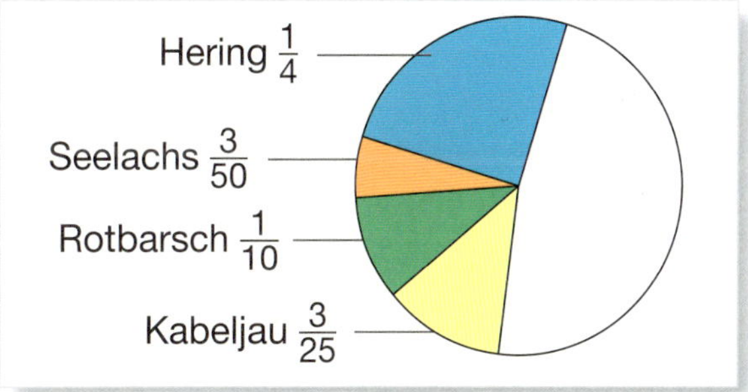

a Welchen Anteil am Gesamtfischfang haben Hering, Seelachs, Rotbarsch und Kabeljau zusammen?

☐

b Welchen Anteil haben die restlichen Fischarten am Gesamtfischfang?

☐

Abschlusstest

Kontrollieren Sie Ihre Lösungen auf der Seite 207.

1| Erweitern Sie $\frac{4}{9}$ auf 36-stel.

2| Kürzen Sie $\frac{64}{72}$ so weit wie möglich.

3| $\frac{4}{9} + \frac{1}{3} =$

4| $\frac{4}{7} - \frac{3}{8} =$

5| $1\frac{2}{4} + 2\frac{1}{3} =$

6| $3\frac{1}{4} - 2\frac{1}{5} =$

7| $5 - 1\frac{4}{7} =$

8| $\frac{5}{5} \cdot \frac{5}{6} =$

9| $2 \cdot \frac{7}{8} =$

10| $\frac{3}{11} \cdot 4 =$

11| $1\frac{1}{2} \cdot 2\frac{1}{3} =$

12| $2\frac{5}{6} \cdot 8 =$

13| $\frac{8}{9} : \frac{2}{3} =$

14| $4 : \frac{2}{3} =$

15| $\frac{2}{9} : 3 =$

16| $2\frac{1}{2} : 3\frac{1}{6} =$

17| $\frac{1}{2} \cdot \left(\frac{7}{8} - \frac{3}{4}\right) =$

18| Die Werbeabteilung eines Einzelhandelsunternehmens plant die Verteilung des Budgets auf verschiedene Werbemaßnahmen: $\frac{1}{4}$ für Werbezugaben, $\frac{1}{5}$ für Anzeigen, $\frac{3}{8}$ für Flyer und den Rest für sonstige Werbemaßnahmen.
Welcher Bruchteil des Werbebudgets entfällt auf die sonstigen Werbemaßnahmen?

19| Auf einer Rolle sind 5 m Geschenkband.

a Es soll in Bänder zerschnitten werden, die alle $\frac{1}{4}$ m lang sind.
Wie viele Bänder erhält man?

b Wie viele Bänder erhält man, wenn jedes Band $\frac{3}{4}$ m lang sein soll?

c Wie lang ist das restliche Band bei b?

m

20| Ali hat Überstunden gemacht:

Montag	Dienstag	Mittwoch	Donnerstag
$\frac{1}{2}$ Stunde	$\frac{3}{4}$ Stunden	1 Stunde	$1\frac{1}{4}$ Stunden

Pro Überstunde werden 11 € gezahlt.
Wie viel € erhält Ali für die Überstunden?

€

21| Ein Unfallauto wird repariert. Zuerst arbeiten drei Automechaniker $2\frac{3}{4}$ Stunden am Unfallwagen. Danach arbeiten zwei Mechaniker noch $3\frac{1}{4}$ Stunden daran. Nach dem Abschluss der Arbeiten unternimmt der Meister eine Probefahrt, die $\frac{1}{4}$ Stunde dauert.
Der Stundensatz beträgt 58 € pro Person.
Wie viel € Arbeitskosten ergeben sich?

€

22| Die Diagonale des Displays eines Navigationsgerätes misst $4\frac{3}{10}$ Zoll.
Wie lang ist die Diagonale in cm?

cm

1 Zoll = 1" = $2\frac{27}{50}$ cm

Dezimalbrüche

Check-in

Testen Sie sich selbst: Kreuzen Sie den Buchstaben neben dem richtigen Ergebnis an.

1| Schreiben Sie $\frac{3}{4}$ als Dezimalbruch.

A 0,4 C 0,75
B 0,8 D 0,3

2| Schreiben Sie $\frac{1}{3}$ als Dezimalbruch.

A $0,\overline{3}$ C 0,3
B 0,33 D 1,3

3| Schreiben Sie $1\frac{4}{5}$ als Dezimalbruch.

A 1,4 C 1,8
B 1,5 D 1,85

4| Schreiben Sie $2\frac{3}{8}$ als Dezimalbruch.

A 2,38 C 2,375
B 2,29 D 2,37

5| 21,25 + 32,75 =

A 40,0 C 54
B 30,0 D 55,05

6| 112,69 + 215,16 =

A 326,85 C 328,85
B 327,85 D 326,95

7| 345,23 + 1 234,506 + 101 =

A 1 680,706 C 1 680,736
B 1 679,736 D 1 670,736

8| 5,63 – 3,34 =

A 2,39 C 2,97
B 2,29 D 2,49

9| 142,4 – 42,45 =

A 89,95 C 101,45
B 98,95 D 99,95

10| 1 000 – 24,6 – 4,56 – 34,12 =

A 936,72 C 736,72
B 836,72 D 837,73

11| 1,26 · 5 =

A 6,3 C 5,26
B 5,3 D 6,04

12| 12,7 · 100 =

A 127 C 12 700
B 1 270 D 0,127

13| $4,38 \cdot 10^3$ =

A 4 380 C 43 800
B 0,00438 D 438 000

14| 225 : 2,25 =

A 99 C 100
B 101 D 99,9

15| 14,4 : 100 =

A 1,44 C 144
B 0,144 D 0,0144

16| $1,89 \cdot 10^{-2}$ =

A 189 C 0,189
B 0,0189 D 18,9

17| Runden Sie 6,5 auf eine ganze Zahl.

A 6 C 5
B 7 D 65

18| Runden Sie 2,487 auf Hundertstel.

A 2,48 C 2,5
B 2,47 D 2,49

19| 2,02 · 18,99 ≈

A 38 C 3 800
B 138 D 3,8

20| 120,05 + 349,88 ≈

A 570 C 370
B 470 D 420

Kontrollieren Sie Ihre Lösungen. Nutzen Sie dazu Seite 199.

- Haben Sie richtig gelöst, machen Sie in der Tabelle ein Kreuz.
- Haben Sie falsch gelöst, finden Sie Hilfen und weitere Übungen auf den angegebenen → Seiten.

1	2	3	4	5	6	7	8	9	10	11	12	13	14	15	16	17	18	19	20
→ S. 43				→ S. 45						S. 46	→ S. 50		S. 47	S. 50	S. 51	→ S. 52		→ S. 53/54	

Brüche als Dezimalbrüche schreiben

Brüche kann man auch mit einem Komma als Dezimalbruch schreiben:

$\frac{1}{10} = 0{,}1$ $\frac{1}{100} = 0{,}01$ $\frac{1}{1\,000} = 0{,}001$

$\frac{2}{10} = 0{,}2$ $\frac{35}{100} = 0{,}35$ $\frac{504}{1\,000} = 0{,}504$

$\frac{1}{2} = \frac{5}{10} = 0{,}5$ $\frac{3}{4} = \frac{75}{100} = 0{,}75$ $\frac{1}{125} = \frac{8}{1\,000} = 0{,}008$

Jeder Bruch kann auch als Divisionsaufgabe geschrieben werden:

$\frac{9}{4} = 9 : 4$ $\frac{1}{6} = 1 : 6$

Führt man die Division aus, erhält man einen Dezimalbruch:

	9	:	4	=	2,	2	5
−	8				↑		
	1	0 Komma setzen					
−		8					
		2	0				
	−	2	0				
			0				

	1	:	6	=	0,	1	$\overline{6}$
−	0				↑		
	1	0 Komma setzen					
−		6					
		4	0				
	−	3	6				
			4	0			
			…				

Der Strich über der 6 bedeutet, dass sich die 6 unendlich oft wiederholt. Man sagt: 0 Komma 1 Periode 6.

Wandeln Sie die Brüche in Dezimalbrüche um.

1| $\frac{3}{10} =$ **3|** $1\frac{1}{10} =$ **5|** $\frac{9}{100} =$ **7|** $\frac{125}{1\,000} =$

2| $\frac{11}{10} =$ **4|** $5\frac{7}{10} =$ **6|** $\frac{17}{100} =$ **8|** $8\frac{33}{1\,000} =$

Erweitern Sie die Brüche und wandeln Sie sie dann in Dezimalbrüche um.

9| $\frac{1}{5} =$ **12|** $\frac{3}{50} =$ **15|** $\frac{1}{25} =$ **18|** $\frac{115}{500} =$

10| $\frac{2}{5} =$ **13|** $\frac{9}{50} =$ **16|** $\frac{4}{25} =$ **19|** $\frac{4}{125} =$

11| $\frac{3}{5} =$ **14|** $\frac{35}{50} =$ **17|** $\frac{1}{500} =$ **20|** $\frac{8}{125} =$

Kürzen Sie die Brüche und wandeln Sie sie dann in Dezimalbrüche um.

21| $\frac{4}{20} =$ **24|** $\frac{27}{30} =$ **27|** $\frac{8}{400} =$ **30|** $\frac{80}{2\,000} =$

22| $\frac{18}{20} =$ **25|** $\frac{5}{50} =$ **28|** $\frac{25}{500} =$ **31|** $\frac{250}{2\,000} =$

23| $\frac{12}{60} =$ **26|** $\frac{56}{80} =$ **29|** $\frac{33}{330} =$ **32|** $\frac{99}{3\,000} =$

Wandeln Sie die Brüche durch Dividieren in Dezimalbrüche um.

33| $\frac{1}{4} =$ **35|** $\frac{5}{8} =$ **37|** $\frac{1}{3} =$ **39|** $\frac{7}{15} =$

34| $\frac{7}{8} =$ **36|** $\frac{7}{25} =$ **38|** $\frac{4}{9} =$ **40|** $\frac{6}{11} =$

Lösungen

1–8| 0,09; 0,125; 0,17; 0,3; 1,1; 1,1; 5,7; 8,033 9–20| 0,002; 0,032; 0,04; 0,06; 0,064; 0,16; 0,18 0,2; 0,23; 0,4; 0,6; 0,7 21–32| 0,02; 0,033; 0,04; 0,05; 0,1; 0,1; 0,125; 0,2; 0,2; 0,7; 0,9; 0,9 33–40| 0,25; 0,28; $0,\overline{3}$; $0,\overline{4}$; $0,4\overline{6}$; $0,\overline{54}$; 0,625; 0,875

Zahlen ordnen und schreiben

Zahlen ordnen mithilfe der **Zahlengeraden**:
$1\frac{1}{2}$ $-2{,}5$ $-1{,}25$ 4

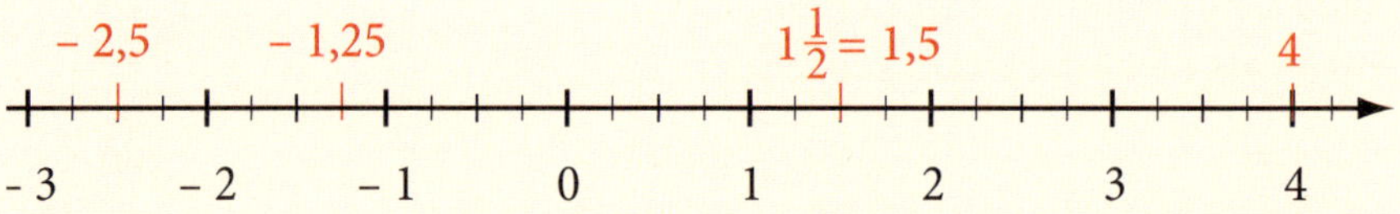

$-2{,}5 < -1{,}25 < 1\frac{1}{2} < 4$

Je kleiner die Zahl, desto weiter links liegt sie auf der Zahlengeraden.

Zahlen schreiben und ordnen mithilfe der **Stellenwerttafel**:
0,4 0,385 14,29 14,3

	T	H	Z	E	z	h	t
0,4				0	4	0	0
0,385				0	3	8	5
14,29			1	4	2	9	0
14,3			1	4	3	0	0

T Tausender **t** Tausendstel
H Hunderter **h** Hundertstel
Z Zehner **z** Zehntel
E Einer

$0{,}385 < 0{,}4 < 14{,}29 < 14{,}3$

Beim Ordnen werden die Stellen von links nach rechts verglichen.

Die Stellenwerttafel hilft auch „große“ Zahlen zu schreiben.

	Milliarden			Millionen			Tausend						
	H	Z	E	H	Z	E	H	Z	E	H	Z	E	
1 260 000						1	2	6	0	0	0	0	eine Million zweihundertsechzigtausend
56 900								5	6	9	0	0	sechsundfünfzigtausendneunhundert

Ordnen Sie die Zahlen der Größe nach. Beginnen Sie mit der kleinsten Zahl.

1| 3,6; 3,8; – 3; – 3,7; – 4 ____ < ____ < ____ < ____ < ____

2| 6,2; – 6; 6,19; – 5,6; 0 ____ < ____ < ____ < ____ < ____

3| $\frac{1}{2}$; 0,8; 1,2; $1\frac{1}{2}$; 2 ____ < ____ < ____ < ____ < ____

4| – 201,99; – 202; – 202,1; 200; 200,02 ____ < ____ < ____ < ____ < ____

5| 4,5; 4,49; 4,40; 4,404; 4,004 ____ < ____ < ____ < ____ < ____

6| – 2,5; $-\frac{1}{2}$; –0,2; $\frac{1}{2}$; 0,2 ____ < ____ < ____ < ____ < ____

Vervollständigen Sie wie im Beispiel.

		Milliarden			Millionen			Tausend						
		H	Z	E	H	Z	E	H	Z	E	H	Z	E	
7|	45 200								4	5	2	0	0	fünfundvierzigtausendzweihundert
8|	123 400													
9|	1 250 000													
10|														zwei Millionen einhunderttausend
11|														dreihunderttausendeinundfünfzig
12|														vier Milliarden siebentausendelf

Lösungen
1–12| siehe Seite 200

Addieren und subtrahieren

Dezimalbrüche so untereinander schreiben, dass Komma unter Komma steht.

Addieren

1,214 + 2,146 = ?

	1,	2	1	4
+	2,	1	4	6
			1	
	3,	3	6	0

Subtrahieren

12,157 – 3,12 = ?

	1	2,	1	5	7
–		3,	1	2	0
	1				
		9,	0	3	7

3,12 = 3,120

1| 48,4 + 52,3 =

2| 63,5 + 22,6 =

3| 9 + 1,55 =

4| 36,54 + 8,2 =

5| 34,001 + 1,78 =

6| 0,539 + 1,305 =

7| 1,3 + 76,492 =

8| 67,91 + 32,874 =

9| 7,4 + 51,732 =

10|

+	2,1	3,2	4,3	5,4
4,5				
5,6	7,7			
6,7				

11|

+	3,48	5,55	7,29	3,09
4,52				
5,74				
8,12				

12| 34,27 – 23,24 =

13| 36,98 – 30,77 =

14| 67,00 – 34,50 =

15| 8 – 5,45 =

16| 67,78 – 4,5 =

17| 4,2 – 4,15 =

18| 8,34 – 7,9 =

19| 0,42 – 0,358 =

20| 7,712 – 0,92 =

21|

–	4,7	5,6	3,7	1,9
5,8	1,1			
6,9				
9,9				

22|

–	10,98	9,23	8,88	7,05
10,99				
11,01				
23,78				

23| 3,40 + 4,86 + 4,52 =

24| 4,2 + 8,13 + 9,89 =

25| 56,23 – 45,33 – 10,10 =

26| 134,8 – 12,76 – 5,2 =

Lösungen

1–9| 1,844; 10,55; 35,781; 44,74; 59,132; 77,792; 86,1; 100,7; 100,784 10| 6,6; 7,7; 8,8; 8,8; 8,8; 9,9 9,9; 9,9; 11; 11; 12,1 11| 7,61; 8; 8,83; 9,22; 10,07; 11,21; 11,29; 11,6; 11,81; 13,03; 13,67; 15,41 12–20| 0,05; 0,062; 0,44; 2,55; 6,21; 6,792; 11,03; 32,5; 63,28 21| 0,2; 1,3; 2,1; 2,2; 3,2; 3,9; 4,3; 5; 5,2; 6,2; 8 22| 0,01; 0,03; 1,76; 1,78; 2,11; 2,13; 3,94; 3,96; 12,8; 14,55; 14,9; 16,73 23–26| 0,8; 12,78; 22,22; 116,84

Multiplizieren

Zahlen multiplizieren, ohne das Komma zu beachten.

Dann abzählen, wie viele Stellen beide Zahlen zusammen hinter dem Komma haben.

Im Ergebnis von hinten genauso viele Stellen abstreichen und das Komma setzen.

1 Stelle

1,4 · 1 2
1 4
2 8
1 6 8
1 6,8

1 Stelle

1 Stelle + 1 Stelle

2,2 · 3,2
6 6
4 4
1
7 0 4
7,0 4

2 Stellen

3 Stellen + 1 Stelle

0,0 3 8 · 1,4
3 8
1 5 2
1
5 3 2
0,0 5 3 2

4 Stellen

1| 1,5 · 12 =

2| 4,3 · 5 =

3| 3 · 1,25 =

4| 11 · 0,34 =

5| 1,02 · 9 =

6| 6 · 4,602 =

7| 8,2 · 4,5 =

8| 7,4 · 8,1 =

9| 5,12 · 2,23 =

10| 4,23 · 1,04 =

11| 6,01 · 0,12 =

12| 2,3 · 1,21 =

13| 0,11 · 0,305 =

14| 4,231 · 0,110 =

15| 5,2 · 1,023 =

Füllen Sie die Tabellen wie im Beispiel aus.

16|

·	3,1	3,12	3,132
9			
4,5	13,95		
5,51			

18|

·	10	0,1	0,01
2			
2,3			
2,34			

17|

·	0,5	0,75	0,125
3			
3,3			
3,33			

19|

·	0,75	1,5	2,25
9			
0,9			
0,99			

20| 345,7896 · 10 =

21| 345,7896 · 100 =

22| 345,7896 · 1 000 =

23| 3,1234 · 0,12 =

24| 3,1234 · 0,012 =

25| 3,1234 · 0,0012 =

Lösungen

1–15| 0,03355; 0,46541; 0,7212; 2,783; 3,74; 3,75; 4,3992; 5,3196; 9,18; 11,4176; 18; 21,5; 27,612; 36,9; 59,94 16| 14,04; 14,094; 17,081; 17,1912; 17,25732; 27,9; 28,08; 28,188
17| 0,375; 0,4125; 0,41625; 1,5; 1,65; 1,665; 2,25; 2,475; 2,4975 18| 0,02; 0,023; 0,0234; 0,2; 0,23 0,234; 20; 23; 23,4 19| 0,675; 0,7425; 1,35; 1,485; 2,025; 2,2275; 6,75; 13,5; 20,25
20–25| 0,00374808; 0,0374808; 0,374808; 3 457,896; 34 578,96; 345 789,6

Dividieren

Wenn beim Dividieren in der ersten Zahl das Komma überschritten wird, muss im Ergebnis ein Komma gesetzt werden.

$6 : 1,25 = \frac{6}{1,25} = \frac{600}{125} = 600 : 125$

Dezimalbruch durch ganze Zahl:

	4	9,	2	:	3	=	1	6,	4
−	3								
	1	9							
−	1	8							
		1	2 Komma setzen						
	−	1	2						
			0						

Dezimalbruch durch Dezimalbruch:

In der zweiten Zahl darf kein Komma stehen. Deshalb: In beiden Zahlen das Komma um dieselbe Stellenzahl nach rechts verschieben.

4,56 : 3,8 = ? Komma um 1 Stelle nach rechts

	4	5,	6	:	3	8	=	1,	2
−	3	8							
		7	6 Komma setzen						
	−	7	6						
			0						

Ganze Zahl durch Dezimalbruch:

6 : 1,25 = ? Komma um 2 Stellen nach rechts

	6	0	0	:	1	2	5	=	4,	8
−	5	0	0							
	1	0	0	0 Komma setzen						
−	1	0	0	0						
				0						

1| 25,2 : 3 =

2| 80,4 : 12 =

3| 4,3 : 5 =

4| 18,25 : 5 =

5| 17,4 : 2 =

6| 92,4 : 11 =

7| 0,9 : 0,3 =

8| 0,33 : 0,06 =

9| 7,7 : 1,1 =

10| 8,1 : 0,9 =

11| 1,44 : 1,2 =

12| 2,22 : 0,6 =

13| 3 : 1,25 =

14| 11 : 4,4 =

15| 27 : 1,5 =

16| 10 : 0,01 =

17| 9 : 0,4 =

18| 18 : 2,5 =

Füllen Sie die Tabelle wie im Beispiel aus.

19|

:	2	0,1	0,01
12		120	
6,06			
0,363			
0,148			

20|

:	5	0,5	0,05
40			
3			
1			
0,2			

21| 4738,57 : 10 =

22| 4738,57 : 100 =

23| 4738,57 : 0,1 =

24| 132,45 : 15 =

25| 132,45 : 150 =

26| 132,45 : 0,15 =

27| 1324,5 : 15 =

28| 1324,5 : 150 =

29| 1324,5 : 0,15 =

Lösungen

1–18| 0,86; 1,2; 2,4; 2,5; 3; 3,65; 3,7; 5,5; 6,7; 7; 7,2; 8,4; 8,4; 8,7; 9; 18; 22,5; 1000

19| 0,074; 0,1815; 1,48; 3,03; 3,63; 6; 14,8; 36,3; 60,6; 606; 1200 20| 0,04; 0,2; 0,4; 0,6; 2; 4; 6; 8; 20; 60; 80; 800 21–29| 0,883; 8,83; 8,83; 47,3857; 88,3; 473,857; 883; 8830; 47385,7

Vermischte Aufgaben

Füllen Sie die Tabellen wie im Beispiel aus.

1|

+	0,02	1,503	12,67
2,17	2,19		
4,55			
9,7			

2|

–	16,44	10,002	23,88
68,01	51,57		
27,68			
34,9			

Ergänzen Sie wie im Beispiel.

3| 2,3 + [2,4] = 4,7

4| 3,8 + [ ] = 9,9

5| 5,4 + [ ] = 11,8

6| 12,6 + [ ] = 14,2

7| 0,9 + [ ] = 2,93

8| 1,7 + [ ] = 17,2

9| 6,54 + [ ] = 8

10| 11,02 + [ ] = 15,5

11| 9,73 + [ ] = 11,3

12|

·	0,12	0,24	1,44
3,2	0,384		
4,201			
7,01			

13|

:	3	0,2	0,006
5	$1,\overline{6}$		
1,2			
3,15			

14| 12 · [0,5] = 6

15| 8 · [ ] = 4

16| 3 · [ ] = 2,7

17| 0,5 · [ ] = 6

18| 0,4 · [ ] = 0,8

19| 0,3 · [ ] = 1,2

20| 0,3 · [ ] = 0,9

21| 0,3 · [ ] = 0,09

22| 0,3 · [ ] = 0,009

Achtung: Punktrechnung vor Strichrechnung. Klammern immer zuerst.

23| 13 – (0,75 + 0,23) = [ ]

24| 7,63 – (1,603 – 0,02) = [ ]

25| 8,5 – (6,27 – 4,901) = [ ]

26| 100 – (34,5 – 17,9) + 3,4 = [ ]

27| (9,8 – 3,7) – (3,9 + 1,99) = [ ]

28| (6,01 – 4,01) · 5 = [ ]

29| 3,2 · (9,87 – 8,86) = [ ]

30| 3 : (7,4 + 2,6) = [ ]

31| 0,3 + 1,1 · 4 = [ ]

32| 3,5 – 0,75 : 0,25 = [ ]

Lösungen

1| 3,673; 4,57; 6,053; 9,72; 11,203; 14,84; 17,22; 22,37 2| 3,8; 11,02; 11,24; 17,678; 18,46; 24,898; 44,13; 58,008 3–11| 1,46; 1,57; 1,6; 2,03; 4,48; 6,1; 6,4; 15,5 12| 0,50412; 0,768; 0,8412; 1,00824; 1,6824; 4,608; 6,04944; 10,0944 13| 0,4; 1,05; 6; 15,75; 25; 200; 525; $833,\overline{3}$ 14–22| 0,03; 0,3; 0,5; 0,9; 2; 3; 4; 12 23–32| 0,21; 0,3; 0,5; 3,232; 4,7; 6,047; 7,131; 10; 12,02; 86,8

Vorteilhaft rechnen

Beim Addieren und Multiplizieren kann man die Zahlen oft geschickt verbinden:

$$4{,}1 + \underbrace{7{,}5 + 2{,}5}$$
$$= 4{,}1 + 10$$
$$= 14{,}1$$

$$9{,}9 \cdot \underbrace{0{,}5 \cdot 2}$$
$$= 9{,}9 \cdot 1$$
$$= 9{,}9$$

Achtung: Beim Subtrahieren und Dividieren dürfen die Zahlen nicht beliebig zusammengefasst werden.

Wird immer mit der gleichen Zahl multipliziert, kann man diese ausklammern:

$$\mathbf{4{,}3} \cdot 6{,}73 + \mathbf{4{,}3} \cdot 2{,}89 + \mathbf{4{,}3} \cdot 0{,}38$$
$$= \mathbf{4{,}3} \cdot (6{,}73 + 2{,}89 + 0{,}38)$$
$$= 4{,}3 \cdot 10$$
$$= 43$$

$$64{,}99 \cdot \mathbf{0{,}25} - 55{,}28 \cdot \mathbf{0{,}25} + 10{,}29 \cdot \mathbf{0{,}25}$$
$$= \mathbf{0{,}25} \cdot (64{,}99 - 55{,}28 + 10{,}29)$$
$$= 0{,}25 \cdot 20$$
$$= 5$$

Rechnen Sie vorteilhaft.

1| $3{,}2 + 2{,}1 + 4{,}9 =$ ____

2| $6{,}3 + 4{,}7 + 2{,}5 =$ ____

3| $1{,}8 + 6{,}4 + 8{,}2 =$ ____

4| $5{,}25 + 4{,}92 + 4{,}75 =$ ____

5| $7{,}65 + 4{,}73 + 3{,}27 =$ ____

6| $1{,}1 + 2{,}2 + 3{,}9 + 5{,}8 =$ ____

7| $7{,}2 + 8{,}3 + 2{,}7 + 4{,}8 =$ ____

8| $3{,}5 + 2{,}9 + 4{,}5 + 2{,}1 =$ ____

9| $8{,}71 + 9{,}3 + 2{,}7 + 1{,}29 =$ ____

10| $6{,}55 + 4{,}2 + 3{,}45 + 5{,}8 =$ ____

11| $1{,}3 \cdot 2{,}5 \cdot 2 =$ ____

12| $1{,}5 \cdot 2{,}4 \cdot 4 =$ ____

13| $5{,}2 \cdot 1{,}2 \cdot 5 =$ ____

14| $6{,}1 \cdot 6{,}5 \cdot 4 =$ ____

15| $8{,}5 \cdot 4 \cdot 2{,}5 =$ ____

16| $1{,}25 \cdot 2{,}8 \cdot 4 =$ ____

17| $3{,}33 \cdot 4 \cdot 0{,}75 =$ ____

18| $7{,}5 \cdot 3 \cdot 1{,}2 \cdot 5 =$ ____

19| $1{,}5 \cdot 2 \cdot 2{,}5 \cdot 4 =$ ____

20| $4{,}8 \cdot 10 \cdot 2{,}5 \cdot 4 =$ ____

21| $3{,}5 \cdot 2{,}5 + 3{,}5 \cdot 7{,}5 =$ ____

22| $4{,}9 \cdot 2{,}1 + 2{,}9 \cdot 4{,}9 =$ ____

23| $2{,}4 \cdot 3{,}15 + 2{,}6 \cdot 3{,}15 =$ ____

24| $6{,}8 \cdot 4{,}2 + 4{,}3 \cdot 6{,}8 =$ ____

25| $5{,}2 \cdot 3{,}1 - 2{,}1 \cdot 5{,}2 =$ ____

26| $21{,}5 \cdot 0{,}38 - 4{,}2 \cdot 0{,}38 + 2{,}7 \cdot 0{,}38 =$ ____

27| $9{,}5 \cdot 1{,}26 + 40{,}5 \cdot 1{,}26 - 30 \cdot 1{,}26 =$ ____

28| $16{,}45 \cdot 10{,}1 - 16{,}45 \cdot 10{,}1 + 4{,}5 \cdot 10{,}1 =$ ____

29| $6{,}3 \cdot 19{,}2 + 19{,}2 \cdot 6{,}5 - 2{,}8 \cdot 19{,}2 =$ ____

30| $9{,}48 \cdot 1{,}36 - 3{,}47 \cdot 1{,}36 - 6{,}01 \cdot 1{,}36 =$ ____

Lösungen

1–10| 10,2; 13; 13; 13,5; 14,92; 15,65; 16,4; 20; 22; 23 11–20| 6,5; 9,99; 14; 14,4; 30; 31,2; 85; 135; 158,6; 480 21–30| 0; 5,2; 7,6; 15,75; 24,5; 25,2; 35; 45,45; 57,8; 192

Multiplikation und Division mit Zehnerpotenzen

Zehnerpotenzen größer als 1:

$10^1 = 10 \qquad\qquad = 10$
$10^2 = 10 \cdot 10 \qquad = 100$
$10^3 = 10 \cdot 10 \cdot 10 = 1\,000$
$10^4 = 10 \cdot 10 \cdot 10 \cdot 10 \qquad = 10\,000$
$10^5 = 10 \cdot 10 \cdot 10 \cdot 10 \cdot 10 \qquad = 100\,000$
$10^6 = 10 \cdot 10 \cdot 10 \cdot 10 \cdot 10 \cdot 10 = 1\,000\,000$

Multiplikation: Komma um so viele Stellen nach rechts verschieben, wie die Zehnerpotenz Nullen hat.

12,53 · 10 = 125,3 Komma eine Stelle nach rechts verschieben
12,53 · 100 = 1253 Komma zwei Stellen nach rechts verschieben
12,53 · 1 000 = 12 530 Komma drei Stellen nach rechts verschieben

Der Taschenrechner zeigt sehr große Zahlen mithilfe von Zehnerpotenzen an.
Anzeige: 1,326 x 10^{11} heißt $1{,}326 \cdot 10^{11} = 132\,600\,000\,000$

$10^{11} = 100\,000\,000\,000$ Die Zehnerpotenz hat 11 Nullen. Das Komma wird also um 11 Stellen nach rechts verschoben.

Division: Komma um so viele Stellen nach links verschieben, wie die Zehnerpotenz Nullen hat.

12,53 : 10 = 1,253 Komma eine Stelle nach links verschieben
12,53 : 100 = 0,1253 Komma zwei Stellen nach links verschieben
12,53 : 1 000 = 0,01253 Komma drei Stellen nach links verschieben

1| 74,51 · 10 =
2| 74,51 · 100 =
3| 74,51 · 1 000 =
4| 107,9 · 10 =
5| 107,9 · 100 =
6| 107,9 · 1 000 =

7| 63,82 : 10 =
8| 63,82 : 100 =
9| 63,82 : 1 000 =
10| 2040,37 : 10 =
11| 2040,37 : 100 =
12| 2040,37 : 1 000 =

13| 3,4 · 100 =
14| 71,4 : 100 =
15| 71 : 1 000 =
16| 0,92 · 1 000 =
17| 0,8 : 100 =
18| $4{,}724 \cdot 10^3 =$
19| $5{,}6 \cdot 10^7 =$
20| $9{,}9828 \cdot 10^8 =$
21| $2{,}1633 \cdot 10^5 =$
22| $1{,}395 \cdot 10^3 =$

Lösungen

1–6| 745,1; 1 079; 7 451; 10 790; 74 510; 107 900 7–12| 0,06382; 0,6382; 2,04037; 6,382; 20,4037; 204,037 13–22| 0,008; 0,071; 0,714; 340; 920; 1 395; 4 724; 216 330; 56 000 000; 998 280 000

Multiplikation und Division mit Zehnerpotenzen

Zehnerpotenzen kleiner als 1: $10^{-1} = \frac{1}{10^1} = \frac{1}{10} = 0{,}1$

$10^{-2} = \frac{1}{10^2} = \frac{1}{100} = 0{,}01$

$10^{-3} = \frac{1}{10^3} = \frac{1}{1\,000} = 0{,}001$

Beachten Sie:
Die Multiplikation mit 0,1 ist das Gleiche wie die Division durch 10, weil $0{,}1 = \frac{1}{10}$.

Multiplikation: Komma um so viele Stellen nach links verschieben, wie die Zehnerpotenz Stellen hinter dem Komma hat.

12,53 · 0,1 = 1,253 Komma eine Stelle nach links verschieben
12,53 · 0,01 = 0,1253 Komma zwei Stellen nach links verschieben
12,53 · 0,001 = 0,012530 Komma drei Stellen nach links verschieben

$10^{-8} = 0{,}00000008$
Die Zehnerpotenz hat 8 Stellen hinter dem Komma. Das Komma wird also um 8 Stellen nach links verschoben.

Der Taschenrechner zeigt sehr kleine Zahlen mithilfe von Zehnerpotenzen an.
Anzeige: $4{,}856 \times 10^{-8}$ heißt $4{,}856 \cdot 10^{-8} = 0{,}00000004856$

Division: Komma um so viele Stellen nach rechts verschieben, wie die Zehnerpotenz Stellen hinter dem Komma hat.

12,53 : 0,1 = 125,3 Komma eine Stelle nach rechts verschieben
12,53 : 0,01 = 1 253 Komma zwei Stellen nach rechts verschieben
12,53 : 0,001 = 12 530 Komma drei Stellen nach rechts verschieben

1| 79,61 · 0,1 = ______
4| 240,9 · 0,1 = ______
2| 79,61 · 0,01 = ______
5| 240,9 · 0,01 = ______
3| 79,61 · 0,001 = ______
6| 240,9 · 0,001 = ______

7| 53,87 : 0,1 = ______
10| 1 300,47 : 0,1 = ______
8| 53,87 : 0,01 = ______
11| 1 300,47 : 0,01 = ______
9| 53,87 : 0,001 = ______
12| 1 300,47 : 0,001 = ______

13| 41,3 · 0,01 = ______
18| $5{,}769 \cdot 10^{-2}$ = ______
14| 6,64 : 0,01 = ______
19| $8{,}3 \cdot 10^{-6}$ = ______
15| 6 : 0,001 = ______
20| $7{,}1828 \cdot 10^{-5}$ = ______
16| 92,02 · 0,001 = ______
21| $1{,}16 \cdot 10^{-9}$ = ______
17| 1,289 : 0,01 = ______
22| $4{,}037 \cdot 10^{-4}$ = ______

Lösungen
1–6| 0,07961; 0,2409; 0,7961; 2,409; 7,961; 24,09 7–12| 538,7; 5 387; 13 004,7; 53 870; 130 047; 1 300 470
13–22| 0,00000000116; 0,0000083; 0,000071828; 0,0004037; 0,05769; 0,09202; 0,413; 128,9; 664; 6 000

Runden

Folgt auf die letzte beizubehaltende Ziffer eine **1**, **2**, **3** oder **4**, so wird **abgerundet**.
Folgt auf die letzte beizubehaltende Ziffer eine **5**, **6**, **7**, **8** oder **9**, so wird **aufgerundet**.

So werden zum Beispiel die Zahlen 45,0 bis 45,9 auf Ganze gerundet:

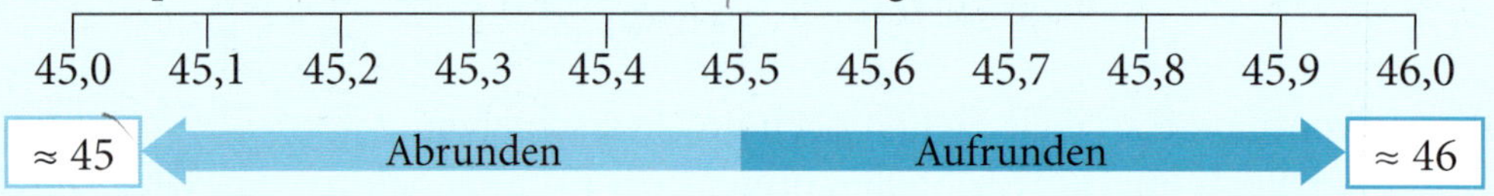

≈ heißt „gerundet"

Beispiel: 82 645,3899

Runden auf Ganze:	≈ 82 645		
Runden auf Zehner:	≈ 82 650	Runden auf Zehntel:	≈ 82 645,4
Runden auf Hunderter:	≈ 82 600	Runden auf Hundertstel:	≈ 82 645,39
Runden auf Tausender:	≈ 83 000	Runden auf Tausendstel:	≈ 82 645,390

Runden Sie 46 291,5638 …

1| … auf Ganze. ≈ 46 292

2| … auf Zehner. ≈ 46 290

3| … auf Hunderter. ≈ 46 300

4| … auf Tausender. ≈ 46.000

5| … auf Zehntel. ≈ 46291,6

6| … auf Hundertstel. ≈ 46291,56

7| … auf Tausendstel. ≈ 564

Runden Sie wie angegeben.

	Zahl	Rundungsstelle	gerundete Zahl
8|	67,34	Ganze	67
9|	378	Zehner	380
10|	925,7	Zehner	926
11|	462	Hunderter	460
12|	14 029	Tausender	14 000

	Zahl	Rundungsstelle	gerundete Zahl
13|	1,55	Ganze	2
14|	8,34	Zehntel	8,35 8,35
15|	56,497	Zehntel	56,5
16|	9,304	Hundertstel	9,30
17|	0,3499	Tausendstel	0,350

Runden Sie die Flugentfernungen ab Frankfurt auf Hunderter.

18| New York 6 188 km ≈ 6200 km

19| Athen 1 808 km ≈ 1800 km

20| Madrid 1 422 km ≈ 1400 km

21| Dresden 388 km ≈ 400 km

Runden Sie die Beträge auf Cent (auf Hundertstel).

22| 335,7869 € ≈ 335,790 €

23| 8,008 € ≈ 8,010 €

24| 13,934 € ≈ 13 935 €

25| 98,999 € ≈ 99 00 €

Lösungen
1–25| siehe Seite 200

…hnungen überschlagen

…nnet man mit gerundeten Zahlen, erhält …n schnell ein ungefähres Ergebnis.
So kann man grobe Rechenfehler vermeiden.

Überschlagsrechnung

$5 \cdot 7{,}95 \approx 5 \cdot 8$
≈ 40

genaue Rechnung

$5 \cdot 7{,}95 = 39{,}75$

Runden Sie die Zahlen auf Ganze und überschlagen Sie die Rechnung.

1| $1{,}97 + 2{,}301 \approx$ 8
2| $2{,}228 + 8{,}108 \approx$
3| $3{,}317 - 2{,}95 \approx$
4| $3{,}87 \cdot 5{,}106 \approx$
5| $8{,}586 : 3{,}21 \approx$
6| $12{,}91 + 3{,}11 \approx$
7| $23{,}49 + 1{,}979 \approx$
8| $3{,}005 \cdot 6{,}72 \approx$
9| $2{,}33 \cdot 10{,}05 \approx$
10| $4{,}03 : 2{,}011 \approx$
11| $23{,}9 + 123{,}1 \approx$
12| $12{,}809 + 9{,}99 \approx$
13| $100{,}09 - 55{,}91 \approx$
14| $2{,}89 \cdot 3{,}99 \approx$
15| $5{,}671 : 2{,}06 \approx$

Überschlagen Sie zunächst die Rechnung. Berechnen Sie dann das genaue Ergebnis.

	Aufgabe	Überschlag ≈	Ergebnis =
16	2,59 + 73,02	2,6 + 73 = 75,6	75,61
17	3,25 + 76,62		
18	89,045 – 23,77		
19	3,045 · 3,88		
20	12,06 · 4,758		
21	9,48 : 3,16		

Kann das Ergebnis stimmen? Überschlagen Sie die Rechnung und geben Sie an, ob das Ergebnis stimmen kann oder falsch sein muss.

	Aufgabe	Überschlag ≈	kann stimmen / ist falsch
22	8,1 · 15,203 = 123,1443	8 · 15 = 120	kann stimmen
23	7,2 · 14,98 = 200,224		
24	164,689 + 234,67 = 399,359		
25	306,109 : 50,99 = 16,678		
26	234,78 – 45,08 = 189,7		

Lösungen
1–15| 0; 2; 3; 3; 4; 10; 12; 16; 20; 20; 21; 23; 25; 44; 147 16–21| (ohne Überschlag) 3; 11,8146; 57,38148; 65,275; 79,87 22–26| siehe Seite 200

Rechnungen überschlagen

Auch bei großen Zahlen lohnt sich eine Überschlagsrechnung.

Überschlagsrechnung	**genaue Rechnung**
16 403 + 895 ≈ 16 400 + 900 ≈ 17 300	16 403 + 895 = 17 298
9 887 · 102 ≈ 10 000 · 100 ≈ 1 000 000	9 887 · 102 = 1 008 474

Runden Sie die Zahlen auf Hunderter und überschlagen Sie die Rechnung.

1 | 15 734 + 489 ≈	6 | 66 411 + 899 ≈	11 | 23 009 + 32 088 ≈
2 | 29 809 + 563 ≈	7 | 492 · 790 ≈	12 | 13 522 + 5 309 ≈
3 | 296 · 1201 ≈	8 | 5 391 – 3 111 ≈	13 | 2 409 : 199 ≈
4 | 89 217 – 419 ≈	9 | 34 999 : 5 012 ≈	14 | 2 026 · 512 ≈
5 | 10 003 : 504 ≈	10 | 3 487 · 2 007 ≈	15 | 44 999 : 5 019 ≈

Überschlagen Sie zunächst die Rechnung. Berechnen Sie dann das genaue Ergebnis.

	Aufgabe	Überschlag ≈	Ergebnis =
16	3 657 + 12 002	3 660 + 12 000 = 15 660	15 659
17	4 567 + 4 587		
18	12 009 – 11 887		
19	23 490 : 522		
20	87 977 – 34 577		
21	1 297 997 + 100 923		
22	12 007 · 4 498		
23	1 090 884 – 100 567		

Überschlagen Sie die Rechnung und geben Sie an, ob das Ergebnis stimmen kann oder falsch sein muss.

	Aufgabe	Überschlag ≈	kann stimmen / ist falsch
24	15 427 + 1 819 = 17 246	15 400 + 1 800 = 17 200	kann stimmen
25	567 332 + 2 999 = 570 331		
26	56 098 : 7 889 = 18		
27	1 067 567 – 500 782 = 566 785		
28	3 899 · 2 785= 20 678		

Lösungen

1–15 | 7; 9; 12; 20; 2 300; 16 200; 18 800; 30 400; 55 100; 67 300; 88 800; 360 000; 400 000; 1 000 000; 7 000 000 16–23 | (ohne Überschlag) 45; 122; 9 154; 53 400; 990 317; 1 398 920; 54 007 486 24–28 | siehe Seite 200

Check-out

Testen Sie sich selbst: Kreuzen Sie den Buchstaben neben dem richtigen Ergebnis an.

1| Schreiben Sie $\frac{1}{4}$ als Dezimalbruch.
A 0,14 C 0,4
B 0,25 D 1,4

2| Schreiben Sie $\frac{2}{3}$ als Dezimalbruch.
A $0,\overline{6}$ C 0,66
B 0,23 D 2,3

3| Schreiben Sie $2\frac{1}{8}$ als Dezimalbruch.
A 2,1 C 2,125
B 2,12 D 2,225

4| Schreiben Sie $2\frac{1}{6}$ als Dezimalbruch.
A 2,16 C $2,1\overline{6}$
B 2,66 D $2,\overline{6}$

5| 22,35 + 1,74 =
A 23,09 C 22,09
B 24,09 D 22,99

6| 12,345 + 1,24 =
A 13,369 C 12,585
B 13,585 D 13,485

7| 6,2 + 0,09 + 4,5 =
A 10,79 C 11,79
B 9,79 D 10,75

8| 31,02 – 19,91 =
A 10,11 C 12,11
B 11,11 D 12,89

9| 5,639 – 3,04 =
A 2,599 C 2,635
B 2,699 D 2,69

10| 8,9 – 1,5 – 3,015 =
A 3,385 C 4,385
B 5,385 D 6,386

11| $1,26 \cdot 5 =$
A 6,3 C 5,26
B 5,3 D 6,04

12| $4,3 \cdot 1\,000 =$
A 430 C 43
B 4 300 D 43 000

13| $2,54 \cdot 10^2 =$
A 254 C 0,254
B 25,4 D 2 540

14| 9,6 : 2,4 =
A 6 C 4
B 5 D 3,9

15| 65 : 100 =
A 0,0065 C 650
B 0,65 D 6,5

16| $3,86 \cdot 10^{-2} =$
A 386 C 0,386
B 0,0386 D 38,6

17| Runden Sie 47,3 auf eine ganze Zahl.
A 48 C 473
B 47 D 50

18| Runden Sie 6,195 auf Hundertstel.
A 6,2 C 6,19
B 6,10 D 6,18

19| $199 + 3002 \approx$
A 3 100 C 3 200
B 3 020 D 5 000

20| $4,021 \cdot 3,971 \approx$
A 12 C 4,3
B 1,6 D 16

Kontrollieren Sie Ihre Lösungen. Nutzen Sie dazu Seite 199.

- Haben Sie richtig gelöst, machen Sie in der Tabelle ein Kreuz.
- Haben Sie falsch gelöst, finden Sie Hilfen und weitere Übungen auf den angegebenen → Seiten.

1	2	3	4	5	6	7	8	9	10	11	12	13	14	15	16	17	18	19	20
→ S. 43				→ S. 45						S. 46	→ S. 50		S. 47	S. 50	S. 51	→ S. 52		→ S. 53/54	

Anwendungsaufgaben

(Lösungen Seite 201)

1| Berechnen Sie die Summe.

Rechnung Tisch 14	
1 x Milchkaffee	2,50 €
1 x Kuchen Angebot	1,75 €
1 x Orangensaft	2,85 €
Summe	7,10 €

2| Herr Kramer gibt im Getränkemarkt Leergut ab. Dafür erhält er einen Pfandbon in Höhe von 3,75 €. Er kauft 2 Packungen Saft für je 1,59 € und eine Flasche Wasser für 0,49 €. Wie viel € bekommt er an der Kasse zurück?

0,08 €

3| Das Verschicken eines Standardbriefes kostet 0,55 €. Leonie bringt 7 Briefe zur Post. Wie viel € Porto muss sie zahlen?

3,85 €

4| Tim Hendrik betreibt einen Internetshop. An einem Freitag verschickt er 16 Sendungen:
5 Päckchen zu je 1,5 kg;
4 Päckchen zu je 2 kg;
2 Pakete zu je 5 kg und 5 Pakete zu je 8 kg.
Für die Preise gilt folgende Tabelle:

Gewicht	Filialpreis in €	Online-Preis in €
bis 2 kg	4,10	3,90
bis 10 kg	6,90	5,90

a Wie viel € zahlt Tim, wenn er die Sendungen in der Filiale frankieren lässt?

85,20 €

b Wie viel € zahlt Tim, wenn er die Sendungen online frankiert?

76,40 €

c Wie viel € kann Tim sparen, wenn er die Online-Frankierung nutzt?

8,80 €

5| Für eine Neueröffnung werden 36 Platten mit Kanapees benötigt. Eine Platte kostet 24,50 €. Berechnen Sie die Kosten für die Kanapees.

€

882,20

6| Pakete mit schweren Hantelscheiben sollen auf Paletten gepackt und dann mit einem Gabelstapler auf einen LKW verladen werden.

Der Gabelstapler hat eine Nutzlast von maximal 700 kg. Eine leere Palette wiegt 22,5 kg. Die Pakete mit Hantelscheiben haben jeweils ein Gewicht von 62,5 kg.

a Wie viele Pakete dürfen höchstens auf eine Palette gepackt werden, damit der Gabelstapler die Palette noch verladen kann?

677,5

b Der LKW darf maximal 5 000 kg aufladen. Wie viele gepackte Paletten kann er höchstens transportieren?

647,5

c Wie viele Pakete mit Hantelscheiben können dann mit dem LKW höchstens transportiert werden? 70 Pakete

d Kann ein LKW mit einer Nutzlast von 8 800 kg 120 auf Paletten gepackte Pakete mit Hantelscheiben transportieren?

7| Ein Baumarkt soll einem Kunden 6 Paletten mit Pflastersteinen liefern. Eine volle Palette wiegt 0,8 Tonnen. Auf dem Weg zum Kunden ist eine Brücke zu überqueren. Diese darf nur von Fahrzeugen mit einem Gesamtgewicht von höchstens 7,5 Tonnen befahren werden.
Können alle sechs Paletten auf einmal transportiert werden, wenn das Leergewicht des LKWs 2,4 Tonnen beträgt?

8| Im Möbelhaus „Schöner leben“ wird Inventur gemacht. Laut Unterlagen sollten 24 Bürostühle „Stella“ zu je 49,95 € im Lager sein. Gezählt wurden aber nur 21 Stühle.
Wie viel € macht die Differenz aus?

[ ] €

9| Die Auszubildende Sarah soll 3 Packungen Briefumschläge und 5 Quittungsblöcke einkaufen. Eine Packung Briefumschläge kostet 14,99 € und ein Quittungsblock 2,44 €.
Wie viel € muss Sarah insgesamt bezahlen?

[ ] €

10| Eine Zehnerpackung Druckerpatronen kostet 198,50 €.
Wie viel € kostet eine Druckerpatrone?

[ ] €

11| Eine Zehnerkarte im Erlebnisbad kostet 65 €.

a Wie viel € kostet ein einzelner Besuch?

[ ] €

b Eine Einzelkarte kostet 7,20 €.
Um wie viel € ist jeder Einzelbesuch billiger, wenn man eine Zehnerkarte hat?

[ ] €

12| Für die Reparatur eines PKWs werden folgende Preise angegeben:

Rechnung Nr. 3789	Monteur Belegdatum Leistungsdatum
Bezeichnung	Preis in €
Bremsscheibe	135,20
Bremsbelagsatz, Scheibenbremse	68,57
Warnkontakt, Bremsbelagverschleiß	10,80
Ölfilter	8,20
Motoröl	54,00
Arbeitslohn	217,50
Gesamtpreis	

Berechnen Sie den Gesamtpreis.

[ ] €

13| Familie Franke will mit dem Auto im Osterurlaub nach Füssen im Allgäu fahren. Die Fahrtstrecke beträgt 657 km.
Vor der Fahrt müssen die Reifen erneuert werden. An der Tankstelle kostet eine neue Bereifung 384,55 €. Auswuchten, Montage und Altreifenentsorgung sind im Preis inbegriffen.
Beim Reifenspezialhändler kostet ein Reifen der gleichen Firma 72,50 €. Hinzu kommt für das Auswuchten 3,50 €, für die Montage 3,75 € und für die Altreifenentsorgung 2,35 € pro Reifen.

a Vergleichen Sie die Angebote.
Berechnen Sie jeweils die Gesamtkosten für vier neue Reifen.

Tankstelle [384,55] €

Spezialhändler [328,40] €

Das Auto verbraucht bei sparsamer Fahrweise 6,1 Liter Benzin pro 100 km. 1 Liter Benzin kostet 1,34 €.

b Der Tank des Autos fasst 61 Liter.
Kann die Familie den Urlaubsort mit einer Tankfüllung erreichen?

[40,087] 40,08

c Mit welchen Benzinkosten muss Familie Franke für die Hin- und Rückfahrt rechnen?

[107,20] €

d Bei schneller Fahrweise verbraucht das Auto 7,25 Liter Benzin pro 100 km.
Um wie viel € wird die Fahrt teurer als bei einer sparsamen Fahrweise?

[107,20] €

Abschlusstest

Kontrollieren Sie Ihre Lösungen auf der Seite 207.

1| Schreiben Sie als Dezimalbruch.

a $\frac{7}{8}$ = ______ **c** $1\frac{3}{4}$ = ______

b $12\frac{1}{2}$ = ______ **d** $\frac{5}{6}$ = ______

2| $4{,}126 + 3{,}259 =$ ______

3| $1{,}601 + 2{,}18 + 9{,}2 =$ ______

4| $1{,}01 + 2{,}1 + 4{,}789 + 3{,}156 =$ ______

5| $40{,}89 - 2{,}16 =$ ______

6| $1\,400{,}5 - 12{,}89 =$ ______

7| $2\,000 - 1\,000{,}9 - 10{,}65 =$ ______

8| $2{,}5 \cdot 1{,}4 =$ ______

9| $12{,}26 \cdot 1{,}52 =$ ______

10| $4{,}261 \cdot 1\,000 =$ ______

11| $14{,}3 \cdot 10^2 =$ ______

12| $2{,}7 \cdot 10^{-2} =$ ______

13| $22{,}5 : 2{,}25 =$ ______

14| $2\,004{,}8 : 32 =$ ______

15| $72{,}3 : 100 =$ ______

16| $3{,}5 - 1{,}75 : 2{,}5 + 4 =$ ______

17| $1{,}2 \cdot 0{,}6 - 1{,}1 \cdot 0{,}6 =$ ______

18| $14{,}2 - (0{,}7 + 6{,}4) \cdot 2 =$ ______

19| Runden Sie 648,49 …

a … auf Ganze. ≈ ______

b … auf Zehner. ≈ ______

c … auf Zehntel. ≈ ______

20| Max Schneider möchte drei Videos auf eine DVD brennen. Die erste Videodatei hat eine Größe von 1,26 GB (Gigabyte), die anderen beiden Dateien sind jeweils 1,74 GB groß. Ist eine DVD mit 4,7 GB ausreichend?

______

21| Für die Reinigungsarbeiten an einem Abwasserrohr bekommt die Hausverwaltung Schmidt folgende Rechung:

Rechnung		
2,5 Stunden	Monteur	43,00 € je Stunde
2,5 Stunden	Gehilfe	37,50 € je Stunde
	Reinigungsgerät	37,50 €
	An- und Abfahrt	15,00 €
	Rechnungsbetrag	

Wie hoch ist der Rechnungsbetrag?

______ €

22| Maria bearbeitet in einem Online-Shop die Kundenrücksendungen. Eine Kundin schickt ein Paar Turnschuhe für 47,50 € und ein Paar Stiefel für 68,90 € zurück. Der ursprüngliche Rechnungsbetrag lautete 186,40 €.

a Wie lautet der neue Rechnungsbetrag?

______ €

b Wie lautet der neue Rechnungsbetrag, wenn für die Rücksendung 1,99 € berechnet werden?

______ €

23| Für einen Test wurde der Benzinverbrauch eines Autos bestimmt: Auf einer Strecke von 430 km wurden dabei insgesamt 55 Liter Benzin verbraucht.

a Wie viel Liter Benzin verbraucht das Auto pro km? Runden Sie auf Hundertstel.

______ ℓ

b Wie viel Liter Benzin verbraucht das Auto pro 100 km? Runden Sie auf Ganze.

______ ℓ

Größen

Check-in

Testen Sie sich selbst: Kreuzen Sie den Buchstaben neben dem richtigen Ergebnis an.

1| 600 cm =
A 60 m C 6 m
B 0,6 m D 12 m

2| 7,5 m =
A 750 cm C 75 cm
B 7 500 cm D 570 cm

3| 4 km =
A 40 m C 40 000 m
B 400 m D 4 000 m

4| 60 mm =
A 600 cm C 0,6 cm
B 6 000 cm D 6 cm

5| 1,26 cm^2 =
A 0,126 mm^2 C 126 mm^2
B 12,6 mm^2 D 1 260 mm^2

6| 0,845 m^2 =
A 84,5 cm^2 C 8 450 cm^2
B 845 cm^2 D 84 500 cm^2

7| 1,05 km^2 =
A 1 050 m^2 C 1 050 000 m^2
B 105 m^2 D 10 500 m^2

8| 2 300 000 m^2 =
A 2 300 km^2 C 230 km^2
B 2,3 km^2 D 23 km^2

9| 450 cm^3 =
A 0,45 dm^3 C 45 dm^3
B 4,5 dm^3 D 0,045 dm^3

10| 0,35 cm^3 =
A 3,5 mm^3 C 350 mm^3
B 35 mm^3 D 3 500 mm^3

11| 2,5 ℓ =
A 2,5 dm^3 C 2 500 dm^3
B 250 dm^3 D 0,25 dm^3

12| 3 700 mℓ =
A 3,7 ℓ C 370 ℓ
B 37 ℓ D 0,37 ℓ

13| 4 kg =
A 400 g C 40 g
B 4 000 g D 0,4 g

14| 3 700 g =
A 370 kg C 3,7 kg
B 7,3 kg D 37 kg

15| 8 t =
A 800 kg C 0,8 kg
B 8 000 kg D 80 kg

16| 1 350 mg =
A 13,50 g C 135 g
B 1,350 g D 0,135 g

17| 1 860 s =
A 31 min C 35 min
B 32 min D 30 min

18| 35 min =
A 1 860 s C 2 100 s
B 1 900 s D 2 160 s

19| 9 h 30 min =
A 450 min C 57 min
B 540 min D 570 min

20| Zeitspanne zwischen 8:23 Uhr und 10:08 Uhr
A 45 min C 2 h 45 min
B 1 h 45 min D 1 h 15 min

Kontrollieren Sie Ihre Lösungen. Nutzen Sie dazu Seite 199.

- Haben Sie richtig gelöst, machen Sie in der Tabelle ein Kreuz.
- Haben Sie falsch gelöst, finden Sie Hilfen und weitere Übungen auf den angegebenen → Seiten.

1	2	3	4	5	6	7	8	9	10	11	12	13	14	15	16	17	18	19	20
→ S. 61/62				→ S. 63				→ S. 64		→ S. 65		→ S. 66				→ S. 67/68			S. 69

Längenmaße umrechnen

Kilometer	km	**1 km**	=	**1 000 m**						
Meter	m			**1 m**	=	**10 dm**	=	100 cm	=	1 000 mm
Dezimeter	dm					**1 dm**	=	**10 cm**	=	100 mm
Zentimeter	cm							**1 cm**	=	**10 mm**
Millimeter	mm									

Umrechnungszahl

km —1 000— m —10— dm —10— cm —10— mm

3 cm = 3 · 10 mm = 30 mm
30 mm = 30 : 10 cm = 3 cm

5,7 km = 5,7 · 1 000 m = 5 700 m

400 cm = 400 : 10 dm = 40 dm = 40 : 10 m = 4 m

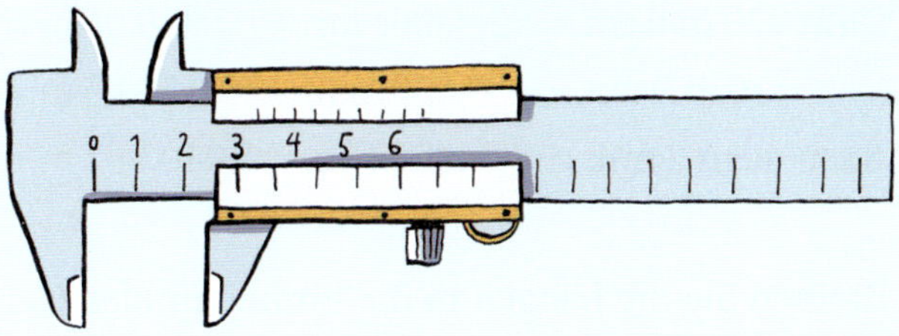

Addition und Subtraktion von Längenmaßen

Zuerst immer die Längen in die gleiche Einheit umwandeln. Danach addieren oder subtrahieren.

8 cm + 30 mm
= 8 cm + 3 cm
= 11 cm

0,05 m – 3 cm
= 5 cm – 3 cm
= 2 cm

Füllen Sie die Tabellen wie im Beispiel aus.

1|

cm	5 cm	7,8 cm	48,6 cm	5 cm	75 cm	0,5 cm
mm	50 mm	78 mm	486 mm	50 mm	750 mm	5 mm

2|

dm	65 dm	8 dm	0,48 dm	0,6 dm	48,3 dm	0,05 dm
cm	650 cm	80 cm	48 cm	6 cm	483 cm	0,5 cm

3|

km	12 km	1,2 km	0,12 km	9,5 km	0,95 km	0,095 km
m	12 000 m	1200 m	120 m	9 500 m	950 m	95 m

4|

m	0,5 m	4,9 m	1,25 m	0,83 m	1,35 m	17,3 m
cm	50 cm	490 cm	125 cm	83 cm	139 cm	1 730 cm

Wandeln Sie die Längen vor dem Rechnen in die angegebene Einheit um.

5| 1,2 cm + 18 mm = 138 mm

6| 8 km – 205 m = 7,755 km

7| 1,52 m + 58 cm = 210 cm

8| 16,8 m – 7,2 dm = 16,08 m

Lösungen

1–3| 0,05; 0,095; 0,5; 0,6; 0,95; 4,8; 5; 9,5; 48,3; 50; 75; 80; 120; 486; 650; 1 200; 12 000

4| 0,83; 1,39; 17,3; 125; 490

5–8| 7,795; 16,08; 30; 210

Längenmaße mithilfe der Einheitentafel umrechnen

Schreibt man Längen in die Einheitentafel, kann man sie schnell in verschiedene Einheiten umrechnen.

Länge	km	m			dm	cm	mm	Länge umgerechnet in		
								km	m	cm
2 km 930 m 6 cm	2	9	3	0	0	6	0	2,93006 km	2 930,06 m	293 006 cm
530 m 9 dm		5	3	0	9	0	0	0,5309 km	530,9 m	53 090 cm
8 km 40 m 2 mm	8	0	4	0	0	0	2	8,040002 km	8 040,002 m	804 000,2 cm

2 km 930 m 6 cm = 2,93006 km = 2 930,06 m = 29 300,6 dm = 293 006 cm = 2 930 060 mm

530 m 9 dm = 0,5309 km = 530,9 m = 5 309 dm = 53 090 cm = 530 900 mm

8 km 40 m 2 mm = 8,040002 km = 8 040,002 m = 80 400,02 dm = 804 000,2 cm = 8 040 002 mm

Schreiben Sie die Längen in die Einheitentafel. Geben Sie dann die Längen in m und in cm an.

	Länge	km	m			dm	cm	mm	Länge umgerechnet in	
									m	cm
1	4 km 32 m 5 cm	4	0	3	2	0	5	0	4 032,05 m	403 205 cm
2	5 km 47 m 7 cm								m	cm
3	5 km 630 m 2 dm								m	cm
4	578 m 4 dm								m	cm
5	57 m 6 cm 2 mm								m	cm
6	4 km 12 m 6 mm								m	cm

Schreiben Sie die Längen in die Einheitentafel.
Geben Sie dann unten die Längen in den verschiedenen Einheiten an.

	Länge	km	m			dm	cm	mm
7	6 km 30 m	6	0	3	0	0	0	0
8	670 m 9 cm							
9	69 m 5 dm 3 mm							
10	8 km 4 m 6 cm							
11	2 km 16 m 9 dm							

7| 6,03 km = 6 030 m = 60 300 dm = 603 000 cm = 6 030 000 mm

8| km = m = dm = cm = mm

9| km = m = dm = cm = mm

10| km = m = dm = cm = mm

11| km = m = dm = cm = mm

Lösungen

1–11| siehe Seite 201

Flächenmaße umrechnen

Quadratkilometer	km^2	**1 km²** = **1 000 000 m²**	
Quadratmeter	m^2	**1 m²** = **100 dm²** = 10 000 cm² = 1 000 000 mm²	
Quadratdezimeter	dm^2	**1 dm²** = **100 cm²** = 10 000 mm²	
Quadratzentimeter	cm^2	**1 cm²** = **100 mm²**	
Quadratmillimeter	mm^2		

Umrechnungszahl

km^2 —1 000 000— m^2 —100— dm^2 —100— cm^2 —100— mm^2

$3\,cm^2 = 3 \cdot 100\,mm^2 = 300\,mm^2$
$300\,mm^2 = 300 : 100\,cm^2 = 3\,cm^2$

$4\,500\,000\,m^2 = 4\,500\,000 : 1\,000\,000\,km^2$
$= 4{,}5\,km^2$

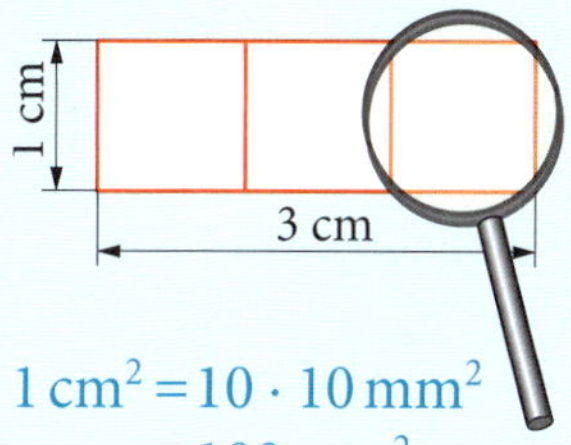

$1\,cm^2 = 10 \cdot 10\,mm^2$
$= 100\,mm^2$

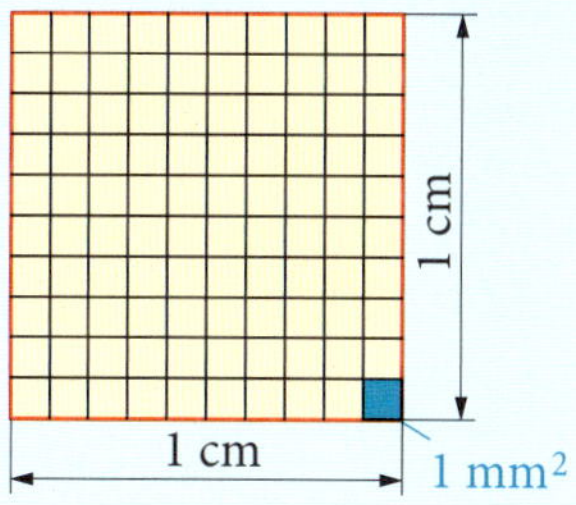

Füllen Sie die Tabellen wie im Beispiel aus.

1|

cm²	45 cm²	2 cm²	5,6 cm²	7 cm²	10,7 cm²	2,15 cm²
mm²	4500 mm²	200 mm²	560 mm²	700 mm²	1 070 mm²	215 mm²

2|

dm²	7 dm²	8 dm²	0,44 dm²	12 dm²	0,75 dm²	21,05 dm²
cm²	700 cm²	800 cm²	440 cm²	1 200 cm²	75 cm²	2 105 cm²

3|

m²	8 m²	6,52 m²	156,8 m²	0,18 m²	2,45 m²	100,8 m²
dm²	800 dm²	652 dm²	15 680 dm²	180 dm²	245 dm²	10 080 dm²

4|

km²	2,4 km²	5,8 km²	12,87 km²
m²	2 400 000 m²	5 800 000 m²	12 870 00 m²

5|

km²	6,8 km²	27,930 km²	9,173 km²
m²	6 800 000 m²	27 930 000 m²	9 173 000 m²

6| $2{,}1\,cm^2 + 46\,mm^2 =$ 256 mm^2

7| $8\,dm^2 + 2{,}05\,m^2 =$ 213 dm^2

8| $0{,}0004\,km^2 - 52\,m^2 =$ 400 - 52 m^2 (×1000000)

9| $4{,}5\,km^2 - 2\,000\,m^2 =$ 4 498 000 m^2

Lösungen
1-3| 0,75; 1,8; 2,15; 2,45; 7; 10,7; 12; 21,05; 44; 100,8; 560; 652; 700; 800; 800; 4 500; 15 680
4-5| 6,8; 9,173; 27,93; 5 800 000; 12 870 000 6-9| 213; 256; 348; 4 498 000

Raummaße umrechnen

Kubikmeter	m^3	$\mathbf{1\,m^3} = \mathbf{1\,000\,dm^3} = 1\,000\,000\,cm^3 = 1\,000\,000\,000\,mm^3$
Kubikdezimeter	dm^3	$\mathbf{1\,dm^3} = \mathbf{1\,000\,cm^3} = 1\,000\,000\,mm^3$
Kubikzentimeter	cm^3	$\mathbf{1\,cm^3} = \mathbf{1\,000\,mm^3}$
Kubikmillimeter	mm^3	

Umrechnungszahl

m^3 —1 000— dm^3 —1 000— cm^3 —1 000— mm^3

$3\,cm^3 = 3 \cdot 1\,000\,mm^3 = 3\,000\,mm^3$
$3\,000\,mm^3 = 3\,000 : 1\,000\,cm^3 = 3\,cm^3$

$5\,600\,cm^3 = 5\,600 : 1\,000\,dm^3 = 5{,}6\,dm^3$
$= 5{,}6 : 1\,000\,m^3 = 0{,}0056\,m^3$

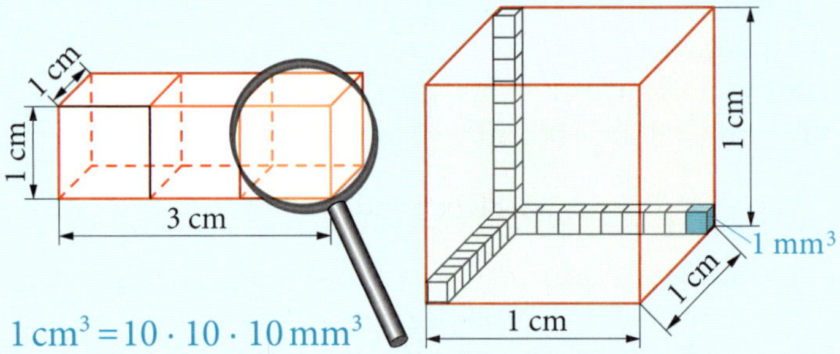

$1\,cm^3 = 10 \cdot 10 \cdot 10\,mm^3$
$= 1\,000\,mm^3$

Füllen Sie die Tabellen wie im Beispiel aus.

1|

cm^3	$6\,cm^3$	$5{,}3\,cm^3$	$8{,}7\,cm^3$	cm^3	cm^3	cm^3
mm^3	mm^3	$5\,300\,mm^3$	mm^3	$7\,000\,mm^3$	$10\,450\,mm^3$	$319\,mm^3$

2|

dm^3	$4\,dm^3$	$2{,}14\,dm^3$	$1{,}2\,dm^3$	dm^3	dm^3	dm^3
cm^3	cm^3	cm^3	cm^3	$2\,000\,cm^3$	$13\,450\,cm^3$	$7\,156\,cm^3$

3|

m^3	$2\,m^3$	$4{,}5\,m^3$	$38{,}13\,m^3$	m^3	m^3	m^3
dm^3	dm^3	dm^3	dm^3	$3\,000\,dm^3$	$9\,120\,dm^3$	$10\,124\,dm^3$

4|

dm^3	$2\,dm^3$	$5{,}132\,dm^3$	$0{,}004\,dm^3$
mm^3	$2\,000\,000\,mm^3$	mm^3	mm^3

5|

dm^3	dm^3	dm^3	dm^3
mm^3	$1\,600\,mm^3$	$8\,100\,000\,mm^3$	$56\,000\,mm^3$

6| $4\,m^3 =$ ☐ dm^3 **8|** $0{,}7\,m^3 =$ ☐ dm^3 **10|** $895\,cm^3 =$ ☐ dm^3

7| $6{,}3\,cm^3 =$ ☐ mm^3 **9|** $500\,dm^3 =$ ☐ m^3 **11|** $9\,800\,mm^3 =$ ☐ cm^3

Lösungen
1–3| 0,319; 2; 3; 7; 7,156; 9,12; 10,124; 10,45; 13,45; 1200; 2000; 2140; 4000; 4500; 6000; 8 700; 38 130 4–5| 0,0016; 0,056; 8,1; 4 000; 5 132 000 6–11| 0,5; 0,895; 9,8; 700; 4 000; 6 300

Hohlmaße umrechnen

Hektoliter	hℓ	**1 hℓ**	=	**100 ℓ**	=	**1 000 dℓ**	=	10 000 cℓ	=	100 000 mℓ
Liter	ℓ			**1 ℓ**	=	**10 dℓ**	=	100 cℓ	=	1 000 mℓ
Deziliter	dℓ					**1 dℓ**	=	**10 cℓ**	=	100 mℓ
Zentiliter	cℓ							**1 cℓ**	=	**10 mℓ**
Milliliter	mℓ									

Umrechnungszahl

hℓ —100— ℓ —10— dℓ —10— cℓ —10— mℓ (ℓ —1 000— mℓ)

5 ℓ = 5 · 10 dℓ = 50 dℓ
50 dℓ = 50 : 10 ℓ = 5 ℓ

800 mℓ = 800 : 10 cℓ = 80 cℓ = 80 : 10 dℓ = 8 dℓ = 8 : 10 ℓ = 0,8 ℓ

1 Liter entspricht 1 Kubikdezimeter: **1ℓ = 1 dm³**
1 Milliliter entspricht 1 Kubikzentimeter: **1 mℓ = 1 cm³**

Füllen Sie die Tabellen wie im Beispiel aus.

1|

cℓ	2 cℓ	16,1 cℓ	11,25 cℓ	cℓ	cℓ	cℓ
mℓ	mℓ	161 mℓ	mℓ	150 mℓ	255 mℓ	30 mℓ

2|

hℓ	3 hℓ	4,5 hℓ	9,16 hℓ	hℓ	hℓ	hℓ
ℓ	ℓ	ℓ	ℓ	400 ℓ	2 500 ℓ	750,6 ℓ

3|

ℓ	2 ℓ	8 ℓ	4,5 ℓ	ℓ	ℓ	ℓ
mℓ	2 000 mℓ	mℓ	mℓ	7 000 mℓ	8 500 mℓ	10 760 mℓ

4|

ℓ	5 ℓ	10 ℓ	7,25 ℓ	ℓ	ℓ	ℓ
mℓ	mℓ	mℓ	mℓ	200 mℓ	1 200 mℓ	17 500 mℓ

5| 3 dm³ = ☐ ℓ
6| 45 dm³ = ☐ ℓ
7| 3 cm³ = ☐ mℓ
8| 12,6 cm³ = ☐ mℓ

9| 5 000 cm³ = ☐ ℓ
10| 800 cm³ = ☐ ℓ
11| 1 200 cm³ = ☐ ℓ
12| 23 500 cm³ = ☐ ℓ

13| 2 m³ = ☐ ℓ
14| 5,8 m³ = ☐ ℓ
15| 0,4 m³ = ☐ ℓ
16| 0,04 m³ = ☐ ℓ

Lösungen
1–2| 3; 4; 7,506; 15; 20; 25; 25,5; 112,5; 300; 450; 916 3–4| 0,2; 1,2; 7; 8,5; 10,76; 17,5; 4 500; 5 000; 7 250; 8 000; 10 000 5–16| 0,8; 1,2; 3; 3; 5; 12,6; 23,5; 40; 45; 400; 2 000; 5 800

Gewichtsmaße umrechnen

Tonne	t	**1 t**	=	**1 000 kg**				
Kilogramm	kg			**1 kg**	=	**1 000 g**	=	1 000 000 mg
Gramm	g					**1 g**	=	**1 000 mg**
Milligramm	mg							

Umrechnungszahl

t —1 000— kg —1 000— g —1 000— mg

3 kg = 3 · 1 000 g = 3 000 g
3 000 g = 3 000 : 1 000 kg = 3 kg

6 700 mg = 6 700 : 1 000 g = 6,7 g = 6,7 : 1 000 kg = 0,0067 kg

Füllen Sie die Tabellen wie im Beispiel aus.

1|

g	10 g	4 g	2,4 g	___ g	___ g	___ g
mg	___ mg	4 000 mg	___ mg	3 000 mg	3 500 mg	12 800 mg

2|

kg	6 kg	12 kg	3,6 kg	___ kg	___ kg	___ kg
g	___ g	___ g	___ g	7 000 g	7 500 g	14 650 g

3|

t	2 t	6 t	8,9 t	___ t	___ t	___ t
kg	___ kg	___ kg	___ kg	3 500 kg	6 780 kg	6 959 kg

4|

kg	3 kg	2 kg	1,5 kg
mg	3 000 000 mg	___ mg	___ mg

5|

kg	___ kg	___ kg	___ kg
mg	7 000 000 mg	8 500 000 mg	8 050 000 mg

6| 5 kg + 500 g = ___ g

7| 6 kg + 600 g = ___ kg

8| 19 g + 700 mg = ___ mg

9| 7 500 mg – 3 g = ___ mg

Lösungen
1–3| 3; 3,5; 3,5; 6,78; 6,959; 7; 7,5; 12,8; 14,65; 2 000; 2 400; 3 600; 6 000; 6 000; 8 900; 10 000; 12 000 **4–5|** 7; 8,05; 8,5; 1 500 000; 2 000 000 **6–9|** 6,6; 4500; 5 500; 19 700

Zeitmaße umrechnen

Jahr	a	$1\,\text{a} = \mathbf{365\,d} = 8\,760\,\text{h} = 525\,600\,\text{min} = 31\,536\,000\,\text{s}$
Tag	d	$\mathbf{1\,d} = \mathbf{24\,h} = 1\,440\,\text{min} = 86\,400\,\text{s}$
Stunde	h	$\mathbf{1\,h} = \mathbf{60\,min} = 3\,600\,\text{s} = 3\,600\,000\,\text{ms}$
Minute	min	$\mathbf{1\,min} = \mathbf{60\,s} = 60\,000\,\text{ms}$
Sekunde	s	$\mathbf{1\,s} = 1\,000\,\text{ms}$
Millisekunde	ms	

Ein Schaltjahr hat 366 Tage.

Umrechnungszahl: a —365— d —24— h —60— min —60— s —1000— ms

$\frac{1}{2}\,\text{h} = \frac{1}{2} \cdot 60\,\text{min} = 30\,\text{min}$ oder $0{,}5\,\text{h} = 0{,}5 \cdot 60\,\text{min} = 30\,\text{min}$

$30\,\text{min} = 30 : 60\,\text{h} = \frac{30}{60}\,\text{h} = \frac{1}{2}\,\text{h}$ oder $30\,\text{min} = 30 : 60\,\text{h} = 0{,}5\,\text{h}$

$2\,\text{d} = 2 \cdot 24\,\text{h} = 48\,\text{h} = 48 \cdot 60\,\text{min} = 2\,880\,\text{min}$

$5\,400\,\text{s} = 5\,400 : 60\,\text{min} = 90\,\text{min} = 90 : 60\,\text{h} = 1{,}5\,\text{h} = 1\frac{1}{2}\,\text{h}$

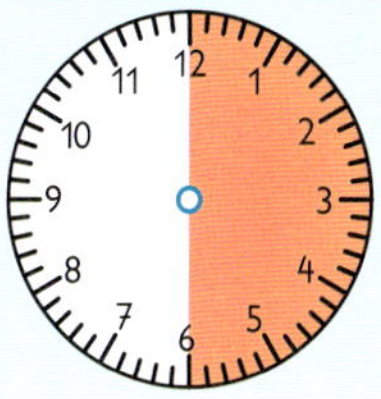

Füllen Sie die Tabellen wie im Beispiel aus.

1|

s	6 s	5,8 s	0,7s	s	s	s
ms	6 000 ms	ms	ms	9 000 ms	12 000 ms	200 ms

2|

min	15 min	10 min	5 min	min	min	min
s	s	s	s	3 060 s	2 520 s	4 200 s

3|

h	4 h	12 h	6,5 h	h	h	h
min	min	min	min	300 min	1 680 min	4 320 min

4|

d	3 d	5 d	12 d	d	d	d
h	h	h	h	96 h	168 h	8 640 h

5| Berücksichtigen Sie keine Schaltjahre.

a	2 a	5 a	10 a	a	a	a
d	d	d	d	1 460 d	2 920 d	2 190 d

6|

h	2 h	2,5 h	h	h	h	h
min	120 min	min	180 min	45 min	min	min
s	7 200 s	s	s	s	1 800 s	6 300 s

Lösungen

1–5| 0,2; 4; 4; 5; 6; 7; 8; 9; 12; 28; 42; 51; 70; 72; 72; 120; 240; 288; 300; 360; 390; 600; 700; 720; 730; 900; 1 825; 3 650; 5 800   6| 0,5; 0,75; 1,75; 3; 30; 105; 150; 2 700; 9 000; 10 800

Zeitmaße umrechnen

Gemischtes Zeitmaß vereinheitlichen

4 min 6 s = ? s
4 min 6 s = 4 · 60 s + 6 s
= 240 s + 6 s = 246 s

4 min 6 s = ? min
4 min 6 s = 4 min + 6 : 60 min
= 4 min + 0,1 min = 4,1 min

Zeit in gemischtes Zeitmaß umwandeln

246 s = ? min ? s
246 s = 246 : 60 min = 4 min 6 s
− 240
6

Bei der schriftlichen Division bleibt ein Rest. Er gibt die Anzahl der Sekunden an.

4,1 min = ? min ? s
= 4 min + 0,1 min
= 4 min + 0,1 · 60 s = 4 min + 6 s = 4 min 6 s

1| 2 min 3 s = ☐ s
2| 2 min 3 s = ☐ min
3| 7 min 12 s = ☐ s
4| 7 min 12 s = ☐ min
5| 8 min 15 s = ☐ s
6| 8 min 15 s = ☐ min
7| 5 min 45 s = ☐ s
8| 5 min 45 s = ☐ min
9| 12 min 45 s = ☐ s
10| 12 min 45 s = ☐ min
11| 25 min 18 s = ☐ s
12| 25 min 18 s = ☐ min

13| 2 h 30 min = ☐ min
14| 2 h 30 min = ☐ h
15| 5 h 12 min = ☐ min
16| 5 h 12 min = ☐ h
17| 11 h 45 min = ☐ min
18| 11 h 45 min = ☐ h

19| 3 d 6 h = ☐ h
20| 3 d 6 h = ☐ d
21| 12 d 6 h = ☐ h
22| 12 d 6 h = ☐ d
23| 7 d 15 h = ☐ h
24| 7 d 15 h = ☐ d

25| 308 s = ☐ min ☐ s
26| 265 s = ☐ min ☐ s
27| 1 290 s = ☐ min ☐ s
28| 487 s = ☐ min ☐ s
29| 4,5 min = ☐ min ☐ s
30| 1,25 min = ☐ min ☐ s
31| 2,75 min = ☐ min ☐ s
32| 5,7 min = ☐ min ☐ s
33| 912 min = ☐ h ☐ min
34| 105 min = ☐ h ☐ min
35| 3,5 h = ☐ h ☐ min
36| 10,25 h = ☐ h ☐ min
37| 80 h = ☐ d ☐ h
38| 99 h = ☐ d ☐ h
39| 7,5 d = ☐ d ☐ h
40| 14,5 d = ☐ d ☐ h

Lösungen
1–12| 2,05; 5,75; 7,2; 8,25; 12,75; 25,3; 123; 345; 432; 495; 765; 1 518 13–18| 2,5; 5,2; 11,75; 150; 312; 705 19–24| 3,25; 7,625; 12,25; 78; 183; 294 25–40| 1|15; 1|45; 2|45; 3|8; 3|30; 4|3; 4|25; 4|30; 5|8; 5|42; 7|12; 8|7; 10|15; 14|12; 15|12; 21|30

Mit Zeitspannen rechnen

Bei Zeitmessungen unterscheidet man zwischen **Zeitpunkt** und **Zeitspanne**.

Zwischen den Zeitpunkten 9:40 Uhr und 10:04 Uhr liegt eine Zeitspanne von 24 min:

9:40 Uhr + 20 min = 10:00 Uhr
10:00 Uhr + 4 min = 10:04 Uhr
20 min + 4 min = 24 min

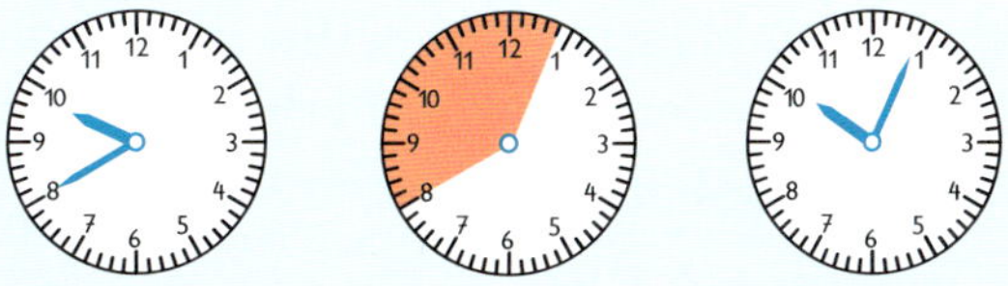

Zeitpunkt 9 Uhr 40 9:40 Uhr | Zeitspanne 24 min | Zeitpunkt 10 Uhr 4 10:04 Uhr

Zeitspannen addieren und subtrahieren

3 h 10 min + 2 h 35 min = ?
(3 h + 2 h) + (10 min + 35 min) = 5 h 45 min

1 h 50 min + 2 h 25 min = ?
(1 h + 2 h) + (50 min + 25 min) = 3 h 75 min
= 4 h 15 min

5 h 48 min – 4 h 20 min = ?
(5 h – 4 h) + (48 min – 20 min) = 1 h 28 min

Beim Subtrahieren ist es oft sinnvoll, die Zeitspannen in die gleiche Einheit umzurechnen.
6 h 12 min – 3 h 24 min = ?
372 min – 204 min = 168 min = 2 h 48 min

6 h 12 min = 372 min
3 h 24 min = 204 min

Geben Sie wie im Beispiel die Zeitspanne zwischen Zeitpunkt 1 und 2 an.

1|

Zeitpunkt 1	8:15 Uhr	12:00 Uhr	18:15 Uhr	22:00 Uhr	6:30 Uhr
Zeitpunkt 2	11:30 Uhr	22:16 Uhr	0:15 Uhr	4:48 Uhr	9:12 Uhr
Zeitspanne	3 h 15 min	h min	h min	h min	h min

2|

Zeitpunkt 1	5:12 Uhr	8:29 Uhr	14:07 Uhr	0:48 Uhr	17:44 Uhr
Zeitpunkt 2	7:18 Uhr	10:17 Uhr	18:55 Uhr	11:15 Uhr	5:46 Uhr
Zeitspanne	h min	h min	h min	h min	h min

3| 3 h + 4 h 17 min = ☐ h ☐ min

4| 3 h 24 min + 6 h 14 min = ☐ h ☐ min

5| 9 h 8 min + 6 h 12 min = ☐ h ☐ min

6| 18 h 54 min + 24 h 55 min = ☐ h ☐ min

7| 4 min 10 s + 9 min 17 s = ☐ min ☐ s

8| 6 min 50 s + 11 min 8 s = ☐ min ☐ s

9| 20 min 53 s + 28 min 7 s = ☐ min ☐ s

10| 50 min 43 s + 17 min 34 s = ☐ min ☐ s

11| 6 h 17 min – 4 h 13 min = ☐ h ☐ min

12| 18 h 58 min – 11 h 39 min = ☐ h ☐ min

13| 4 h 3 min – 1 h 4 min = ☐ h ☐ min

14| 5 min 58 s – 2 min 37 s = ☐ min ☐ s

15| 19 min 34 s – 12 min 28 s = ☐ min ☐ s

16| 8 min 57 s – 6 min 59 s = ☐ min ☐ s

Lösungen
1–2| 1|48; 2|6; 2|42; 4|48; 6|0; 6|48; 10|16; 10|27; 12|2 3–10| 7|17; 9|38; 13|27; 15|20; 17|58; 43|49; 49|0; 68|17 11–16| 1|58; 2|4; 2|59; 3|21; 7|6; 7|19

Fahrpläne

In einem Fahrplan kann man aus den Zeitpunkten von Abfahrt und Ankunft die Fahrzeit berechnen.

Der Fahrplan gibt die Abfahrtszeit in Berlin Hauptbahnhof (Hbf) an.
Wie lange fährt man mit dem ICE von Berlin Hbf nach Göttingen?

Abfahrt in Berlin Hbf 6:32 Uhr
Ankunft in Göttingen 8:53 Uhr
Fahrzeit:
Zeitspanne zwischen 6:32 Uhr und 8:53 Uhr
= 2 h und 21 min

Von Berlin Hbf nach Göttingen fährt man mit dem ICE 2 Stunden und 21 Minuten.

Abfahrt *Departure* **Berlin Hbf**

Zeit *Time*	**Zug** *Train*	**Richtung** *Destination*
6:32 Mo–Sa	ICE 375	Wolfsburg Hbf 7:38 – Braunschweig Hbf 7:56 – Hildesheim Hbf 8:23 – Göttingen 8:53 – Kassel-Wilhelmshöhe 9:14 – Hanau 10:27 Frankfurt (Main) Hbf 10:44 – Mannheim 11:28 – Karlsruhe Hbf 11:58 – Offenburg 12:27 – Freiburg (Breisg) Hbf 12:59 – Basel Bad Bf 13:36 – Basel SBB 13:47 – **Interlaken Ost 15:57**

1|

Abfahrt	5:55 Uhr	16:12 Uhr	9:17 Uhr	15:08 Uhr	0:15 Uhr
Ankunft	7:13 Uhr	17:54 Uhr	13:36 Uhr	20:02 Uhr	6:32 Uhr
Fahrzeit	1 h 18 min	☐ h ☐ min	☐ h ☐ min	☐ h ☐ min	☐ h ☐ min

2|

Abfahrt	13:45 Uhr	12:15 Uhr	☐ Uhr	18:21 Uhr	☐ Uhr
Ankunft	☐ Uhr	☐ Uhr	16:20 Uhr	☐ Uhr	0:13 Uhr
Fahrzeit	2 h 30 min	3 h 45 min	4 h 15 min	4 h 36 min	6 h 32 min

Berechnen Sie aus dem Fahrplan oben die Fahrzeiten.

3| Berlin Hbf – Braunschweig = ☐ h ☐ min

4| Berlin Hbf – Freiburg = ☐ h ☐ min

5| Wolfsburg – Mannheim = ☐ h ☐ min

6| Göttingen – Hanau = ☐ h ☐ min

7| Frankfurt – Offenburg = ☐ h ☐ min

8| Frankfurt – Interlaken Ost = ☐ h ☐ min

Halt	Ankunft	Abfahrt
München Hbf		13:41
Augsburg Hbf	14:17	14:20
Nürnberg Hbf	15:23	15:37
Erlangen	15:54	15:56
Bamberg	16:14	16:18
Lichtenfels	16:31	16:33
Jena Paradies	17:52	17:54
Leipzig Hbf	18:46	18:51
Lutherstadt Wittenberg	19:20	19:22
Berlin Südkreuz	20:00	20:00
Berlin Hbf (tief)	20:15	20:17
Berlin-Spandau	20:25	20:27
Hamburg Hbf	21:56	
Hamburg-Altona	22:13	

9| Der Zug braucht von München Hbf bis nach Berlin Hbf ☐ h ☐ min.

10| Der Zug hat in Leipzig Hbf ☐ min Aufenthalt.

11| In Nürnberg hat der Zug ☐ min Aufenthalt.

12| Von Leipzig bis Hamburg-Altona braucht der Zug ☐ h ☐ min.

13| Die Fahrt von Bamberg nach Jena Paradies dauert ☐ h ☐ min.

14| Die reine Fahrzeit (Fahrzeit ohne Aufenthalt) von Bamberg nach Jena Paradies beträgt ☐ h ☐ min.

15| Die reine Fahrzeit von Erlangen nach Leipzig beträgt ☐ h ☐ min.

Lösungen
1| 1|42; 4|19; 4|54; 6|17 2| 12:05; 16:00; 16:15; 17:41; 22:57
3–8| 1|24; 1|34; 1|43; 3|50; 5|13; 6|27 9–16| 1|32; 1|34; 2|42; 3|22; 5; 6|34; 14

Check-out

Testen Sie sich selbst: Kreuzen Sie den Buchstaben neben dem richtigen Ergebnis an.

1| 900 cm =
A 0,9 m C 9 m
B 90 m D 0,09 m

2| 5,7 m =
A 57 cm C 570 cm
B 0,57 cm D 5 700 cm

3| 12 km =
A 120 m C 0,12 m
B 1 200 m D 12 000 m

4| 12 mm =
A 1,2 cm C 0,12 cm
B 120 cm D 1 200 cm

5| 2,76 cm^2 =
A 0,276 mm^2 C 276 mm^2
B 27,6 mm^2 D 2 760 mm^2

6| 0,85 m^2 =
A 8,5 cm^2 C 276 cm^2
B 85 cm^2 D 8 500 cm^2

7| 0,5 km^2 =
A 500 000 m^2 C 500 m^2
B 50 000 m^2 D 5 000 m^2

8| 8 700 000 m^2 =
A 8 700 km^2 C 87 km^2
B 870 km^2 D 8,7 km^2

9| 435 cm^3 =
A 0,0435 dm^3 C 43,5 dm^3
B 4,35 dm^3 D 0,435 dm^3

10| 0,135 cm^3 =
A 1,35 mm^3 C 135 mm^3
B 13,5 mm^3 D 1 350 mm^3

11| 3,06 ℓ =
A 306 dm^3 C 3,06 dm^3
B 30,6 dm^3 D 0,306 dm^3

12| 1 720 mℓ =
A 1,72 ℓ C 172 ℓ
B 17,2 ℓ D 0,172 ℓ

13| 9 kg =
A 90 g C 9 000 g
B 900 g D 0,9 g

14| 4 630 g =
A 46,3 kg C 4,63 kg
B 463 kg D 0,463 kg

15| 6,8 t =
A 68 kg C 680 kg
B 6 800 kg D 0,68 kg

16| 933 mg =
A 0,933 g C 93,3 g
B 9,33 g D 0,0933 g

17| 2100 s =
A 30 min C 25 min
B 45 min D 35 min

18| 25 min =
A 1 200 s C 1 600 s
B 750 s D 1 500 s

19| 4 h 15 min =
A 255 min C 256 min
B 265 min D 245 min

20| Zeitspanne zwischen 7:45 Uhr und 11:25 Uhr
A 2 h 40 min C 3 h 40 min
B 40 min D 3 h 20 min

Kontrollieren Sie Ihre Lösungen. Nutzen Sie dazu Seite 199.

- Haben Sie richtig gelöst, machen Sie in der Tabelle ein Kreuz.
- Haben Sie falsch gelöst, finden Sie Hilfen und weitere Übungen auf den angegebenen → Seiten.

1	2	3	4	5	6	7	8	9	10	11	12	13	14	15	16	17	18	19	20
→ S. 61/62				→ S. 63				→ S. 64		→ S. 65		→ S. 66				→ S. 67/68			S. 69

Anwendungsaufgaben

(Lösungen Seite 201)

1| Ein Dekoband ist 3 m lang. Für einen Kunden wurden drei Stücke abgeschnitten: 1,2 m; 50 cm und 80 cm.
Wie lang ist das restliche Band?

cm

2| Auf einer Spule sind 3,5 m Draht aufgewickelt. Nacheinander werden davon vier Stücke abgeschnitten: 200 mm; 85 cm; 1,2 m und 0,25 m.
Wie lang ist das Reststück?

mm

3| Die Firma Sander-Transport hat ein 0,002 km^2 großes Grundstück erworben. Darauf soll eine 200 m^2 große Lagerhalle errichtet werden.

a Wie groß ist die verbleibende Grundstücksfläche?

m^2

b Auf der verbleibenden Grundstücksfläche soll ein Parkplatz angelegt werden. Der Parkplatz soll eine Fläche von 500 m^2 haben.
Wie viele m^2 des Grundstücks sind dann noch ungenutzt?

m^2

c Die Firma zahlte für das Grundstück 48 000 €. Wie viel € kostete 1 m^2?

€

4| Bauer Böhning hat ein 0,01 km^2 großes Grundstück gekauft. Darauf soll ein Haus errichtet werden. Die Grundfläche des Hauses beträgt 80 m^2.
Wie groß ist die verbleibende Grundstücksfläche?

m^2

5| Ein Feinkostladen möchte ein großes Fass mit 1 hℓ Likör in Flaschen verschiedener Größe abfüllen.
Wie viele Flaschen kann er jeweils füllen?

a 0,5-ℓ-Flaschen

b 0,4-ℓ-Flaschen

6| Ein Winzer füllt seinen Wein in Flaschen. Er hat in seinen Fässern insgesamt 1,5 hℓ lagern. Wie viele Flaschen erhält er jeweils?

a 0,5-ℓ-Flaschen

b 0,375-ℓ-Flaschen

c Für eine 0,5-ℓ-Flasche erhält der Winzer 11,50 €, für eine 0,375-ℓ-Flasche 9,50 €.
Welche Flaschen sollte der Winzer verwenden, damit er möglichst hohe Einnahmen erzielt?

Einnahme bei 0,5-ℓ-Flaschen €

Einnahme bei 0,375-ℓ-Flaschen €

7| Wenn Eis schmilzt, entsteht aus 1 cm^3 Eis ca. 0,92 cm^3 Wasser.
Wie viel Liter Wasser erhält man jeweils?

a 10 m^3 Eis ℓ

b 2 m^3 Eis ℓ

c 1,2 m^3 Eis ℓ

8| Ein Karton enthält 24 Pakete Butter zu je 250 g. Der Karton wiegt 500 g.
Geben Sie das Gesamtgewicht des Kartons mit der Butter in kg an.

kg

9| Normalerweise hat ein naturblonder Mensch 150 000 Haare auf dem Kopf. Jedes Haar wiegt ungefähr 1 mg.
Geben Sie das Gewicht des Kopfhaars in g an.

g

10| Ein Spielwarenhersteller möchte 6 t Bauklötze in 1,5-kg-Kartons verpacken.

a Wie viele Kartons erhält er?

b Wie viele Kartons erhält er, wenn sie jeweils 1,2 kg Bauklötze enthalten?

11 | In einer Nagelfabrik sollen 600 kg Nägel in 100 g Packungen verpackt werden.

a Wie viele Packungen erhält man?

b Wie viele Packungen erhält man, wenn sie jeweils 150 g Nägel enthalten?

12 | Ein Liter Dieselkraftstoff wiegt ungefähr 840 g. Ein mittelgroßer Tankwagen fasst 20 000 Liter.
Wie viele t wiegt der geladene Dieselkraftstoff, wenn der Wagen voll gefüllt ist?

t

13 | Ein Farblaserdrucker wiegt 11,5 kg.
Auf einem LKW wurden 250 Drucker aufgeladen.
Wie viele t hat der LKW geladen?

t

14 | Eine Baustoffgroßhandlung liefert einem Kunden Sand, Zement und Eisenträger. Auf dem Weg zum Kunden ist eine Brücke zu überqueren. Die Brücke darf nur von Fahrzeugen mit einem Gesamtgewicht von maximal 7,5 t befahren werden.

Der LKW hat ein Leergewicht von 2 500 kg. Ein Sack Zement wiegt 50 kg. Für 1 m³ Sand rechnet man 1,8 t und ein Eisenträger wiegt 500 kg.

a Es sollen 2 m³ Sand, 5 Säcke Zement und 2 Eisenträger transportiert werden.
Wie viel kg Zuladung für andere Waren bleiben noch?

kg

b Es sollen 4 Eisenträger, 40 Säcke Zement und 0,5 m³ Sand transportiert werden. Dürfen noch andere Waren zugeladen werden?

c Dürfte der LKW mit 25 Säcken Zement, 1,5 m³ Sand und 3 Eisenträgern über diese Brücke fahren?

15 | Auf der Hülle einer Musik-CD sind die Längen der einzelnen Titel angegeben. Beim ersten Lied steht z. B. 4:15. Das bedeutet, dass das Lied 4 min und 15 s dauert.

a Geben Sie die Laufzeiten in s an.

[1] 4:15 s
[2] 3:58 s
[3] 2:54 s
[4] 3:25 s
[5] 2:59 s
[6] 3:45 s
[7] 4:20 s

b Geben Sie die gesamte Laufzeit der CD an.

min s

16 | Bei einer längeren Autofahrt hat der Bordcomputer des PKWs die Fahrzeiten registriert:

	Fahrzeit
1. Abschnitt	2 h 17 min
2. Abschnitt	1 h 59 min
3. Abschnitt	3 h 17 min
4. Abschnitt	2 h 48 min

Berechnen Sie die Gesamtfahrzeit.

h min

17 | Ein Zug fährt um 9:17 Uhr ab und erreicht sein Ziel um 13:24 Uhr.
Bestimmen Sie die Reisezeit.

h min

Abschlusstest

Kontrollieren Sie Ihre Lösungen auf der Seite 207.

1| 4,5 cm = ____ mm

2| 0,87 m = ____ cm

3| 0,7 m + 58 cm + 4 mm = ____ mm

4| 1,38 cm^2 = ____ mm^2

5| 560 cm^2 = ____ m^2

6| 230 mm^2 + 6 cm^2 + 0,5 dm^2 = ____ cm^2

7| 1 450 mm^3 = ____ cm^3

8| 2,856 m^3 = ____ dm^3

9| 0,035 dm^3 + 25 cm^3 = ____ cm^3

10| 24 dm^3 = ____ ℓ

11| 0,5 ℓ = ____ cm^3

12| 125 mℓ = ____ cm^3

13| 750 mℓ = ____ ℓ

14| 0,25 ℓ + 300 mℓ + 0,1 ℓ = ____ mℓ

15| 73,8 g = ____ mg

16| 0,785 t = ____ kg

17| 87 t + 172,85 t + 1 500 kg = ____ t

18| 360 s = ____ min

19| 72 h = ____ d

20| 12 h 15 min = ____ min

21| 12 h 15 min = ____ h

22| 228 min = ____ h ____ min

23| Ein Radrennen wird in Etappen durchgeführt:
1. Etappe 247 km 480 m
2. Etappe 233 km 794 m
3. Etappe 198 km 287 m

a Welche Strecke wird in den drei Tagen insgesamt zurückgelegt?

____ km ____ m

b Alle drei Etappen wurden von demselben Sportler gewonnen. Seine Zeiten waren:
1. Etappe 6 h 38 min
2. Etappe 6 h 43 min
3. Etappe 4 h 57 min

Wie lange brauchte der Sieger für die gesamte Strecke?

____ h ____ min

24| Während eines Festes wurden 270 ℓ Wasser verkauft. In jedes Glas wurden 250 mℓ Wasser gefüllt. Ein Glas Wasser kostete jeweils 1,20 €.

a Der Einkaufspreis für die 270 ℓ Wasser betrug 108 €.
Wie viel € Gewinn wurde erzielt?

____ €

b Wie hoch wäre der Gewinn ausgefallen, wenn zum gleichen Preis Gläser mit 200 mℓ Inhalt verkauft worden wären?

____ €

25| Eine Ameise einer bestimmten Art wiegt 2,5 mg. Sie kann das 10-fache ihres Körpergewichtes tragen.
Wie viel g sind das?

____ g

26| Ein Schaltjahr dauert 366 Tage. Wie viele Stunden dauert das Schaltjahr länger als ein normales Jahr?

Ein normales Jahr hat 365 Tage.

____ h

Gleichungen

Check-in

Testen Sie sich selbst: Notieren Sie jeweils die Lösungen.

1| $x + 4{,}5 = 13{,}5$

$x =$

2| $x - 8 = 12{,}5$

$x =$

3| $9 \cdot x = 63$

$x =$

4| $\frac{x}{5} = 4$

$x =$

5| $2 \cdot x + 4 = 20$

$x =$

6| $3 \cdot x - 4 = 26$

$x =$

7| $20 = -4 - 2 \cdot x$

$x =$

8| $\frac{x}{3} - 2 = 13$

$x =$

9| $0{,}2 \cdot x + 0{,}3 = 2{,}7 - x$

$x =$

10| $0{,}77 + 2 \cdot x = 2{,}15 \cdot x - 0{,}13$

$x =$

11| $6 + (2 \cdot x - 4) = 12$

$x =$

12| $20 - (5 + 2 \cdot x) = 3 \cdot x$

$x =$

13| $2 + 3 \cdot (x - 7) = 29$

$x =$

14| $2 - 3 \cdot (x - 7) = 29$

$x =$

15| $u = 4 \cdot a$ $a = 18\,\text{cm}$
Berechnen Sie u.

$u =$

16| $u = 4 \cdot a$ $u = 24\,\text{cm}$
Berechnen Sie a.

$a =$

17| $A = a \cdot b$ $a = 13\,\text{m}$ und $b = 7\,\text{m}$
Berechnen Sie A.

$A =$

18| $A = a \cdot b$ $A = 12\,\text{m}^2$ und $a = 4\,\text{m}$
Berechnen Sie b.

$b =$

19| Verdoppelt man die gesuchte Zahl x und addiert 8, so erhält man 20.

$x =$

20| Alex ist ein Jahr älter als Anna.
Zusammen sind sie 33 Jahre alt.

Alter von Alex

Alter von Anna

Kontrollieren Sie Ihre Lösungen. Nutzen Sie dazu Seite 199.

- Haben Sie richtig gelöst, machen Sie in der Tabelle ein Kreuz.
- Haben Sie falsch gelöst, finden Sie Hilfen und weitere Übungen auf den angegebenen → Seiten.

1	2	3	4	5	6	7	8	9	10	11	12	13	14	15	16	17	18	19	20
→ S. 78/79				→ S. 80				→ S. 81		→ S. 82/83				→ S. 84				→ S. 87/88	

Lösen durch Probieren

Gleichung: $9 \cdot x + 1 = 28$

Für die gesuchte Variable x werden sinnvolle Werte eingesetzt:

$x = 1 \longrightarrow 9 \cdot 1 + 1 = 10 \neq 28$

$x = 2 \longrightarrow 9 \cdot 2 + 1 = 19 \neq 28$

$x = 3 \longrightarrow 9 \cdot 3 + 1 = 28$ ✔

Setzt man für x die Zahl 3 ein, so ist die Gleichung erfüllt.
$x = 3$ ist die Lösung der Gleichung.

Lösen Sie die Gleichungen durch Probieren.

1| $3 \cdot x - 5 = 7$

x	$3 \cdot x - 5$	$= 7$ oder $\neq 7$
1	$3 \cdot 1 - 5 = -2$	$\neq 7$
2		
3		
4		

$x =$ ☐

2| $2 \cdot x - 8 = 14$

x	$2 \cdot x - 8$	$= 14$ oder $\neq 14$
9		
10		
11		
12		

$x =$ ☐

3| $3 \cdot x + 12 = 6 \cdot x$

x	$3 \cdot x + 12$	$=$ oder $\neq$	$6 \cdot x$
1	$3 \cdot 1 + 12 = 15$	$\neq$	$6 \cdot 1 = 6$
2			
3			
4			

$x =$ ☐

4| $4 \cdot x - 14 = 2 \cdot x$

x	$4 \cdot x - 14$	$=$ oder $\neq$	$2 \cdot x$
5			
6			
7			
8			

$x =$ ☐

Lösen Sie die Gleichungen durch Probieren mit geeigneten Zahlen.

5| $x + 2 = 7$ $x =$ ☐

6| $13 - x = 6$ $x =$ ☐

7| $15 + x = 21$ $x =$ ☐

8| $x - 4 = 3$ $x =$ ☐

9| $3 \cdot x = 18$ $x =$ ☐

10| $3 \cdot x = -18$ $x =$ ☐

11| $\frac{1}{2} \cdot x = 4$ $x =$ ☐

12| $\frac{3}{4} \cdot x = 3$ $x =$ ☐

13| $3 \cdot x + 4 = 19$ $x =$ ☐

14| $-2 \cdot x + 3 = -17$ $x =$ ☐

15| $7 \cdot x - 35 = 56$ $x =$ ☐

16| $8 - 5 \cdot x = -17$ $x =$ ☐

Lösungen
1–4| 4; 4; 7; 11   5–16| −6; 4; 5; 5; 5; 6; 6; 7; 7; 8; 10; 13

Lösen durch Addieren und Subtrahieren

Gleichung: $x + 4 = 7$

Ziel:
x soll allein auf einer Seite der Gleichung stehen.

Deshalb:
Auf beiden Seiten 4 subtrahieren.

$$x + 4 = 7 \quad | - 4$$
$$x + 4 - 4 = 7 - 4$$
$$x = 3$$

Probe: $3 + 4 = 7$ ✔

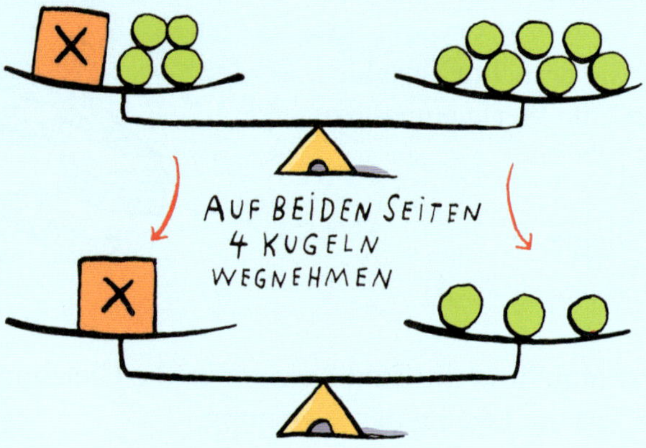

1| $x + 9 = 17$ $x =$

2| $x + 5 = 43$ $x =$

3| $x + 11 = 78$ $x =$

4| $x + 8 = 31$ $x =$

5| $x + 22 = 121$ $x =$

6| $64 + x = 56$ $x =$

7| $53 + x = -46$ $x =$

8| $85 + x = 28$ $x =$

9| $72 + x = -13$ $x =$

10| $47 + x = -23$ $x =$

Tipp: Damit x allein auf einer Seite steht, muss hier auf beiden Seiten addiert werden.

11| $x - 8 = 12$ $x =$

12| $x - 3 = 24$ $x =$

13| $x - 7 = 17$ $x =$

14| $x - 12 = 34$ $x =$

15| $x - 49 = 12$ $x =$

16| $-23 + x = -23$ $x =$

17| $-16 + x = -27$ $x =$

18| $-19 + x = 43$ $x =$

19| $-38 + x = 16$ $x =$

20| $-78 + x = -80$ $x =$

21| $-12 + x = 27$ $x =$

22| $x + 1{,}2 = 3{,}8$ $x =$

23| $x - 45 = 23$ $x =$

24| $x + 2{,}3 = 5{,}4$ $x =$

25| $-8{,}7 + x = 11{,}3$ $x =$

26| $x + 1{,}8 = -3{,}2$ $x =$

27| $x - 34 = -14$ $x =$

28| $4{,}6 + x = 8{,}9$ $x =$

29| $x + 4{,}12 = -0{,}08$ $x =$

30| $x - 2{,}76 = -2{,}76$ $x =$

Lösungen

1–10| −99; −85; −70; −57; −8; 8; 23; 38; 67; 99

11–20| −11; −2; 0; 20; 24; 27; 46; 54; 61; 62

21–30| −5; −4,2; 0; 2,6; 3,1; 4,3; 20; 20; 39; 68

Lösen durch Multiplizieren und Dividieren

Gleichung: $3 \cdot x = 15$	Gleichung: $\frac{x}{7} = 4$ anders geschrieben: $x : 7 = 4$
Ziel: x soll allein auf einer Seite der Gleichung stehen.	Ziel: x soll allein auf einer Seite der Gleichung stehen.
Deshalb: Auf beiden Seiten durch 3 dividieren.	Deshalb: Auf beiden Seiten mit 7 multiplizieren.
$3 \cdot x = 15 \quad \vert :3$ $3 : 3 \cdot x = 15 : 3$ $x = 5$	$x : 7 = 4 \quad \vert \cdot 7$ $x : 7 \cdot 7 = 4 \cdot 7$ $x = 28$
Probe: $3 \cdot 5 = 15$ ✔	Probe: $28 : 7 = 4$ ✔

1| $4 \cdot x = 24$ $x =$ ☐

2| $5 \cdot x = 75$ $x =$ ☐

3| $6 \cdot x = -84$ $x =$ ☐

4| $7 \cdot x = -98$ $x =$ ☐

5| $12 \cdot x = 144$ $x =$ ☐

6| $x : 6 = 8$ $x =$ ☐

7| $x : 7 = 9$ $x =$ ☐

8| $x : 3 = -22$ $x =$ ☐

9| $x : 12 = -5$ $x =$ ☐

10| $x : 13 = 4$ $x =$ ☐

Tipp: Hier muss durch eine **negative** Zahl dividiert oder mit einer **negativen** Zahl multipliziert werden.

11| $-6 \cdot x = 36$ $x =$ ☐

12| $-7 \cdot x = 112$ $x =$ ☐

13| $-4 \cdot x = 124$ $x =$ ☐

14| $-11 \cdot x = 121$ $x =$ ☐

15| $-3 \cdot x = -21$ $x =$ ☐

16| $x : (-8) = 4$ $x =$ ☐

17| $x : (-5) = 6$ $x =$ ☐

18| $x : (-4) = -6$ $x =$ ☐

19| $x : (-7) = -7$ $x =$ ☐

20| $x : (-9) = 5$ $x =$ ☐

21| $3 \cdot x = 102$ $x =$ ☐

22| $-24 \cdot x = -120$ $x =$ ☐

23| $x : 2 = 4{,}2$ $x =$ ☐

24| $-14 \cdot x = -252$ $x =$ ☐

25| $3{,}8 \cdot x = 11{,}4$ $x =$ ☐

26| $-1 \cdot x = 34$ $x =$ ☐

27| $-x = 86$ $x =$ ☐

28| $x : (-3) = 2{,}5$ $x =$ ☐

29| $x : 5 = -1{,}2$ $x =$ ☐

30| $-x = -0{,}3$ $x =$ ☐

Lösungen

1–10| −66; −60; −14; −14; 6; 12; 15; 48; 52; 63 11–20| −45; −32; −31; −30; −16; −11; −6; 7; 24; 49 21–30| −86; −34; −7,5 −6; 0,3; 3; 5; 8,4; 18; 34

Lösen durch mehrfaches Umformen

Gleichung: $3 \cdot x + 7 = 13$

Ziel:
x soll allein auf einer Seite der Gleichung stehen.

Deshalb:
1. Schritt Auf beiden Seiten 7 subtrahieren.
2. Schritt Auf beiden Seiten durch 3 dividieren.

$$3 \cdot x + 7 = 13 \quad | -7 \quad \text{1. Schritt}$$
$$3 \cdot x + 7 - 7 = 13 - 7$$
$$3 \cdot x = 6 \quad | :3 \quad \text{2. Schritt}$$
$$3 : 3 \cdot x = 6 : 3$$
$$x = 2$$

Probe: $3 \cdot 2 + 7 = 13$ ✔

1| $2 \cdot x + 5 = 7$ $x =$

2| $4 \cdot x + 5 = 29$ $x =$

3| $5 \cdot x + 1 = 26$ $x =$

4| $-3 \cdot x + 7 = 25$ $x =$

5| $-8 \cdot x - 5 = 35$ $x =$

6| $-4 \cdot x + 8 = 20$ $x =$

7| $13 = 4 \cdot x - 3$ $x =$

8| $29 = 4 + 5 \cdot x$ $x =$

9| $-38 = 7 - 9 \cdot x$ $x =$

10| $-78 = -40 - 2 \cdot x$ $x =$

11| $-30 = -62 + 2 \cdot x$ $x =$

12| $17 = -13 + 5 \cdot x$ $x =$

13| $-2 \cdot y + 8 = 6$ $y =$

14| $46 = 7 + 3 \cdot y$ $y =$

15| $-40 = -5 \cdot y - 170$ $y =$

16| $-2 \cdot y + 12 = 7$ $y =$

17| $-1 + 1{,}5 \cdot y = 3{,}5$ $y =$

18| $2{,}87 + 3 \cdot y = 17{,}87$ $y =$

19| $6 \cdot y - 8 = 1$ $y =$

20| $34 - 3 \cdot y = -2$ $y =$

21| $-4 \cdot y + 8 = 0$ $y =$

22| $-5 = -6 \cdot y + 103$ $y =$

23| $-10 = -2 \cdot y - 2$ $y =$

24| $7 + 4 \cdot y = 91$ $y =$

25| $28 + 3 \cdot y = 32{,}5$ $y =$

26| $12 \cdot y - 5 = 1$ $y =$

Lösungen
1–12| −6; −5; −3; 1; 4; 5; 5; 5; 6; 6; 16; 19
13–26| −26; 0,5; 1; 1,5; 1,5; 2; 2,5; 3; 4; 5; 12; 13; 18; 21

Lösen durch mehrfaches Umformen

Gleichung: $3 - 2 \cdot x = 5 \cdot x - 18$

Ziel:
x soll allein auf einer Seite der Gleichung stehen. Es gibt mehrere Lösungswege. Zum Beispiel:

Lösungsweg A

1. Schritt Auf beiden Seiten $5 \cdot x$ subtrahieren.
2. Schritt Auf beiden Seiten 3 subtrahieren.
3. Schritt Auf beiden Seiten durch (– 7) dividieren.

$$\begin{aligned} 3 - 2 \cdot x &= 5 \cdot x - 18 && \mid -5 \cdot x \quad (1)\\ 3 - 2 \cdot x - 5 \cdot x &= 5 \cdot x - 5 \cdot x - 18 \\ 3 - 7 \cdot x &= -18 && \mid -3 \quad (2)\\ 3 - 3 - 7 \cdot x &= -18 - 3 \\ -7 \cdot x &= -21 && \mid :(-7) \quad (3)\\ -7 : (-7) \cdot x &= -21 : (-7) \\ x &= 3 \end{aligned}$$

Lösungsweg B

1. Schritt Auf beiden Seiten $2 \cdot x$ addieren.
2. Schritt Auf beiden Seiten 18 addieren.
3. Schritt Auf beiden Seiten durch 7 dividieren.

$$\begin{aligned} 3 - 2 \cdot x &= 5 \cdot x - 18 && \mid +2 \cdot x \quad (1)\\ 3 - 2 \cdot x + 2 \cdot x &= 5 \cdot x + 2 \cdot x - 18 \\ 3 &= 7 \cdot x - 18 && \mid +18 \quad (2)\\ 3 + 18 &= 7 \cdot x - 18 + 18 \\ 21 &= 7 \cdot x && \mid :7 \quad (3)\\ 21 : 7 &= 7 : 7 \cdot x \\ 3 &= x \end{aligned}$$

Probe: $3 - 2 \cdot 3 = 5 \cdot 3 - 18$

$-3 = -3$ ✔

1| $3 \cdot x + 5 = -6 \cdot x + 32$ $x =$ ☐

2| $5 \cdot x + 9 = -3 \cdot x + 65$ $x =$ ☐

3| $2 \cdot x - 20 = -4 \cdot x - 14$ $x =$ ☐

4| $9 \cdot x - 2 = -5 \cdot x - 23$ $x =$ ☐

5| $4 \cdot x + 5 = 3 \cdot x + 7$ $x =$ ☐

6| $6 \cdot x + 7 = 2 \cdot x + 9$ $x =$ ☐

7| $5 \cdot x - 4 = 8 + 3 \cdot x$ $x =$ ☐

8| $8 + 3 \cdot x = 80 - 3 \cdot x$ $x =$ ☐

9| $-50 + 6 \cdot x = -8 + 5 \cdot x$ $x =$ ☐

10| $3 + x = -24 + 4 \cdot x$ $x =$ ☐

11| $30 - x = 20 + 4 \cdot x$ $x =$ ☐

12| $5 - x = 49 - 3 \cdot x$ $x =$ ☐

13| $0{,}3 \cdot y - 1{,}2 = 0{,}6 \cdot y - 1{,}2$ $y =$ ☐

14| $0{,}8 \cdot y + 1{,}7 = 0{,}6 \cdot y + 3{,}3$ $y =$ ☐

15| $2 \cdot y - 0{,}5 = 3 + 2{,}5 \cdot y$ $y =$ ☐

16| $2{,}8 \cdot y + 13 = 73 - 1{,}2 \cdot y$ $y =$ ☐

17| $8{,}3 - 2{,}1 \cdot y = 3{,}9 \cdot y - 2{,}5$ $y =$ ☐

18| $2{,}5 \cdot y - 0{,}6 = 9{,}3 - 0{,}5 \cdot y$ $y =$ ☐

19| $101 - 20 \cdot y = 11 - 2 \cdot y$ $y =$ ☐

20| $4 - 9 \cdot y - 15 = -11 \cdot y + 29 + 4$ $y =$ ☐

21| $16 - 2 \cdot y + 2 = -8 - y$ $y =$ ☐

22| $4 \cdot y - 3 + 2 \cdot y = 33 - 3 \cdot y$ $y =$ ☐

23| $5 \cdot y - 4 + 3 \cdot y = 6 \cdot y - 9$ $y =$ ☐

24| $5 \cdot y - 2 - 2 \cdot y = 86 + y$ $y =$ ☐

25| $3 + y = -12 + 4 \cdot y - 12$ $y =$ ☐

26| $y + 80 = y + 8 + 4 \cdot y$ $y =$ ☐

Lösungen

1–12| –1,5; 0,5; 1; 2; 2; 3; 6; 7; 9; 12; 22; 42

13–26| –7; –2,5; 0; 1,8; 3,3; 4; 5; 8; 9; 15; 18; 22; 26; 44

Klammern auflösen

Klammern in einer Gleichung werden zuerst aufgelöst.

+ vor der Klammer:
Klammer weglassen

$$\begin{aligned} 7 + (-8 \cdot x - 5) &= 74 \\ 7 - 8 \cdot x - 5 &= 74 \\ 2 - 8 \cdot x &= 74 \quad &| -2 \\ -8 \cdot x &= 72 \quad &| :(-8) \\ x &= -9 \end{aligned}$$

– vor der Klammer:
Vorzeichen in der Klammer umkehren

$$\begin{aligned} 7 - (-8 \cdot x - 5) &= 76 \\ 7 + 8 \cdot x + 5 &= 76 \\ 12 + 8 \cdot x &= 76 \quad &| -12 \\ 8 \cdot x &= 64 \quad &| :8 \\ x &= 8 \end{aligned}$$

Faktor vor der Klammer: Faktor in die Klammer multiplizieren

$$\begin{aligned} 2 + 3 \cdot (x - 7) &= 14 \\ 2 + (3 \cdot x - 3 \cdot 7) &= 14 \\ 2 + (3 \cdot x - 21) &= 14 \\ 2 + 3 \cdot x - 21 &= 14 \\ 3 \cdot x - 19 &= 14 \quad &| +19 \\ 3 \cdot x &= 33 \quad &| :3 \\ x &= 11 \end{aligned}$$

$$\begin{aligned} 2 - 3 \cdot (x - 7) &= 14 \\ 2 - (3 \cdot x - 3 \cdot 7) &= 14 \\ 2 - (3 \cdot x - 21) &= 14 \\ 2 - 3 \cdot x + 21 &= 14 \\ 23 - 3 \cdot x &= 14 \quad &| -23 \\ -3 \cdot x &= -9 \quad &| :(-3) \\ x &= 3 \end{aligned}$$

1| $4 + (7 \cdot x + 4) = 15$ $x =$ ☐

2| $6 - (4 \cdot x + 2) = 12$ $x =$ ☐

3| $10 - (x - 6) = 32$ $x =$ ☐

4| $8 + (6 \cdot x - 7) = 13$ $x =$ ☐

5| $5 - (4 \cdot x + 2) = 3 \cdot x - 11$ $x =$ ☐

6| $-(5 - x) + 7 = 12$ $x =$ ☐

7| $12 + (-x - 4) = 7$ $x =$ ☐

8| $6 \cdot x + 3 = -(2 \cdot x + 9)$ $x =$ ☐

9| $-3 \cdot (x - 10) = 2 \cdot x$ $x =$ ☐

10| $4 + 5 \cdot (4 \cdot x - 20) = 64$ $x =$ ☐

11| $41 - 2 \cdot (5 \cdot x + 13) = 5$ $x =$ ☐

12| $1 - 2 \cdot (3 \cdot x - 8) = 5$ $x =$ ☐

13| $4 + 2 \cdot (-x + 18) = 2$ $x =$ ☐

14| $x - 2 \cdot (-2 \cdot x + 20) = 20$ $x =$ ☐

15| $2 \cdot x = 4 - 5 \cdot (4 \cdot x - 30)$ $x =$ ☐

16| $4 \cdot x = 20 + 31 \cdot (-x + 5)$ $x =$ ☐

17| $4 - (-8 \cdot x + 2) = 10$ $x =$ ☐

18| $5 \cdot (x - 14) = -2 \cdot x$ $x =$ ☐

19| $-2 \cdot (2 \cdot x + 5) = -50$ $x =$ ☐

20| $3 \cdot x - (-x + 6) = 10$ $x =$ ☐

21| $30 = 3 + (4 \cdot x - 1)$ $x =$ ☐

22| $3 - (-x + 5) = 1$ $x =$ ☐

23| $8 = 4 - 2 \cdot (3 \cdot x - 8)$ $x =$ ☐

24| $2 \cdot (-x + 6) = -12$ $x =$ ☐

Lösungen
1–8| –16; –2; –1,5; 1; 1; 2; 2; 10 9–16| 1; 2; 5; 6; 7; 8; 12; 19
17–24| 1; 2; 3; 4; 7; 10; 10; 12

Vermischte Aufgaben

3x steht für 3 · x

1| $4 \cdot x = 100$ $x =$ ☐
2| $13 \cdot x = -91$ $x =$ ☐
3| $8 + x = -16$ $x =$ ☐
4| $x : 7 = 8$ $x =$ ☐
5| $2x : 5 = 20$ $x =$ ☐
6| $3x + 16 = 109$ $x =$ ☐
7| $4x - 12 = 72$ $x =$ ☐
8| $-3x + 15 = 135$ $x =$ ☐
9| $x : 3 - 5 = 20$ $x =$ ☐
10| $x : 6 - 8 = 72$ $x =$ ☐

11| $3 \cdot y + 5 = 15 - 7 \cdot y$ $y =$ ☐
12| $4{,}5 \cdot y - 8 = -14 + 2{,}5 \cdot y$ $y =$ ☐
13| $3 \cdot y + 7 = 2 \cdot y + 3$ $y =$ ☐
14| $9{,}2 \cdot y - 15 = -0{,}8 \cdot y + 25$ $y =$ ☐
15| $-8 \cdot y + 5 = 6 \cdot y + 47$ $y =$ ☐
16| $6y - 3 = 5 - 2y$ $y =$ ☐
17| $12y + 7 = -24y - 11$ $y =$ ☐
18| $-4{,}9 - 0{,}8 = 0{,}1y - 5{,}8$ $y =$ ☐
19| $6{,}2 - 1{,}8y = -11{,}8 + 7{,}2y$ $y =$ ☐
20| $3{,}01y + 2 = -0{,}99y - 2$ $y =$ ☐

2(3x –5) steht für 2 · (3 · x – 5)

21| $-3 \cdot (x + 5) = 2x$ $x =$ ☐
22| $4 - (3 \cdot x - 4) = 17$ $x =$ ☐
23| $5 \cdot (8 \cdot x - 8) = 120$ $x =$ ☐
24| $4 - (x + 5) = 10$ $x =$ ☐
25| $1 - (3 \cdot x - 8) = 18$ $x =$ ☐
26| $2(3x - 5) = 20$ $x =$ ☐
27| $8 + (5 + 2x) = -23$ $x =$ ☐
28| $-2(-2x + 5) = 50 + 2x$ $x =$ ☐
29| $3x + 13 = 5(-3 + 2x)$ $x =$ ☐
30| $10 - 5x = 2(5x - 10)$ $x =$ ☐

31| $x : 4 = 5$ $x =$ ☐
32| $8x = 64$ $x =$ ☐
33| $4x - 6{,}5 = 2{,}5 + 7$ $x =$ ☐
34| $3(x + 6) = 2x + 20$ $x =$ ☐
35| $12 - 5x = 3x + 20$ $x =$ ☐
36| $4(2{,}5x - 2) = 5(x + 0{,}4)$ $x =$ ☐
37| $8 + 2x = 2(2x - 4)$ $x =$ ☐
38| $12 + x = 3(x - 8)$ $x =$ ☐
39| $48x - 25 = 18x + 35$ $x =$ ☐
40| $x : 15 = 8$ $x =$ ☐

Lösungen
1-10| –40; –24; –7; 21; 25; 31; 50; 56; 75; 480 11-20| –4; –3; –3; –1; –0,5; 1; 1; 1; 2; 4
21-30| –18; –11; –3; –3; –3; 2; 4; 4; 5; 30 31-40| –1; 2; 2; 2; 4; 8; 8; 18; 20; 120

Mit Formeln rechnen

Formel: $u = 2 \cdot a + 2 \cdot b$
Gegeben: $a = 3\,\text{cm}$ und $b = 4\,\text{cm}$
Gesucht: u

Die gegebenen Variablen ersetzen.
Dann u berechnen.

$u = 2 \cdot 3\,\text{cm} + 2 \cdot 4\,\text{cm}$
$u = 6\,\text{cm} + 8\,\text{cm}$
$u = 14\,\text{cm}$

Formel: $m = a + 3 \cdot b$
Gegeben: $a = 220\,\text{g}$ und $m = 670\,\text{g}$
Gesucht: b

Die gegebenen Variablen ersetzen.
Dann b berechnen.

$670\,\text{g} = 220\,\text{g} + 3 \cdot b \quad | -220\,\text{g}$
$450\,\text{g} = 3 \cdot b \quad | :3$
$150\,\text{g} = b$

	a	b	$u = 2 \cdot a + 2 \cdot b$
1	3	2	
2	5	7	
3	0,3	4	
4	0,5	8,6	
5	2 cm	5 cm	
6	1 cm	0,1 cm	
7	0,5 cm	2,6 cm	

	a	b	$A = a \cdot b$
8	2	7	
9	3	2,2	
10	4 mm	1,5 mm	
11	5 mm	0,7 mm	

	a	b	$c = 3 \cdot (a - 2 \cdot b)$
12	7	2	
13	5	1	
14	0,4 m	0,1 m	
15	2,4 m	0,6 m	

	$m = a + 3 \cdot b$	a	b
16	40 g	25 g	
17	126 g	78 g	
18	1 125 g	585 g	
19	199 mg	124 mg	
20	32 mg	20 mg	
21	53 g		15 g
22	100 g		22 g

	$P = G \cdot p$	p	G
23	25		50
24	90		120
25	100	0,04	
26	100	0,4	

	$a = 2 \cdot (b - c)$	b	c
27	2	4	
28	14	12	
29	40		8
30	34		13

Lösungen

1–15 | 0,6 m; 2,2 cm; 3,5 mm²; 3,6 m; 6 mm²; 6,2 cm; 6,6; 8,6; 9; 9; 10; 14; 14 cm; 18,2; 24

16–30 | 0,5; 0,75; 3; 5 g; 4 mg; 5; 8 g; 16 g; 25 mg; 28; 30; 34 g; 180 g; 250; 2 500

Rechnen mit Geschwindigkeiten

Formel: $v = \frac{s}{t}$ v Geschwindigkeit s Weg t Zeit

Geschwindigkeit berechnen

Eine Motorradfahrerin legt 240 km in 3 Stunden zurück. Wie schnell ist sie im Durchschnitt gefahren?

Gegeben: $t = 3\,h$ $s = 240\,km$ Gesucht: v

Rechnung: $v = \frac{s}{t}$

$v = \frac{240\,km}{3\,h}$

$v = 80\,\frac{km}{h}$

Antwort: Die Motorradfahrerin ist im Durchschnitt $80\,\frac{km}{h}$ gefahren.

Geschwindigkeiten umrechnen

$8\,000\,\frac{m}{h} = 8\,\frac{km}{h}$ (8000 m = 8 km)

$3\,\frac{km}{min} = 180\,\frac{km}{h}$ (3 km in 1 min, also $60 \cdot 3\,km = 180\,km$ in 60 min)

$10\,\frac{m}{s} = 0{,}01\,\frac{km}{s} = 0{,}6\,\frac{km}{min} = 36\,\frac{km}{h}$

1| Ein Mofa fährt 48 km in 2 Stunden. Mit welcher Geschwindigkeit wird durchschnittlich gefahren?

____ $\frac{km}{h}$

2| Florian trainiert im Winter auf dem Laufband. Er möchte 18 km in 1,5 Stunden schaffen. Welche Geschwindigkeit muss er einstellen?

____ $\frac{km}{h}$

3| Der ICE-Sprinter fährt von Berlin bis Frankfurt am Main ohne Zwischenhalt. Er legt die 543 km in ungefähr 3,5 Stunden zurück. Welche Geschwindigkeit fährt der Sprinter durchschnittlich? Runden Sie auf Ganze.

____ $\frac{km}{h}$

4| Ein Radrennfahrer brauchte für 52 km 60 Minuten. Mit welcher Geschwindigkeit fuhr er im Durchschnitt?

____ $\frac{km}{h}$

5| Der Schall breitet sich mit einer Geschwindigkeit von ungefähr $330\,\frac{m}{s}$ aus. Wie groß ist seine Geschwindigkeit in $\frac{km}{h}$?

____ $\frac{km}{h}$

6| Eine Runde im Stadion entspricht 400 m. Anna ist 10 Runden in 0,5 Stunden gelaufen. Wie schnell lief Anna im Durchschnitt?

____ $\frac{km}{h}$

7| 

Die Concorde war ein Überschall-Passagierflugzeug. Wenn sie mit 2-facher Schallgeschwindigkeit (man sagt auch: 2 Mach) flog, legte sie in 1 Sekunde 660 m zurück. Wie groß war dann ihre Geschwindigkeit?

____ $\frac{km}{h}$

Lösungen

1–7| 8; 12; 24; 52; 155; 1 188; 2 376

Rechnen mit Geschwindigkeiten

Formel für die Geschwindigkeit: $v = \frac{s}{t}$ v Geschwindigkeit s Weg t Zeit

Weg berechnen

Ein PKW fährt 3,5 Stunden lang mit 60 $\frac{km}{h}$.
Wie weit ist er gefahren?

Gegeben: $t = 3{,}5\,h$ $v = 60\,\frac{km}{h}$

Gesucht: s

Rechnung: $v = \frac{s}{t}$

$$60\,\frac{km}{h} = \frac{s}{3{,}5\,h} \quad |\cdot 3{,}5\,h$$

$$60\,\frac{km}{\cancel{h}} \cdot 3{,}5\,\cancel{h} = \frac{s}{\cancel{3{,}5\,h}} \cdot \cancel{3{,}5\,h} \quad |\text{ kürzen}$$

$$60\,km \cdot 3{,}5 = s$$

$$210\,km = s$$

Antwort: Der PKW ist 210 km weit gefahren.

Kurz: $s = v \cdot t$

Zeit berechnen

Ein Fahrradfahrer fährt 24 km
mit einer Geschwindigkeit von 12 $\frac{km}{h}$.
Wie lange benötigt er dafür?

Gegeben: $s = 24\,km$ $v = 12\,\frac{km}{h}$

Gesucht: t

Rechnung: $v = \frac{s}{t}$

$$12\,\frac{km}{h} = \frac{24\,km}{t} \quad |\cdot t$$

$$12\,\frac{km}{h} \cdot t = \frac{24\,km}{\cancel{t}} \cdot \cancel{t}$$

$$12\,\frac{km}{h} \cdot t = 24\,km \quad |:12\,\frac{km}{h}$$

$$t = 2\,h$$

$$24\,km : 12\,\frac{km}{h} = 24\,km : \frac{12\,km}{h} = 24\,\cancel{km} \cdot \frac{h}{12\,\cancel{km}} = 2\,h$$

Antwort: Der Radfahrer benötigt 2 Stunden.

Kurz: $t = \frac{s}{v}$

1 | Ein Fußgänger geht mit einer durchschnittlichen Geschwindigkeit von 5 $\frac{km}{h}$.
Wie viele Kilometer hat er in 3,5 Stunden zurückgelegt?

______ km

2 | Die erste Überquerung des Atlantiks im Non-Stop-Flug gelang Charles Lindbergh im Jahr 1927. Lindbergh benötigte mit seinem Flugzeug, der *Spirit of St. Louis*, für die Überquerung rund 33 Stunden bei einer Geschwindigkeit von 180 $\frac{km}{h}$.
Welche Strecke legte Lindbergh bei der Atlantiküberquerung zurück?

______ km

3 | Ein Radfahrer fuhr 24 km in 60 Minuten.
Wie viele Meter schaffte er in einer Stunde?

______ m

4 | Eine Gruppe hat sich eine Wanderstrecke von 22 km ausgewählt. Sie wanderte mit durchschnittlich 4 $\frac{km}{h}$.
Wie lange hat sie für die Strecke gebraucht?

______ h

5 | Die Entfernung zwischen Frankfurt am Main und New York beträgt 6 200 km.
Wie lange braucht ein Airbus bei einer durchschnittlichen Geschwindigkeit von 900 $\frac{km}{h}$ für diese Strecke?

______ h

6 | Der Marokaner Khalid Khannouchi lief 2002 die Weltbestleistung über die Marathonstrecke (42,195 km). Seine durchschnittliche Geschwindigkeit betrug 337,56 $\frac{m}{min}$.
Wie viele Minuten benötigte er?

______ min

Lösungen

1–6 | 5,5; $6,\overline{8}$; 17,5; 125; 5 940; 24 000

Textaufgaben und Gleichungen

Aufgabe: Addiert man zum 3-fachen einer Zahl das Doppelte der Zahl, erhält man das 4-fache der um 2 vergrößerten Zahl. Wie lautet die Zahl?

1. Variable festlegen: x die gesuchte Zahl
2. Text in mathematischen Ausdruck übersetzen:
   $3 \cdot x$ das 3-fache der Zahl
   $2 \cdot x$ das Doppelte der Zahl
   $4 \cdot (x + 2)$ das 4-fache der um 2 vergrößerten Zahl
3. Gleichung aufstellen: $3 \cdot x + 2 \cdot x = 4 \cdot (x + 2)$
4. Gleichung lösen: $5 \cdot x = 4 \cdot x + 8 \quad | - 4 \cdot x$
   $x = 8$
5. Probe am Text: Addiert man $3 \cdot 8$ und $2 \cdot 8$, erhält man 40. Vergrößert man 8 um 2, erhält man 10. Das 4-fache von 10 ergibt 40.
6. Antwort formulieren: Die gesuchte Zahl lautet 8.

1| Addiert man zu einer Zahl ihr Doppeltes, erhält man 33.
Wie lautet die Zahl?

2| Die Summe aus dem 6-fachen einer Zahl und 13 beträgt −161.
Wie lautet die Zahl?

3| Das 11-fache einer Zahl, vermindert um das 8-fache der um 2 vergrößerten Zahl, ergibt 56.
Wie lautet die Zahl?

4| Die Summe aus einer Zahl und 8 ist gleich dem Produkt aus der Zahl und 3.
Wie lautet die Zahl?

Wie alt ist jeder?

5| Addiert man zu Sarahs Alter 9 und verdoppelt das Ergebnis, erhält man 50.
Alter von Sarah

6| Mia ist 4 Jahre jünger als ihr Bruder Paul. Zusammen sind sie 34 Jahre alt.
a Alter von Mia
b Alter von Paul

7| Philipp ist halb so alt wie sein Vater. Zusammen sind sie 63 Jahre alt.
a Alter von Philipp
b Alter seines Vaters

8| Franziska hat 2 Brüder. Der eine ist 12 Jahre jünger, der andere 4 Jahre älter als sie. Zusammen sind sie 97 Jahre alt.
a Alter von Franziska
b Alter des älteren Bruders
c Alter des jüngeren Bruders

9| Herr Berg ist 28 Jahre älter als seine Tochter und 23 Jahre jünger als seine Mutter. Zusammen sind sie 133 Jahre alt.
a Alter von Herrn Berg
b Alter seiner Tochter
c Alter seiner Mutter

Lösungen
1–9| −29; 4; 11; 15; 16; 18; 19; 21; 23; 24; 35; 39; 42; 46; 69

Textaufgaben und Gleichungen

Aufgabe: Max und Maria wohnen 24 km voneinander entfernt. Beide wollen sich treffen und fahren gleichzeitig mit ihren Fahrrädern los. Max fährt mit einer durchschnittlichen Geschwindigkeit von $18\,\frac{km}{h}$ und Maria mit einer durchschnittlichen Geschwindigkeit von $14\,\frac{km}{h}$.
a Nach welcher Fahrzeit treffen sie sich?
b Wie viele km sind Max und Maria dann jeweils gefahren?

Weg = Geschwindigkeit · Zeit

1. Variable festlegen: x die benötigte Fahrzeit in h
2. Text in mathematischen Ausdruck übersetzen: $18 \cdot x$ von Max gefahrene Strecke in km
   $14 \cdot x$ von Maria gefahrene Strecke in km
3. Gleichung aufstellen: $18 \cdot x + 14 \cdot x = 24$ zusammen fahren Max und Maria 24 km
4. Gleichung lösen: $32 \cdot x = 24 \quad |:32$
   $x = 0{,}75$
   a Fahrzeit: $0{,}75\ h = \frac{3}{4}\ h = 45\ min$
   b Strecke Max: $18\,\frac{km}{h} \cdot 0{,}75\,h = 13{,}5\,km$
   Strecke Maria: $14\,\frac{km}{h} \cdot 0{,}75\,h = 10{,}5\,km$
5. Probe am Text: Max fährt in 45 min 13,5 km. Maria fährt in der gleichen Zeit 10,5 km. Zusammen haben sie in 45 min also die Gesamtstrecke von 24 km zurückgelegt.
6. Antwort formulieren: a Nach einer Fahrzeit von 45 min treffen sich Max und Maria.
   b Max ist dann 13,5 km und Maria 10,5 km gefahren.

1| Jenny und Lisa wohnen 57 km voneinander entfernt. An einem Samstag wollen sie sich treffen. Sie fahren gleichzeitig mit ihren Fahrrädern los. Lisa fährt mit einer durchschnittlichen Geschwindigkeit von $14\,\frac{km}{h}$. Jenny ist Radsportlerin und fährt durchschnittlich $24\,\frac{km}{h}$.

a Nach welcher Fahrzeit treffen sie sich?

___ h ___ min

b Wie viele Kilometer sind Jenny und Lisa dann jeweils gefahren?

Jenny ___ km Lisa ___ km

c Nach welcher Fahrzeit treffen sich Jenny und Lisa, wenn beide $14\,\frac{km}{h}$ fahren? Runden Sie auf Hundertstel.

___ h

d Wie weit sind beide dann gefahren?

___ km

2| Ein Aufklärungsflugzeug startet in New York. Gleichzeitig startet ein Jumbo-Jet in London. New York und London sind 6 250 km voneinander entfernt. Die Maschinen fliegen dieselbe Route in entgegengesetzter Richtung. Der Jumbo-Jet fliegt mit einer Durchschnittsgeschwindigkeit von $950\,\frac{km}{h}$ und das Aufklärungsflugzeug mit $2\,050\,\frac{km}{h}$.

a Nach wie vielen Flugminuten treffen sich beide Flugzeuge?

___ min

b Wie viele Kilometer sind sie dann von London entfernt? Runden Sie auf Ganze.

___ km

c Nach wie vielen Flugminuten treffen sich beide Flugzeuge, wenn das Aufklärungsflugzeug auch nur mit einer Geschwindigkeit von $950\,\frac{km}{h}$ fliegt? Runden Sie auf Ganze.

___ min

Lösungszahlen
1–2| 1|30; 2,04; 21; 28,5; 36; 125; 197; 1979

Check-out

Testen Sie sich selbst: Notieren Sie jeweils die Lösungen.

1| $x - 15 = 25$

$x =$

2| $15 = x + 4$

$x =$

3| $5 \cdot x = 75$

$x =$

4| $\frac{x}{8} = 6$

$x =$

5| $4 \cdot x + 4 = 20$

$x =$

6| $2 \cdot x - 5 = 25$

$x =$

7| $18 = -3 \cdot x - 6$

$x =$

8| $\frac{x}{8} - 6 = 4$

$x =$

9| $4 \cdot x + 6 = 6 \cdot x - 4$

$x =$

10| $-1{,}25 + 3{,}75 \cdot x = 0{,}75 \cdot x + 3{,}25$

$x =$

11| $14 + (4 \cdot x - 16) = 18$

$x =$

12| $5 - (4 - 3 \cdot x) = 2 \cdot x$

$x =$

13| $4 - 6 \cdot (x - 14) = 40$

$x =$

14| $4 + 0{,}5 \cdot (2 \cdot x + 4) = 10$

$x =$

15| $u = 4 \cdot a$ $a = 15\,\text{cm}$
Berechnen Sie u.

$u =$

16| $u = 4 \cdot a$ $u = 36\,\text{cm}$
Berechnen Sie a.

$a =$

17| $A = a \cdot b$ $a = 12\,\text{m}$ und $b = 8\,\text{m}$
Berechnen Sie A.

$A =$

18| $A = a \cdot b$ $A = 24\,\text{m}^2$ und $a = 6\,\text{m}$
Berechnen Sie b.

$b =$

19| Verdreifacht man die gesuchte Zahl und addiert 17, so erhält man 50.

Gesuchte Zahl:

20| Lena ist zwei Jahre älter als Finn. Zusammen sind sie 34 Jahre alt.

Alter von Lena

Alter von Finn

Kontrollieren Sie Ihre Lösungen. Nutzen Sie dazu Seite 199.

- Haben Sie richtig gelöst, machen Sie in der Tabelle ein Kreuz.
- Haben Sie falsch gelöst, finden Sie Hilfen und weitere Übungen auf den angegebenen → Seiten.

1	2	3	4	5	6	7	8	9	10	11	12	13	14	15	16	17	18	19	20
→ S. 78/79				→ S. 80				→ S. 81		→ S. 82/83				→ S. 84				→ S. 87/88	

Anwendungsaufgaben

(Lösungen Seite 201)

1| Bei einer Quizsendung im Fernsehen muss ein Zahlenrätsel gelöst werden:
Ein Zuschauer wählt eine beliebige Zahl zwischen 1 und 100. Von dieser Zahl subtrahiert er zuerst 4. Dann verdreifacht er das Ergebnis und addiert 12. Er erhält 42.

a Welche Zahl hatte der Zuschauer gewählt?

b Ein zweiter Zuschauer hat 12 als Ergebnis. Welche Zahl hatte er gewählt?

2| Lukas ist genervt von seinem kleinen Bruder Paul. Ständig soll Lukas sich eine beliebige Zahl denken, zu dieser 9 addieren, dann das Ergebnis verdoppeln, davon die gedachte Zahl subtrahieren, dann 18 subtrahieren und am Ende noch einmal die gedachte Zahl subtrahieren. Dabei erhält Lukas immer das gleiche Ergebnis.
Wie lautet das Ergebnis?

3| Hanna hat eine 2 Jahre ältere Schwester und einen 3 Jahre jüngeren Bruder. Zusammen sind die Geschwister 50 Jahre alt.
Wie alt ist jeder?

Hanna

Schwester   Bruder

4| Daniel ist 15 Jahre älter als Eva.
Eva ist 12 Jahre älter als Vanessa.
Zusammen sind sie 42 Jahre alt.
Wie alt ist jeder?

Daniel   Eva   Vanessa

5| Lara und Viktor waren zusammen im Café. Beide tranken jeweils eine Tasse Milchkaffee. Lara bestellte außerdem ein Stück Kuchen für 2,50 €.
Viktor zahlte die gesamte Rechnung in Höhe von 7,10 €.
Wie viel € bekommt Viktor von Lara?

€

6| Felix, David und Tim waren zusammen im Supermarkt. Jeder nahm eine Flasche Saft. Tim kaufte außerdem noch eine Packung Kaugummis für 0,80 €. Er zahlte die gemeinsame Rechnung in Höhe von 3,47 €.
Wie viel € bekommt er jeweils von David und Felix?

€

7| Jonas möchte im Sommer mit seiner Freundin am Mittelmeer Urlaub machen. Dafür benötigt er 800 €. 200 € hat er schon gespart. Bis zum Urlaub sind es noch 4 Monate.
Wie viel € muss er jeden Monat im Durchschnitt noch sparen?

€

8| Katharina hat für ihren Urlaub eine bestimmte Summe gespart. Gibt sie täglich 24 € aus, reicht ihr Geld 4 Tage länger als geplant. Gibt sie aber täglich 29 € aus, muss sie ihren Urlaub um einen Tag verkürzen.

a Wie lange sollte ihre Urlaubsreise dauern?

Tage

b Wie viel € hatte Katharina gespart?

€

9| In Mirkos Terrarium sind genauso viele Käfer wie Spinnen. Die Käfer haben sechs, die Spinnen acht Beine. Insgesamt krabbeln dort 112 Beine.

a Wie viele Käfer sind in dem Terrarium?

b Wie viele Spinnen sind in dem Terrarium?

10 Eine 3 m lange Holzlatte wird in zwei Teile zersägt. Das längere Stück ist 80 cm länger als das kürzere Stück.

Wie lang ist das kürzere Stück?

cm

11 Der Auszubildende Franz soll ein 1,80 m langes Brett so in 2 Teile schneiden, dass das längere Teilstück 1,5-mal so lang ist wie das kürzere.
Wie lang sind die beiden Stücke?

kürzeres Stück cm

längeres Stück cm

12 Maximilian soll ein Rohr mit einer Länge von 5,40 m so durchsägen, dass das längere Rohrstück doppelt so lang ist wie das kürzere.
Wie lang sind beide Rohrstücke?

kürzeres Stück cm

längeres Stück cm

13 In einem Gartencenter wurden 250 Sonnenschirme zum Stückpreis von 70 € beschafft. Der Rechnungsbetrag lautet inklusive Transportkosten über insgesamt 18 500 €.
Wie viel € betragen die Transportkosten pro Sonnenschirm?

€

14 Mirjam ist Verkäuferin in einem Handy-Shop. Dort verdient sie 1 280 € im Monat. Ihr Chef bietet ihr nun ein umsatzabhängiges Gehalt an. Dabei würde sie pro verkauftem Handy 8 € Provision erhalten.

a Wie viele Handys müsste Mirjam pro Monat verkaufen, damit sie genauso viel verdient wie vorher?

b Wie viele Handys müsste Mirjam pro Monat verkaufen, um 2 000 € zu verdienen?

15 Max ist Verkäufer in einem Modehaus und bekommt monatlich ein Grundgehalt von 1 550 €. Um seine Einsatzbereitschaft zu erhöhen, zahlt ihm sein Chef für jeden verkauften Anzug eine Prämie in Höhe von 5 €.

a Wie viele Anzüge müsste er in einem Monat verkaufen, um ein Gesamtgehalt von 1 900 € zu erhalten?

b Wie viele Anzüge müsste Max in einem Monat verkaufen, um ein Gesamtgehalt von 2 200 € zu erhalten?

16  Familie Neumann möchte für 14 Tage ein Wohnmobil mieten. Sie vergleicht zwei Angebote. Der Wohnmobilverleih A nimmt eine einmalige Pauschale von 255 € und 140 € pro Tag. Der Verleih B verzichtet auf eine Pauschale und nimmt 155 € pro Tag.

a Für welchen Wohnmobilverleih sollte sich Familie Neumann entscheiden?

Preis A € Preis B €

b Frau Neumann gewinnt einen kleineren Betrag im Lotto. Daher möchte Familie Neumann jetzt 20 Tage in den Urlaub fahren. Für welchen Anbieter sollte sie sich nun entscheiden?

Preis A € Preis B €

c Bei wie vielen Tagen sind beide Anbieter gleich teuer?

17 Frau Arlt soll Desinfektionsmittel bestellen. Sie vergleicht im Internet zwei Angebote: Im Onlineshop Mediso kostet eine Flasche 8,10 €. Der Versand ist gratis. Im Onlineshop Hygio kostet eine Flasche nur 7,80 €. Die Versandkosten betragen jedoch 4,80 €.

a Frau Arlt möchte 5 Flaschen bestellen. Bei welchem Shop sollte sie bestellen?

Mediso € Hygio €

b Bei welcher Bestellmenge sind beide Shops gleich teuer?

Abschlusstest

Kontrollieren Sie Ihre Lösungen auf der Seite 207.

1| $x - 54 = 43$ $x =$ ☐

2| $67 + x = 123$ $x =$ ☐

3| $-12 = x - 72$ $x =$ ☐

4| $8 \cdot x = 96$ $x =$ ☐

5| $\frac{x}{15} = 2$ $x =$ ☐

6| $\frac{6}{x} = 12$ $x =$ ☐

7| $2 \cdot x - 15 = 17$ $x =$ ☐

8| $3 \cdot x + 8 = 29$ $x =$ ☐

9| $12 - 4 \cdot x = -12$ $x =$ ☐

10| $70 - 4 \cdot x = x - 15$ $x =$ ☐

11| $-2 + 3 \cdot x = 38 - x$ $x =$ ☐

12| $1 + x = -26 + 4 \cdot x$ $x =$ ☐

13| $62 - (3 \cdot x + 7) = 40$ $x =$ ☐

14| $20 + 4 \cdot (x - 4) = 40$ $x =$ ☐

15| $7 \cdot x - 2 \cdot (x - 5) = 5$ $x =$ ☐

16| $u = 2 \cdot (a + b)$
mit $a = 3\,\text{cm}$ und $b = 6\,\text{cm}$ $u =$ ☐

17| $u = 2 \cdot (a + b)$
mit $u = 26\,\text{m}$ und $b = 12\,\text{m}$ $a =$ ☐

18| $u \approx 2 \cdot 3{,}14 \cdot r$
$u = 18{,}84\,\text{m}$ $r \approx$ ☐

19| $v = \frac{s}{t}$ mit $v = 30\,\frac{\text{km}}{\text{h}}$
und $s = 120\,\text{km}$ $t =$ ☐

20| Eine Zahl wird mit 8 multipliziert. Subtrahiert man von dem Ergebnis 8, erhält man 1 784.
Wie lautet die gesuchte Zahl?

☐

21| Jan ist 17 Jahre älter als Tarik und 15 Jahre älter als Nadja. Zusammen sind alle drei 73 Jahre alt.
Wie alt ist jeder?

Jan ☐

Tarik ☐   Nadja ☐

22| Ein Füllfederhalter und ein Textmarker kosten zusammen 9 €. Der Füllfederhalter ist 7,50 € teurer als der Textmarker.
Wie viel € kostet jeder Artikel?

Füllfederhalter ☐ €

Textmarker ☐ €

23| Eine 2,40 m lange Holzlatte wird in zwei Teile zersägt. Das längere Stück ist 70 cm länger als das kürzere.
Wie viel cm lang ist das kürzere Stück?

☐ cm

24| Lara führt für ein Meinungsforschungsinstitut Umfragen durch.

Sie erhält ein Grundgehalt von 450 € pro Monat. Für jede befragte Person erhält sie zusätzlich 1,50 €.
Wie viele Personen muss Lara in einem Monat befragen, damit sie insgesamt 1 200 € verdient?

☐

Zuordnungen und Dreisatz

Check-in

Testen Sie sich selbst: Kreuzen Sie den Buchstaben neben dem richtigen Ergebnis an.

1| Wie hoch ist der Preis für 4 m? Lesen Sie im Koordinatensystem ab.

A 15 € C 16 €
B 1 € D 17 €

2| Bei welcher Länge beträgt der Preis 10 €? Lesen Sie im Koordinatensystem ab.

A 2,5 m C 3,5 m
B 2,1 m D 3 m

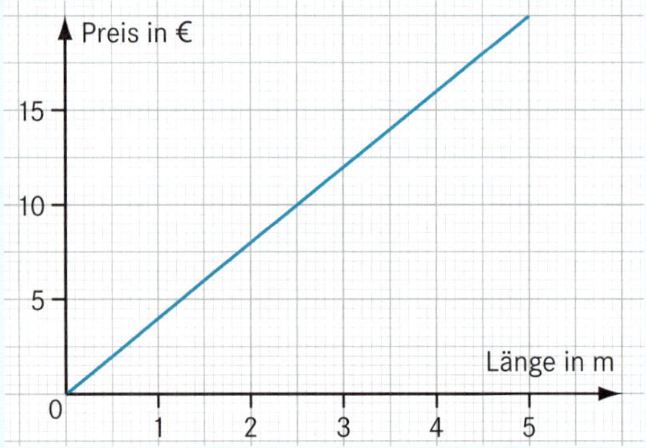

3| Die Zuordnung ist proportional.

Anzahl	1	3	6	24
Gewicht	60 g	180 g	?	1 440 g

Welches Gewicht gehört zur Anzahl 6?

A 300 g C 360 g
B 480 g D 90 g

4| Die Zuordnung ist umgekehrt proportional.

Anzahl der Arbeiter	1	2	6
Dauer der Arbeit	90 min	?	15 min

Welche Zeitdauer gehört zur Anzahl 2?

A 30 min C 52,5 min
B 45 min D 50 min

5| 2 Dosen Lack reichen für 15 m² Fläche. Für wie viel m² reichen 7 Dosen?

A 52,5 m² C 60 m²
B 42,9 m² D 93,3 m²

6| 9 Lampen kosten 14,40 €. Wie viele Lampen erhält man für 8 €?

A 12 C 4
B 5 D 2

7| 4 Angestellte benötigen zum Zählen des Lagerbestandes 6 Stunden. Wie viele Stunden brauchen 6 Angestellte dazu?

A 6,7 h C 4 h
B 36 h D 24 h

8| Werden täglich 12 Pakete Kopierpapier verbraucht, reicht der Vorrat 36 Tage. Wie viele Tage reicht der Bestand, wenn pro Tag 16 Pakete verbraucht werden?

A 24 Tage C 48 Tage
B 27 Tage D 18 Tage

9| Für eine Marmelade werden 3 Teile Erdbeeren und 2 Teile Kirschen gemischt. Wie viel g Kirschen sind in 400 g der Mischung enthalten?

A 240 g C 200 g
B 160 g D 150 g

10| Lena arbeitete 8 Stunden und Leon 6 Stunden. Zusammen bekamen sie 70 € Trinkgeld. Wie viel € erhält Leon, wenn das Trinkgeld entsprechend der Arbeitszeit aufgeteilt wird?

A 30 € C 40 €
B 35 € D 22 €

Kontrollieren Sie Ihre Lösungen. Nutzen Sie dazu Seite 199.

- Haben Sie richtig gelöst, machen Sie in der Tabelle ein Kreuz.
- Haben Sie falsch gelöst, finden Sie Hilfen und weitere Übungen auf den angegebenen → Seiten.

1	2	3	4	5	6	7	8	9	10
→ S. 95/96		→ S. 97	→ S. 102	→ S. 99–101		→ S. 103–105		→ S. 107/108	→ S. 109/110

Arbeiten im Koordinatensystem

Im **Koordinatensystem** ist die Lage eines Punktes durch ein Zahlenpaar bestimmt.

$A\,(3\,|\,1{,}7)$

x-Koordinate (3) *y*-Koordinate (1,7)

Vom Nullpunkt zum Punkt *A*: 3 Einheiten nach rechts
1,7 Einheiten nach oben

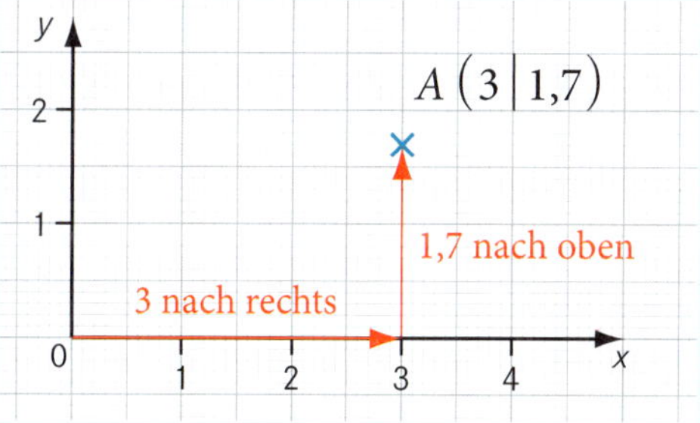

Lesen Sie die Koordinaten der Punkte ab.

1|

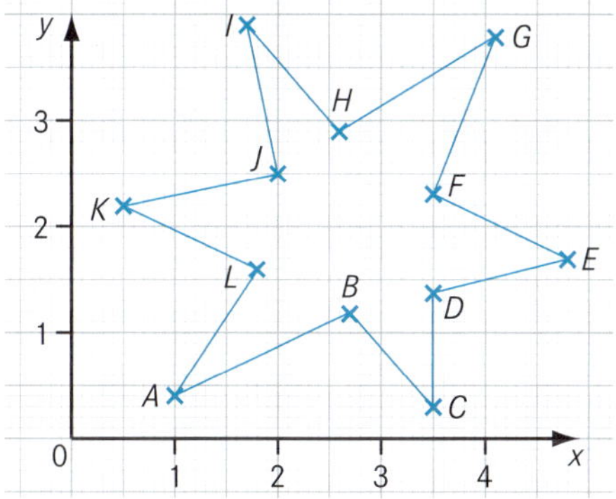

A (|) E (|) I (|)

B (|) F (|) J (|)

C (|) G (|) K (|)

D (|) H (|) L (|)

Tragen Sie jeweils die Punkte im Koordinatensystem ein.

2|

$A\,(2{,}6\,|\,0{,}3)$ $D\,(1{,}0\,|\,3{,}5)$ $G\,(3{,}4\,|\,2{,}7)$ $J\,(4{,}2\,|\,1{,}9)$

$B\,(4{,}2\,|\,0{,}3)$ $E\,(1{,}0\,|\,0{,}3)$ $H\,(1{,}8\,|\,2{,}7)$ $K\,(2{,}6\,|\,3{,}5)$

$C\,(4{,}2\,|\,3{,}5)$ $F\,(3{,}4\,|\,1{,}1)$ $I\,(1{,}8\,|\,1{,}1)$ $L\,(1{,}0\,|\,1{,}9)$

Verbinden Sie die Punkte in der Reihenfolge *A B C D E A F G H I F J K L A*.

3|

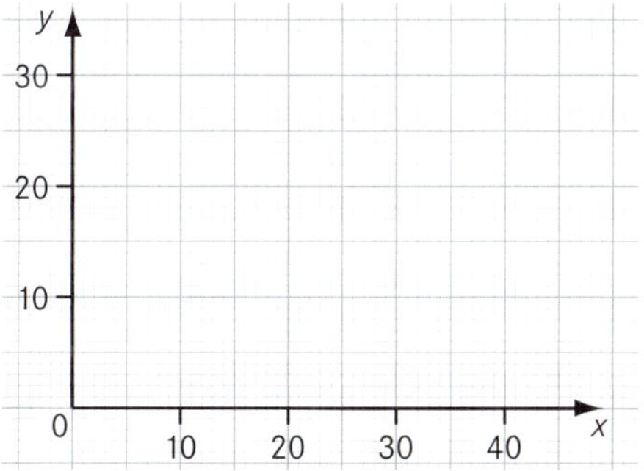

$A\,(5\,|\,25)$ $C\,(45\,|\,35)$ $E\,(5\,|\,5)$ $G\,(45\,|\,15)$

$B\,(35\,|\,25)$ $D\,(15\,|\,35)$ $F\,(35\,|\,5)$

Verbinden Sie die Punkte in der Reihenfolge *A B C D A E F G C*.
Verbinden Sie zusätzlich die Punkte *B* und *F*.

4| Zeichnen Sie ein geeignetes Koordinatensystem und tragen Sie die Punkte ein. Verbinden Sie die Punkte in der Reihenfolge *A B C D E F G H A*.

$A\,(25\,|\,5)$ $C\,(45\,|\,25)$ $E\,(25\,|\,45)$ $G\,(5\,|\,25)$

$B\,(30\,|\,20)$ $D\,(30\,|\,30)$ $F\,(20\,|\,30)$ $H\,(20\,|\,20)$

Lösungen

1–4| siehe Seite 202

Darstellungen von Zuordnungen

Apfelsinen kosten je Kilogramm 1,50 €.
Jedem Gewicht wird ein Preis zugeordnet.

Zuordnung: *Gewicht → Preis*

Zuordnungen werden häufig in **Tabellen** und im **Koordinatensystem** dargestellt.

Tabelle:

Gewicht	1 kg	2 kg	3 kg	4 kg	5 kg
Preis	1,50 €	3 €	4,50 €	6 €	7,50 €

Koordinatensystem:

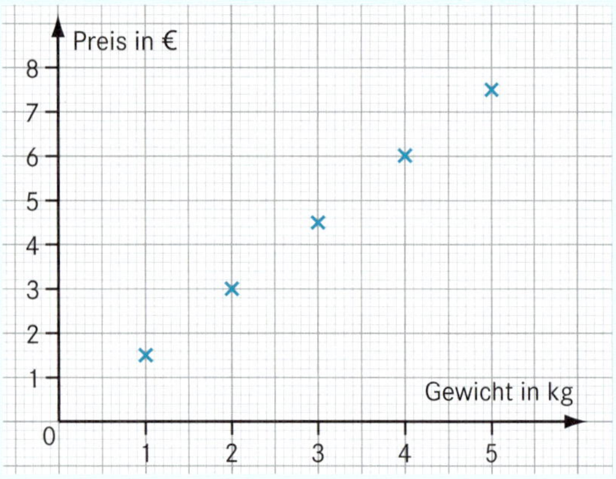

Lesen Sie jeweils die fehlenden Werte im Koordinatensystem ab und ergänzen Sie die Tabellen.

1|

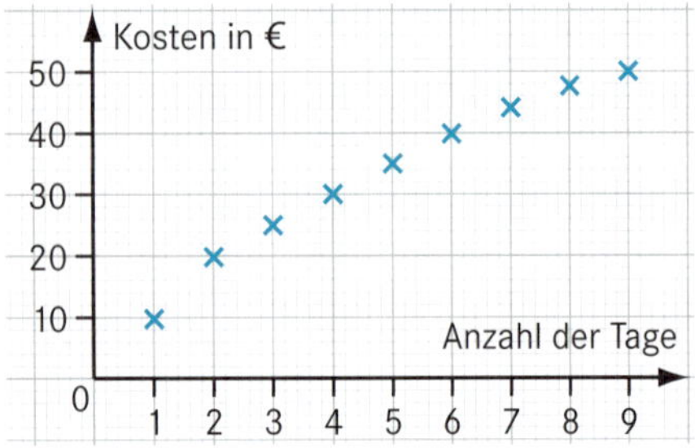

Tage	2	4	6	7
Kosten	€	€	€	€

Tage				
Kosten	10 €	30 €	48 €	50 €

2|

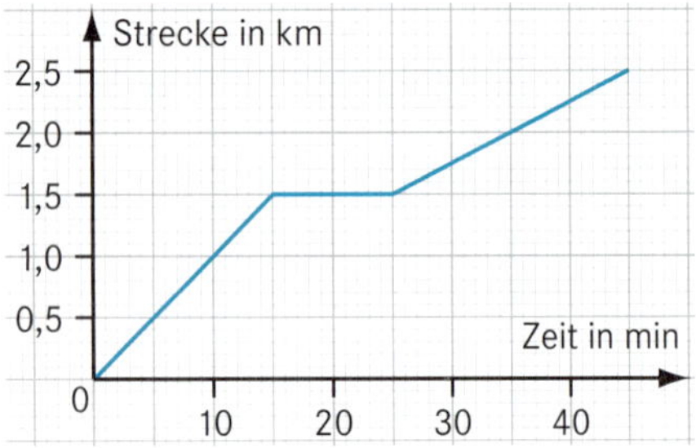

Zeit	10 min	20 min	25 min	37 min
Strecke	km	km	km	km

Zeit	min	min	min	min
Strecke	0,5 km	1,2 km	2,0 km	2,5 km

3|

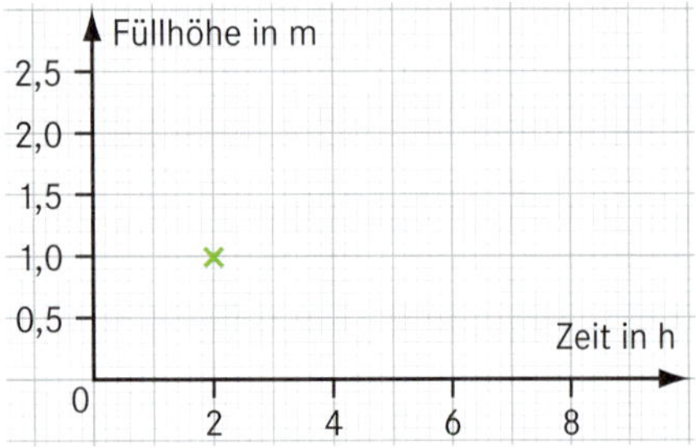

Tragen Sie die Wertepaare der Tabelle im Koordinatensystem ein.

Beispiel: Wertepaar (2 h | 1,0 m)

Zeit	2 h	3 h	4 h	5 h	7 h	9 h
Füllhöhe	1,0 m	1,5 m	2,0 m	1,9 m	1,7 m	1,5 m

4| Zeichnen Sie ein geeignetes Koordinatensystem und tragen Sie die Wertepaare der Tabelle ein.

Wählen Sie die Länge und die Einteilung der Achsen sinnvoll.

Menge	10 ℓ	20 ℓ	30 ℓ	36 ℓ	48 ℓ	56 ℓ
Gewicht	5 kg	10 kg	15 kg	18 kg	24 kg	28 kg

Lösungen

1–2| 1; 1,0; 1,5; 1,5; 2,1; 4; 5; 8; 9; 12; 20; 30; 35; 40; 44; 45

3–4| siehe Seite 202

Proportionale Zuordnungen

Ein Eimer mit 10 Liter Farbe reicht für eine Fläche von 50 m².
Die doppelte Farbmenge reicht für eine doppelt so große Fläche.
Die halbe Farbmenge reicht für eine halb so große Fläche usw.
Die Zuordnung *Farbmenge* → *Fläche* ist **proportional**.

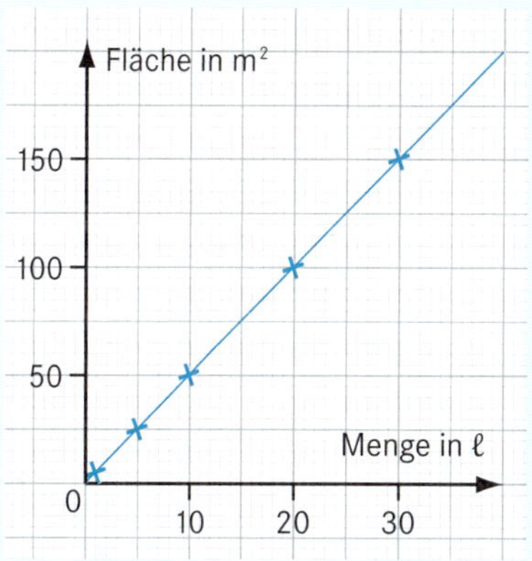

:5 :2 ·2 ·3

Farbmenge	1 ℓ	5 ℓ	10 ℓ	20 ℓ	30 ℓ
Fläche	5 m²	25 m²	50 m²	100 m²	150 m²

:5 :2 ·2 ·3

Eine Zuordnung ist **proportional**, wenn gilt:
- Zum Doppelten (Dreifachen usw.) der einen Größe gehört das Doppelte (Dreifache usw.) der anderen Größe.
- Zur Hälfte (zum Drittel usw.) der einen Größe gehört die Hälfte (das Drittel usw.) der anderen Größe.

Trägt man die Wertepaare im Koordinatensystem ein, liegen die Punkte auf einer Geraden durch den Nullpunkt.

Die Zuordnungen sind proportional. Ergänzen Sie in den Tabellen die fehlenden Werte.

1|

Menge	1 ℓ	2 ℓ	3 ℓ	4 ℓ	5 ℓ	6 ℓ	7 ℓ
Preis	1,40 €	€	€	€	€	€	€

2|

Gewicht	100 g	200 g	500 g	600 g	1 000 g	1 200 g	1 500 g
Preis	0,59 €	€	€	€	€	€	€

3|

Anzahl	1	2	4	12	20	24	30
Gewicht	kg	6 kg	kg	kg	kg	kg	kg

4| Tipp: Berechnen Sie zuerst die Strecke für 1 min.

Zeit	1 min	3 min	4 min	8 min	12 min	15 min	20 min
Strecke	km	km	8 km	km	km	km	km

5| Zeichnen Sie ein geeignetes Koordinatensystem und tragen Sie die Wertepaare von Aufgabe 1 ein.
Kontrollieren Sie, ob die Punkte tatsächlich auf einer Geraden liegen.

6| Zeichnen Sie ein geeignetes Koordinatensystem und tragen Sie die Wertepaare von Aufgabe 4 ein.
Kontrollieren Sie, ob die Punkte tatsächlich auf einer Geraden liegen.

Lösungen

1–4| 1,18; 2; 2,80; 2,95; 3; 3,54; 4,20; 5,60; 5,90; 6; 7,00; 7,08; 8,40; 8,85; 9,80; 12; 16; 24; 30; 36; 40; 60; 72; 90

5–6| siehe Seite 202

Von der Einheit zur Mehrheit und umgekehrt

Von der Einheit zur Mehrheit

1 Kasten Apfelschorle wiegt 17 kg.
Wie viel kg wiegen 5 Kästen?

Ansatz: 1 → 17 kg
5 → ? kg

Rechnung: 1 Kasten wiegt 17 kg.
5 Kästen wiegen 17 kg · 5 = 85 kg.

Kurzform: (·5 ↓ … ↓ ·5)

Anzahl	Gewicht
1	17 kg
5	85 kg

Antwort: 5 Kästen Apfelschorle wiegen 85 kg.

Von der Mehrheit zur Einheit

40 Liter Benzin kosten 58,36 €.
Wie viel € kostet 1 Liter?

Ansatz: 40 ℓ → 58,36 €
1 ℓ → ? €

Rechnung: 40 ℓ kosten 58,36 €.
1 ℓ kostet 58,36 € : 40 = 1,459 €.

Kurzform: (:40 ↓ … ↓ :40)

Menge	Preis
40 ℓ	58,36 €
1 ℓ	1,459 €

Antwort: 1 Liter Benzin kostet 1,459 €.

Ergänzen Sie jeweils den Ansatz und berechnen Sie das Ergebnis.

1| Emilie verdient 18,10 € pro Stunde.
Wie viel verdient sie in 40 Stunden?

Ansatz: 1 h → 18,10 €
40 h → ? €

Emilie verdient in 40 Stunden ____ €.

2| Ein Auto legt pro Stunde 70 km zurück.
Wie viel km fährt es in 5,5 Stunden?

Ansatz: 1 St. → 70 km
5,5 → ? x

Das Auto fährt in 5,5 Stunden 385 km.

3| Die Diagonale eines Monitors ist 20 Zoll lang. Das sind 50,8 cm. Wie viel cm sind ein Zoll?

Ansatz: 20 → 50,8
1 → ? x

Ein Zoll sind 2,54 cm.

4| Die Miete für ein 200 m² großes Geschäft beträgt 1 440 €. Wie hoch ist die Miete pro m²?

Ansatz: 200 m² → 1440
1 → ? x

Die Miete beträgt 7,2 € pro m².

5| Fabian baut eine Umrandung für eine Ausstellungsfläche aus 24 Zaunelementen. Jedes Element hat eine Länge von 1,2 m.
Wie lang ist die gesamte Umrandung?

28,8 m

6| 1 dm³ Fichtenholz wiegt 0,8 kg. Ein Balken aus Fichtenholz hat ein Volumen von 84 dm³.
Wie viel kg wiegt der Balken?

67,2 kg

7| Susi ist Auszubildende in einem Baumarkt. Sie vergleicht die Preise für Lack bei unterschiedlich großen Dosen.

a Eine große Dose enthält 1,5 kg Lack.
Sie kostet 21 €.
Wie hoch ist der Preis pro kg?

14 €

b Eine kleine Dose mit 0,6 kg Lack kostet 9 €.
Wie hoch ist hier der Preis pro kg?

14 €

Lösungen

1–4| (nur Ergebnisse) 2,54; 7,20; 385; 724

5–7| 14; 15; 28,8; 67,2

Dreisatzrechnen bei proportionalen Zuordnungen

3 Liter Motoröl kosten 18 €.
Wie viel € kosten 8 Liter?

Ansatz: 3 ℓ → 18 €
8 ℓ → ? €

Dreisatz:

1. gegebenes Wertepaar: 3 ℓ kosten 18 €.
2. Schluss auf die 1: 1 ℓ kostet 18 € : 3 = 6 €.
3. Schluss auf das Gesuchte: 8 ℓ kosten 6 € · 8 = 48 €.

Dreisatz in Kurzform:

	Menge	Preis	
	3 ℓ	18 €	
:3	1 ℓ	6 €	:3
·8	8 ℓ	48 €	·8

Antwort: 8 Liter Motoröl kosten 48 €.

Ergänzen Sie jeweils den Ansatz und rechnen Sie mit dem Dreisatz.

1| 5 m² Folie kosten 30 €.
Wie viel € kosten 2 m² Folie?

Ansatz: 5 m² → 30 €
2 m² → ? €

	Fläche	Preis	
	5 m²	30 €	
:	1 m²	€	:
·	2 m²	€	·

2 m² Folie kosten 12. €.

2| 8 Pakete Kopierpapier kosten 19,92 €.
Wie viel € kosten 3 Pakete Kopierpapier?

Ansatz: 8 → 19,92
3 → ?

	Anzahl	Preis	
	8	19,92 €	
:	1	€	:
·	3	€	·

3 Pakete Kopierpapier kosten 7,47 €.

3| Ein LKW fährt 240 km in 3 h.
Wie viel km fährt er in 3,5 h?

Ansatz: 3 h → 240 k
3,5 h → ?

	Zeit	Strecke	
:			:
·			·

In 3,5 h fährt der LKW 280 km.

4| 0,8 kg Mehl reichen für 4 Pizzen.
Für wie viele Pizzen reichen 2,6 kg Mehl?

Ansatz: 0,8 → 4
2,6 ?

	Gewicht	Anzahl	
:			:
·			·

2,6 kg Mehl reichen für 13 Pizzen.

Lösungen
1–4| (nur Ergebnisse) 7,47; 12; 13; 280

 Rechner,

Dreisatzrechnen bei proportionalen Zuordnungen

1| Eine Treppe mit 14 Stufen ist 252 cm hoch.
Wie hoch ist eine Treppe mit 5 Stufen?

Anzahl	Höhe

Die Treppe mit 5 Stufen ist 90 cm hoch.

2| In 3 h werden 240 Teile gefertigt. Wie viele Stunden werden für 600 Teile benötigt?

Anzahl	Zeit

Für 600 Teile werden 7,5 h benötigt.

3| Ein Auto verbraucht 6 ℓ Benzin auf 100 km.
Wie viel ℓ Benzin verbraucht es auf 245 km?

Strecke	Verbrauch

Es verbraucht 14,7 ℓ Benzin auf 245 km.

4| 100 mℓ Cola enthalten 10,6 g Zucker.
In wie viel mℓ Cola sind 90,1 g Zucker?

Gewicht	Menge

90,1 g Zucker sind in ______ mℓ Cola.

5| 4 DVDs kosten 31,60 €.
Wie viel € kosten 3 DVDs?

3 DVDs kosten ______ €.

6| Für 5 Regale sind 180 Schrauben nötig.
Wie viele Schrauben sind für 12 Regale nötig?

Für 12 Regale sind ______ Schrauben nötig.

7| 80,5 m^3 Wasser füllen 7 Becken. Wie viel m^3 Wasser benötigt man für 4 Becken?

Für 4 Becken sind ______ m^3 Wasser nötig.

8| In 2 kg einer Farbmischung sind 0,3 kg Rot.
Wie viel kg Rot sind in 7 kg der Farbmischung?

In 7 kg Farbmischung sind ______ kg Rot.

Lösungen

1–8| (nur Ergebnisse) 1,05; 7,5; 14,7; 23,70; 46; 90; 432; 850

Dreisatzrechnen bei proportionalen Zuordnungen

1| 2 m eines Stoffes kosten 30 €.
Wie viel € kosten 5 m Stoff?

75 €

2| Ein Landwirt verbraucht mit seinem Traktor in 8 Betriebsstunden 54 Liter Diesel.
Wie viel Liter Diesel benötigt er für 24 Betriebsstunden?

162 ℓ

3| Eine Aushilfskraft erhält für 20 Arbeitsstunden einen Bruttolohn von 240 €.
Wie viel € beträgt der Bruttolohn für vier Arbeitsstunden?

48 €

4| 100 Fliesen decken eine Fläche von 4 m^2 ab.
Wie viel m^2 Fläche kann man mit 150 Fliesen der gleichen Sorte abdecken?

6 m^2

5| 48 Fliesen decken eine Fläche von 3 m^2 ab.
Wie viele Fliesen der gleichen Sorte benötigt man für eine Fläche von 7 m^2?

112

6| Fünf Eiskugeln kosten 4 €.
a Wie viel € kosten neun Eiskugeln?

7,20 €

b Wie viele Eiskugeln gibt es für 5,60 €?

7

7| In einem Industriebetrieb werden während einer Woche mit 5 Arbeitstagen 3 780 Monitore gebaut.
Wie viele Monitore können in einem Monat mit 21 Arbeitstagen gebaut werden?

15,876

8| 360 Stück 1-Cent-Münzen wiegen 828 g.
Wie viele 1-Cent-Münzen wiegen 1 380 g?

9| In einem Handelszentrum beträgt die Miete für die 270 m^2 große Drogerie 2 160 €. Die Miete pro m^2 ist für alle Geschäfte gleich.

a Wie teuer ist die Miete für den 1 500 m^2 großen Supermarkt?

12,000 €

b Wie teuer ist die Miete für den 70 m^2 großen Zeitschriftenladen?

560 €

10| Erik erhält bei einer Bank für 125 € 166,25 US-Dollar.
Wie viel US-Dollar erhält Clara für 300 €?

399 US-Dollar

11| Der Lagerbestand eines Artikels beträgt 8 410 Stück. Er reicht bei gleich bleibender Nachfrage für 145 Tage.
Wie viele Tage reicht ein Bestand von 5 220 Stück?

~~560~~ Tage

12| Eine Verkäuferin erhält eine Prämie, die vom Umsatz abhängt. Bei einem Monatsumsatz von 10 000 € beträgt die Prämie 200 €, bei einem Monatsumsatz von 20 000 € beträgt sie 400 € usw.
Wie viel € Prämie erhält die Verkäuferin bei einem Umsatz von 35 000 €?

€

Lösungen
1–12| 6; 7; 7,20; 48; 75; 90; 112; 162; 399; 560; 600; 700; 12 000; 15 876

Umgekehrt proportionale Zuordnungen

Werden täglich 6 kg eines Futtervorrats verbraucht, reicht der Vorrat 12 Tage. Ist der Verbrauch pro Tag doppelt so groß, reicht der Vorrat nur halb so viele Tage. Ist der Verbrauch pro Tag halb so groß, reicht der Vorrat doppelt so viele Tage usw.
Die Zuordnung *Verbrauch pro Tag → Anzahl der Tage* ist **umgekehrt proportional**.

:3 :2 ·2 ·3

Verbrauch pro Tag	1 kg	3 kg	6 kg	12 kg	18 kg
Anzahl der Tage	72	24	12	6	4

·3 ·2 :2 :3

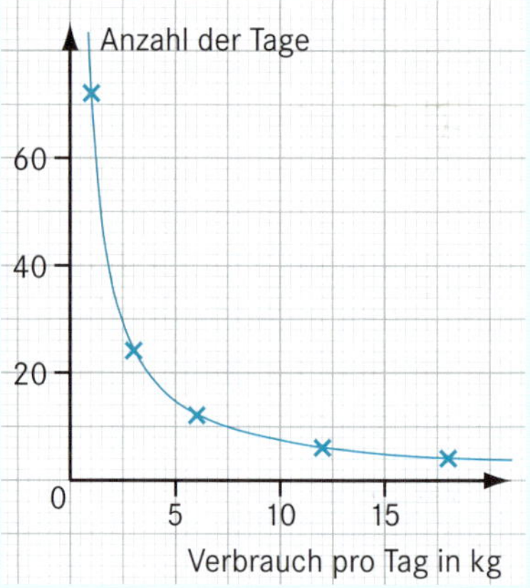

Eine Zuordnung ist umgekehrt proportional, wenn gilt:
- Zum Doppelten (Dreifachen usw.) der einen Größe gehört die Hälfte (das Drittel usw.) der anderen Größe.
- Zur Hälfte (zum Drittel usw.) der einen Größe gehört das Doppelte (Dreifache usw.) der anderen Größe.

Trägt man die Wertepaare im Koordinatensystem ein, liegen die Punkte auf einer fallenden Kurve.

Die Zuordnungen sind umgekehrt proportional. Ergänzen Sie in den Tabellen die fehlenden Werte.

1|

Verbrauch pro Tag	1 ℓ	2 ℓ	3 ℓ	4 ℓ	5 ℓ	6 ℓ
Anzahl der Tage	60	30	20	15	12	10

2|

Anzahl der Arbeiter	1	2	4	6	8	12
Dauer der Arbeit	12 h	6 h	3 h	2 h	1,5 h	1 h

3|

Anzahl der Gewinner	1	2	4	8	10	16
Gewinn pro Person	100 €	200 €	400 €	800 €	~~1000~~ 10 €	6 €

4| Tipp: Berechnen Sie zuerst die Anzahl der Tage bei einem Verbrauch von 1 kg.

Verbrauch pro Tag	1 kg	3 kg	4 kg	8 kg	12 kg	15 kg
Anzahl der Tage	240	80	60	16	20	16

5| Zeichnen Sie ein geeignetes Koordinatensystem und tragen Sie die Wertepaare von Aufgabe 1 ein.
Kontrollieren Sie, ob die Punkte tatsächlich auf einer fallenden Kurve liegen.

6| Zeichnen Sie ein geeignetes Koordinatensystem und tragen Sie die Wertepaare von Aufgabe 3 ein.
Kontrollieren Sie, ob die Punkte tatsächlich auf einer fallenden Kurve liegen.

Lösungen

1–4| 1; 1,5; 2; 3; 6; 10; 12; 15; 16; 20; 20; 25; 30; 40; 50; 80; 100; 240; 400

5–6| siehe Seite 203

Dreisatzrechnen bei umgekehrt proportionalen Zuordnungen

Ein Teich wird ausgepumpt.
2 Pumpen benötigen dazu 9 Stunden.
Wie viele Stunden benötigen 3 Pumpen zum Auspumpen des Teichs?

Ansatz: 2 → 9 h
3 → ? h

Dreisatz:

1. gegebenes Wertepaar: 2 Pumpen benötigen 9 h.
2. Schluss auf die 1: 1 Pumpe benötigt 9 h · 2 = 18 h.
3. Schluss auf das Gesuchte: 3 Pumpen benötigen 18 h : 3 = 6 h.

Antwort: 3 Pumpen benötigen 6 Stunden.

Dreisatz in Kurzform:

	Anzahl	Zeit	
	2	9 h	
: 2	1	18 h	· 2
· 3	3	6 h	: 3

Auf beiden Seiten **umgekehrt** rechnen!

Ergänzen Sie jeweils den Ansatz und rechnen Sie mit dem Dreisatz.

1 | Bei 4 Gewinnern im Lotto erhält jeder 100 €. Wie viel € erhält jeder bei 5 Gewinnern?

Ansatz: 4 → 100 €
5 → ? €

	Anzahl	Gewinn	
	4	100 €	
: ___	1	___ €	· ___
· ___	5	___ €	: ___

Bei 5 Gewinnern erhält jeder ___ €.

2 | Um Kies zu transportieren, fahren 6 LKWs 4-mal. Wie oft müssen 8 LKWs fahren?

Ansatz: ___ → ___
___ → ?

	Anzahl	Häufigkeit	
	6	4	
: ___	1	___	· ___
· ___	8	___	: ___

8 LKWs müssen ___-mal fahren.

3 | Ein Futtervorrat reicht bei 8 Kühen 18 Tage. Wie viele Tage reicht er bei 9 Kühen?

Ansatz: ___ → ___
___ → ?

	Anzahl	Tage	
: ___			· ___
· ___			: ___

Bei 9 Kühen reicht der Vorrat ___ Tage.

4 | 9 Maschinen erledigen einen Auftrag in 5 h. Wie viele Stunden benötigen 6 Maschinen?

Ansatz: ___ → ___
___ → ? ___

	Anzahl	Zeit	
: ___			· ___
· ___			: ___

6 Maschinen benötigen ___ h.

Lösungen

1–4 | (nur Ergebnisse) 3; 7,5; 16; 80

Dreisatzrechnen bei umgekehrt proportionalen Zuordnungen

1| Aus einem Baumstamm werden gleich dicke Bretter geschnitten. Ist jedes Brett 24 mm dick, erhält man 20 Bretter.
Wie viele Bretter erhält man bei 15 mm dicken Brettern?

Dicke	Anzahl

Bei 15 mm Dicke erhält man ____ Bretter.

2| Nimmt Herr Schmitz jeden Tag 2 Tabletten, reicht eine Packung Tabletten 30 Tage.
Wie viele Tage reicht die Packung, wenn Herr Schmitz jeden Tag 1,5 Tabletten einnimmt?

Anzahl	Tage

Die Packung reicht ____ Tage bei 1,5 Tabletten je Tag.

3| Fährt Lilli mit einer Geschwindigkeit von 90 $\frac{km}{h}$, benötigt sie für die Heimreise 5 h.
Wie viele Stunden benötigt Lilli bei einer Geschwindigkeit von 75 $\frac{km}{h}$?

Geschwindigkeit	Zeit

Bei 75 $\frac{km}{h}$ benötigt Lilli ____ h.

4| Eine Einfahrt wird mit Randsteinen befestigt. Ist jeder Randstein 21 cm lang, werden 64 Steine benötigt.
Wie viele Steine sind nötig bei 28 cm langen Randsteinen?

Bei 28 cm langen Randsteinen sind ____ Steine nötig.

5| Ein Florist hat 10 Rosensträuße mit jeweils 9 Rosen gebunden?
Wie viele Sträuße entstehen, wenn stattdessen jeder Strauß 15 Rosen enthält?

Bei 15 Rosen je Strauß entstehen ____ Sträuße.

6| 3 Arbeitskollegen bilden eine Fahrgemeinschaft. Jeder zahlt dafür 52 € im Monat.
Wie viel € zahlt jeder, wenn ein 4. Kollege mitfährt?

Bei 4 Fahrern zahlt jeder ____ €.

Lösungen

1–6| (nur Ergebnisse) 6; 6; 32; 39; 40; 48

Dreisatzrechnen bei umgekehrt proportionalen Zuordnungen

1| Zum Auffüllen der Ladenregale benötigen 4 Angestellte 6 Stunden.
In welcher Zeit erledigen 3 Angestellte diese Arbeit?

[ ] h

2| Ein Vorrat an Papierrollen für die Kasse reicht 12 Tage, wenn täglich 6 Rollen benötigt werden.
Wie viele Tage reicht der Vorrat, wenn pro Tag 8 Rollen verbraucht werden?

[ ] Tage

3| Der Monatsverdienst eines Auszubildenden reicht bei einer täglichen Ausgabe von 30 € 28 Tage aus.
Wie lange reicht der Monatsverdienst, wenn der Auszubildende täglich 35 € ausgibt?

[ ] Tage

4| 16 Einzelhändler eines Einkaufszentrums starten eine gemeinsame Werbeaktion. Jeder von ihnen hat anteilige Kosten in Höhe von 724,80 € zu tragen.
Wie viel € beträgt der Kostenanteil für jeden, wenn sich alle 24 Einzelhändler des Einkaufszentrums an der Aktion beteiligen?

[ ] €

5| Eine Flasche hat einen Inhalt von 0,5 Litern. Der Inhalt von 15 dieser Flaschen wird in 0,75-ℓ-Flaschen umgefüllt.
Wie viele 0,75-ℓ-Flaschen werden benötigt?

[ ]

6| Eine Radfahrerin benötigt 2 Stunden für eine Strecke, wenn sie mit einer Geschwindigkeit von 18 $\frac{km}{h}$ fährt. Sie möchte die Strecke in 1,5 Stunden schaffen.
Mit welcher Geschwindigkeit muss sie fahren?

[ ] $\frac{km}{h}$

7| Der Vorrat an Konserven reicht bei einem täglichen Verkauf von 120 Stück 6 Tage.
a Wie viele Tage reicht der gleiche Vorrat, wenn aufgrund einer Werbeaktion der tägliche Absatz auf 180 Stück ansteigt?

[ ] Tage

b Wie viele Tage reicht der Vorrat, wenn jeden Tag nur 80 Stück verkauft werden?

[ ] Tage

8| 

Für die Dekoration der Schaufenster benötigen 2 Angestellte 6 Stunden.
a Wie lange brauchen 3 Angestellte für die Dekoration?

[ ] h

b Die Dekoration soll nur 2 Stunden dauern. Wie viele Angestellte sind dafür erforderlich?

[ ]

9| Die Renovierungsarbeiten in einem Verkaufsraum sollen von 6 Arbeitern in 5 Arbeitstagen fertig gestellt werden.
Ein Arbeiter wird krank.
Wie viele Arbeitstage werden nun gebraucht?

[ ] Tage

10| Eine Auszubildende plant für ihren 10-tägigen Urlaub 30 € Ausgaben pro Tag.
Wie viele Tage könnte sie länger bleiben, wenn sie pro Tag nur 25 € ausgeben würde?

[ ] Tage

Lösungen

1–10| 2; 4; 4; 6; 6; 8; 9; 9; 10; 24; 24; 483,20

Vermischte Aufgaben

Hinweis
Überlegen Sie vor dem Rechnen:
Ist die Zuordnung des Sachverhalts tatsächlich proportional oder umgekehrt proportional?
Gehört z. B. zum Doppelten der einen Größe das Doppelte oder die Hälfte der anderen Größe?

1| Ein Lebensmittelhändler kauft 520 Gläser Marmelade zu insgesamt 1 040 € ein.
Wie viel € kosten 680 Gläser?

1360 €

2| Laura arbeitet 38 Stunden in der Woche.
Ihr Wochenlohn beträgt 592,80 €.
Finn erhält den gleichen Stundenlohn.
Wie viel verdient er in 35 Stunden?

546 €

3| Für die Reinigungsarbeiten benötigen 12 Angestellte 4,5 Stunden.
Wie lange benötigen 9 Angestellte?

3,32 h

4| 3 Freunde sehen einen Film. Der Film ist 90 min lang.
Wie lang ist der Film, wenn 5 Freunde zuschauen?

90 min

5|

Der Schall legt in 3 Sekunden 1 km zurück.
Bei einem Gewitter hört Noah den Donner nach 10 Sekunden.
Wie viele km ist das Gewitter entfernt? Runden Sie auf zwei Stellen nach dem Komma.

3,33 km

6| Bei einem Tagesabsatz von 700 Flaschen Wein reicht der Lagervorrat noch für 72 Tage.
Wie viele Tage reicht der gleiche Vorrat bei einem täglichen Absatz von 560 Flaschen?

90 Tage Ums.

7| Aus 240 kg Rohkaffee lassen sich 225 kg Röstkaffee herstellen.
Wie viel kg Röstkaffee lassen sich aus 600 kg Rohkaffee herstellen?

562,5 kg

8|

Bei einem Vortrag befinden sich im Zuschauerraum 12 Reihen mit jeweils 10 Stühlen.
Die hinteren Reihen sind zu weit entfernt.
Deshalb soll es nur 8 Stuhlreihen geben.
Wie viele Stühle müssen nun in jeder Reihe stehen, wenn alle Stühle aufgestellt werden?

15 Ums.

9| Eine Lieferung Zitronen wurde in 840 Netze zu jeweils 5 Stück pro Netz abgepackt. Für eine Sonderaktion sollen diese Zitronen in Netze mit je 7 Zitronen umgepackt werden.
Wie viele Netze sind dafür erforderlich?

600 Ums.

10| Ein Kunde kauft in einem Fachgeschäft für Porzellanwaren 20 Tassen zum Preis von je 7 €.
Wie viele Tassen erhält er beim Umtausch gegen Tassen zum Preis von je 5,60 €? ?

[ ]

Lösungen
1–10| 3,33; 6; 15; 25; 90; 90; 546; 562,5; 600; 1 360

Mischungsrechnen

Aufgabe: Es werden 3 kg der Kaffeesorte Brasil mit 2 kg der Kaffeesorte Flora gemischt.
1 kg Kaffee der Sorte Brasil kostet 7 €. 1 kg Kaffee der Sorte Flora kostet 6 €.
Wie viel € kostet 1 kg der Mischung?

Lösung: 3 kg Brasil kosten $3 \cdot 7\,€ = 21\,€$.
2 kg Flora kosten $2 \cdot 6\,€ = 12\,€$.

5 kg der Mischung kosten $21\,€ + 12\,€ = 33\,€$.
1 kg der Mischung kostet $33\,€ : 5 = 6{,}60\,€$.

Antwort: 1 kg der Mischung kostet 6,60 €.

1 | Die beiden edlen Kaffeesorten Santos und Roma ergeben eine beliebte Mischung. Dazu mischt man 6 kg Santos-Kaffee mit 4 kg Roma-Kaffee. Kaffee Santos kostet 14 € pro kg und Kaffee Roma 11,50 € pro kg.
Wie viel € kostet 1 kg der Mischung?

13. €

2 | Um eine Brotbackmischung herzustellen, werden 5 kg Weizenmehl und 2 kg Roggenmehl gemischt. 1 kg Weizenmehl kostet 1,12 € und 1 kg Roggenmehl kostet 1,40 €. Berechnen Sie den Preis für 1 kg der Mischung.

1,20 €

3 | Zum Anstreichen eines Wohnzimmers müssen 15 ℓ weiße Farbe mit 0,4 ℓ Abtönfarbe gemischt werden. 1 Liter weiße Farbe kostet 8 € und 1 Liter Abtönfarbe kostet 20 €. Berechnen Sie den Preis für 1 Liter der Mischung. Runden Sie sinnvoll.

8,31 €

4 | In einem Großhandel für Baumaterial sollen für einen Kunden 3 t Sand mit 8 t Kies gemischt werden. 1 t Sand kostet 14 € und 1 t Kies 8 €.
Wie viel € kostet 1 t der Mischung?
Runden Sie sinnvoll.

9,64 €

5 | Für einen Fruchtjoghurt werden 5 kg naturreiner Joghurt (7,50 € pro kg) und 500 g Fruchtzubereitung (13 € pro kg) gemischt.

a Wie viel € kostet 1 kg der Mischung?

8 €

b Der Joghurt wird in 200-g-Bechern verkauft.
Wie viel € kostet der Inhalt eines Bechers?

1,60 €

6 | Die Teemischung „Vital" wird aus drei Sorten hergestellt:
24 kg der Sorte 1 zu 35 € pro kg
30 kg der Sorte 2 zu 38 € pro kg
18 kg der Sorte 3 zu 40 € pro kg

a Berechnen Sie den Preis für 1 kg der Mischung.

37,50 €

b Wie viel € kosten 300 g der Mischung?

11,25 €

7 | In einem Feinkostladen wird frischer Obstsalat zubereitet.
Der Obstsalat besteht aus 9 kg Bananen zu 2,30 € je kg, 17 kg Äpfeln zu 1,90 € je kg, 5 kg Trauben zu 3,80 € je kg und 7 kg Melonen zu 3,10 € je kg.
Wie viel € kosten 250 g Obstsalat?
Runden Sie sinnvoll.

0,62 €

Lösungen

1–7 | 0,62; 1,20; 1,60; 8; 8,31; 9,64; 11,25; 13; 37,50

Mischungsrechnen

Aufgabe: 1 kg Kaffee wird aus Brasil- und Flora-Kaffee gemischt. Die Mischung soll zu 7 Teilen aus Brasil-Kaffee und zu 9 Teilen aus Flora-Kaffee bestehen.
Wie viel g sind von jeder Kaffeesorte zu verwenden?

Lösung: Die Mischung besteht insgesamt aus 7 Teilen + 9 Teilen = 16 Teilen.
Für das Gesamtgewicht 1 kg = 1 000 g beträgt das Gewicht pro Teil 1 000 g : 16 = 62,5 g.

7 Teile Brasil-Kaffee wiegen 7 · 62,5 g = 437,5 g.
9 Teile Flora-Kaffee wiegen 9 · 62,5 g = 562,5 g.

Kontrolle: Zusammen ergeben die einzelnen Gewichte 437,5 g + 562,5 g = 1 000 g = 1 kg.

Antwort: Es sind 437,5 g Brasil-Kaffee mit 562,5 g Flora-Kaffee zu mischen.

1 | 1 kg Gesundheitstee wird aus den Sorten Sanddorn und Kamille gemischt.
Die Mischung soll aus 5 Teilen Sanddorntee und 3 Teilen Kamillentee bestehen.
Wie viel g Sanddorntee und wie viel g Kamillentee werden benötigt?

Sanddorntee g

Kamillentee g

2 | Am Schulkiosk wird ein Erfrischungscocktail angeboten. Der Cocktail besteht aus 2 Teilen Kirschsaft und 3 Teilen Bananensaft. Berechnen Sie die Anteile der Säfte für ein 400-mℓ-Glas.

Kirschsaft mℓ

Bananensaft mℓ

3 | Für einen Spielplatz werden 18 m³ Sand benötigt. Dazu werden 35 Teile Silbersand, 22 Teile Spielsand und 15 Teile Kies gemischt.
Wie viel m³ Silbersand, Spielsand und Kies werden benötigt?

Silbersand m³

Spielsand m³

Kies m³

4 | Die Köche eines Frühstückscafés bieten jeden Morgen ein frisches Müsli an.
Zutaten für eine 300-g-Portion:
3 Teile Vollkornflocken (6,30 € pro kg)
3 Teile Haferflocken (5,10 € pro kg)
4 Teile Obst (2,70 € pro kg)
a Wie viel g der einzelnen Zutaten werden für eine 300-g-Portion Müsli benötigt?

Vollkornflocken g

Haferflocken g

Obst g

b Wie teuer ist eine solche Portion Müsli?

€

5 | Ein Zoofachgeschäft verkauft Futtermischungen für Vögel. Die Wintermischung enthält:
7 Teile Sonnenblumenkerne (8,00 € je kg)
8 Teile Haferflocken (5,10 € je kg)
5 Teile Haselnüsse (9,60 € je kg)
a Wie viel g der einzelnen Bestandteile enthält ein Sack mit 5 kg Inhalt?

Sonnenblumenkerne g

Haferflocken g

Haselnüsse g

b Wie teuer ist der Inhalt dieses Sacks?

€

Lösungen

1–5 | 1,35; 3,75; 5,5; 8,75; 36,20; 90; 90; 120; 160; 240; 375; 625; 1 250; 1 750; 2 000

Verteilungsrechnen

Aufgabe: In einem Mehrfamilienhaus sind im letzten Jahr 477 € Abfallgebühren angefallen. Diese werden gleichmäßig auf alle Mieter verteilt. Die Abrechnung erfolgt pro Haushalt. Familie Schäfer besteht aus 5 Personen, Familie Brunotti aus 3 Personen. Herr Heinze lebt allein. Wie viel € Abfallgebühren zahlen die einzelnen Haushalte?

Lösung: Insgesamt leben im Haus 5 + 3 + 1 = 9 Personen.
Die Abfallgebühren betragen pro Person 477 € : 9 = 53 €.

Bei Familie Schäfer leben 5 Personen. Sie zahlen zusammen 5 · 53 € = 265 €.
Bei Familie Brunotti leben 3 Personen. Sie zahlen zusammen 3 · 53 € = 159 €.
Herr Heinze zahlt für sich 1 · 53 € = 53 €.

Kontrolle: Zusammen ergeben die zu zahlenden Beträge 265 € + 159 € + 53 € = 477 €.

Antwort: Familie Schäfer zahlt 265 €, Familie Brunotti 159 € und Herr Heinze zahlt 53 € Abfallgebühren.

1| Die Familien Görtz und Möller bewohnen ein Zweifamilienhaus. Die Kosten für die Müllabfuhr betrugen im letzten Jahr 672 €. Entsprechend der Personenzahl sollen diese Kosten auf beide Familien verteilt werden. Im Haushalt der Familie Görtz leben 3 Personen, bei Familie Möller sind es 4 Personen. Wie viel € muss jede Familie bezahlen?

Görtz ____ € Möller ____ €

2| Die Freunde Sina und Kilian haben im Lotto 300 € gewonnen. Für das Los hat Sina 6 € und Kilian 4 € gezahlt. Der Gewinn soll je nach Einsatz der beiden aufgeteilt werden. Wie viel € erhält jeder?

Sina ____ € Kilian ____ €

3| In einem Kaufhaus gibt es vier Abteilungen mit den folgenden Verkaufsflächen.
Abteilung A: 625 m² Abteilung C: 475 m²
Abteilung B: 525 m² Abteilung D: 450 m²
Die raumbedingten Kosten eines Geschäftsjahres belaufen sich auf 17 015 €. Sie sind flächenmäßig auf die Abteilungen umzulegen. Wie viel € entfallen auf jede Abteilung?

A ____ € C ____ €
B ____ € D ____ €

4| Ein Einzelhändler verteilt eine Treueprämie von 3 465 € an seine Mitarbeiter. Die Prämie wird nach der Betriebszugehörigkeit verteilt.
Betriebszugehörigkeit der Mitarbeiter:
Frau Schmitz: 18 Jahre
Herr Bolzer: 6 Jahre
Frau Krömer: 4 Jahre
Wie viel € erhalten die einzelnen Mitarbeiter?

Frau Schmitz ____ €
Herr Bolzer ____ €
Frau Krömer ____ €

5| Ein Sportgeschäft erhält in einer Lieferung drei verschiedene Warenarten:
Bekleidung: 180 kg
Schuhe: 100 kg
Sportgeräte: 360 kg
Für die gesamte Lieferung fallen Transportkosten in Höhe von 192 € an. Diese werden nach dem Gewicht verteilt.
Wie viel € Transportkosten entfallen auf die einzelnen Warenarten?

Bekleidung ____ €
Schuhe ____ €
Sportgeräte ____ €

Lösungen
1–5| 30; 54; 108; 120; 180; 288; 384; 495; 742,50; 2 227,50; 3 690; 3 895; 4 305; 5 125

Verteilungsrechnen

Aufgabe: Die drei Einzelhandelskaufleute Aumeier, Bamberg und Contento betreiben gemeinsam ein Spielwarengeschäft. Der Gewinn von 37 200 € soll im Verhältnis 4 : 5 : 6 verteilt werden. Aumeier erhält also 4 Anteile, Bamberg 5 Anteile und Contento 6 Anteile.
Wie viel € vom Gewinn erhält jeder?

Lösung: Die Summe der Anteile beträgt 4 Anteile + 5 Anteile + 6 Anteile = 15 Anteile.
Auf einen Anteil entfällt ein Gewinn von 37 200 € : 15 = 2 480 €.

Aumeier erhält 4 · 2 480 € = 9 920 €.
Bamberg erhält 5 · 2 480 € = 12 400 €.
Contento erhält 6 · 2 480 € = 14 880 €.

Kontrolle: Zusammen ergeben die einzelnen Geldbeträge 9 920 € + 12 400 € + 14 880 € = 37 200 €.

Antwort: Aumeier erhält 9 920 €, Bamberg 12 400 € und Contento 14 880 € vom Gewinn.

1| Die drei Geschäftsinhaber Herr Adam, Frau Beier und Frau Clemens betreiben gemeinsam ein Textilgeschäft. Der Gewinn von 18 600 € soll folgendermaßen verteilt werden: Herr Adam erhält 4 Anteile, Frau Beier erhält 5 Anteile und Frau Clemens erhält 6 Anteile. Wie viel € bekommt jeder vom Gewinn?

Herr Adam ______ €

Frau Beier ______ €

Frau Clemens ______ €

2| Die Heizkosten eines Einzelhandelsgeschäftes werden auf die einzelnen Abteilungen verteilt. Auf die Verwaltung entfallen 2 Anteile, auf die Verkaufsabteilung 6 Anteile und auf das Lager 1 Anteil.

Welcher Betrag der Heizkosten von insgesamt 92 880 € entfällt auf die einzelnen Abteilungen?

Verwaltung ______ €

Verkauf ______ €

Lager ______ €

3| Aus der Geschäftskasse wurde eine Rechnung für Heizöl mit 6 860 € bezahlt.
Wie viel € entfallen davon auf die Privatwohnung des Inhabers und auf den Betrieb, wenn der Betrag im Verhältnis 2 : 5 zu verteilen ist?

Privatwohnung ______ €

Betrieb ______ €

4| Bei einem Schulfest wird ein Gewinn von 3 500 € erzielt. Der Gewinn wird an die Klassen und den Förderverein im Verhältnis 4 : 3 aufgeteilt.
Wie viel € erhält der Förderverein?

______ €

5| Die Kosten eines Verfahrens belaufen sich auf 900 €. Sie werden auf den Beklagten und den Kläger im Verhältnis 2 : 1 aufgeteilt.
Wie viel € muss der Beklagte zahlen?

______ €

6| Die Auszubildenden Janina, Felix und Svenja teilen sich eine Prämie von 282 € im Verhältnis 1 : 2 : 3 auf.
Wie viel € erhält Felix?

______ €

Lösungen

1–6| 94, 600, 1 500, 1 960, 4 900, 4 960, 6 200, 7 440, 10 320, 20 640, 61 920

Währungsrechnen

Der **Wechselkurs** gibt den Wert eines Euro in der jeweiligen ausländischen Währungseinheit an.
Bei **Bargeld** in ausländischer Währung spricht man von **Sorten**.

Land	Währung	Sortenkurse für 1 €	
		Ankauf	Verkauf
Großbritannien	Pfund (GBP)	0,664	0,709
Schweiz	Franken (CHF)	1,530	1,598
USA	Dollar (USD)	1,221	1,306

Wie viel € muss Tim hierfür tauschen? (1 € ≙ 1,530 CHF)

Umtausch von Euro in ausländische Währung
Kauft man bei einer Bank ausländische Währungen, gilt der **Ankaufskurs**.

Beispiele:

Wie viel CHF erhält Rebecca für 200 €?

	Euro	Franken	
	1 €	1,530 CHF	
· 200	200 €	306 CHF	· 200

Rebecca erhält 306 CHF.

Wie viel € muss Tim für 700 CHF zahlen?

	Franken	Euro	
	1,530 CHF	1 €	
: 1,530	1 CHF	0,6536 €	: 1,530
· 700	700 CHF	457,52 €	· 700

Tim muss 457,52 € zahlen.

Um Rundungsfehler zu vermeiden, kann man in einem Schritt rechnen: $1\,€ \cdot \frac{700}{1{,}530} \approx 457{,}52\,€$

Umtausch von ausländischer Währung in Euro
Verkauft man an eine Bank ausländische Währungen, gilt der **Verkaufskurs**.

Beispiele:

Wie viel € erhält Elvira für 160 USD?

	Dollar	Euro	
	1,306 USD	1 €	
: 1,306	1 USD	0,7657 €	: 1,306
· 160	700 USD	122,51 €	· 160

Elvira erhält 122,51 €.

Wie viel GBP muss Colin für 50 € zahlen?

	Euro	Pfund	
	1 €	0,709 GBP	
· 50	50 €	35,45 GBP	· 50

Colin muss 35,45 GBP zahlen.

1| Jessica tauscht Euro in ausländische Währungen. Ergänzen Sie die Tabelle. Runden Sie sinnvoll.

100 €	220 €	300 €	50 €	☐ €	☐ €
153 CHF	☐ CHF	☐ USD	☐ GBP	150 CHF	500 USD

2| Louis tauscht ausländische Währungen in Euro. Ergänzen Sie die Tabelle. Runden Sie sinnvoll.

130,60 USD	400 USD	120 GBP	100 CHF	☐ GBP	☐ USD
100 €	☐ €	☐ €	☐ €	500 €	300 €

Lösungen

1–2| 33,20; 62,58; 98,04; 169,25; 306,28; 336,60; 354,50; 366,30; 391,80; 409,50

Währungsrechnen

Land	Währung	Sortenkurse für 1 €	
		Ankauf	Verkauf
Dänemark	Krone (DKK)	7,110	7,810
Großbritannien	Pfund (GBP)	0,664	0,709
Japan	Yen (JPY)	140,00	150,00
Kanada	Dollar (CAD)	1,333	1,488
Schweiz	Franken (CHF)	1,530	1,598
Türkei	Lira (TRY)	1,530	1,650
USA	Dollar (USD)	1,221	1,306

Hinweis
Verwenden Sie zum Lösen der Aufgaben die nebenstehende Tabelle.
Runden Sie die Endergebnisse auf zwei Stellen nach dem Komma.

1| Nadja tauscht für ihren nächsten Türkeiurlaub 250 Euro in Türkische Lira um.
Wie viel Lira erhält sie bei der Bank?

_____ TRY

2| Camillo findet in seiner Brieftasche noch eine 20-GBP-Note, die von seiner Reise nach London übrig ist.
Wie viel Euro erhält er dafür von der Bank?

_____ €

3| Ein Amerikaner tauscht in Deutschland 2 000 USD bei der Bank in Euro.
Wie viel Euro bekommt er dafür?

_____ €

4|

a Alina kommt von ihrem Türkeiurlaub zurück. Sie hat noch 150 Türkische Lira übrig.
Wie viel Euro erhält sie dafür von der Bank?

_____ €

b Alinas Freundin Viola hat noch 75 Türkische Lira und tauscht sie in Euro.
Wie viel Euro erhält Viola?

_____ €

5| Wie viel Schweizer Franken zahlt eine Bank in Berlin für einen 100-€-Schein aus?

_____ CHF

6| Ein Kaufmann aus Rostock benötigt für eine Reise nach Kopenhagen ein Hin- und Rückfahrtticket für die Fähre nach Gedser.
Wie viel Euro muss der Kaufmann bei seiner Bank in Rostock tauschen, um 1 140 Dänische Kronen zu erhalten?

_____ €

7| Für eine Geschäftsreise nach Japan benötigt der Leiter einer Einkaufsabteilung 170 000 Yen.

a Wie viel Euro tauscht er in Yen?

_____ €

b Nach seiner Rückkehr aus Japan möchte der Einkaufsleiter 25 000 Yen wieder in Euro umtauschen.
Wie viel Euro werden ihm von der Bank ausbezahlt?

_____ €

8| Ein kanadischer Tourist kauft in einem Geschäft in Deutschland einen Herrenanzug für 198 €. Er bezahlt mit Kanadischen Dollar in bar.
Wie viel Kanadische Dollar sollte der Verkäufer verlangen?

_____ CAD

Lösungen

1–8| 28,21; 45,45; 90,91; 153; 160,34; 166,67; 294,62; 382,50; 1 214,29; 1 531,39

Währungsrechnen bei bargeldlosen Zahlungen

Bei **bargeldlosen Zahlungen** (z. B. Überweisungen, Kreditkartenzahlungen, Schecks) gelten die **Devisenkurse.**

Land	Währung	Devisenkurse für 1 €	
		Geld	Brief
Großbritannien	Pfund (GBP)	0,6856	0,6896
Japan	Yen (JPY)	142,9300	143,4100
Schweiz	Franken (CHF)	1,5601	1,5641
USA	Dollar (USD)	1,2599	1,2655

Kauf aus dem Ausland
Zahlt man Geld für eine Rechnung in ausländischer Währung, gilt der **Geldkurs**.

Beispiel:
Florian bestellt im Internet fünf CDs aus den USA. Er erhält eine Rechnung über 80,72 USD. Mit wie viel Euro wird Florians Bankkonto belastet, wenn er den Rechnungsbetrag überweist?

	Dollar	Euro	
	1,2599 USD	1 €	
: 1,2599	1 USD	0,7937 €	: 1,2599
· 80,72	80,72 USD	64,07 €	· 80,72

Das Bankkonto wird mit 64,07 € belastet.

Verkauf ins Ausland
Erhält man Geld aus einer Rechnung in ausländischer Währung, gilt der **Briefkurs**.

Beispiel:
Ein Großhändler verkauft einen Posten Nägel und Schrauben für 3 300 USD in die USA. Der Gegenwert in Euro wird auf dem Bankkonto des Großhändlers gutgeschrieben. Wie viel Euro sind dies?

	Dollar	Euro	
	1,2655 USD	1 €	
: 1,2655	1 USD	0,7902 €	: 1,2655
· 3 300	3 300 USD	2 607,66 €	· 3 300

Es werden 2 607,66 € gutgeschrieben.

Ein Unternehmen kauft Waren aus dem Ausland. Ergänzen Sie die Tabelle.

1|

Rechnungsbetrag	2 600 USD	12 500 GBP	689 CHF	100 000 JPY
vom Konto abgebuchter Betrag	€	€	€	€

2|

Rechnungsbetrag	6 854,50 USD	980,80 GBP	118,73 CHF	26 377,62 JPY
vom Konto abgebuchter Betrag	€	€	€	€

Ein Unternehmen verkauft Waren ins Ausland. Ergänzen Sie die Tabelle.

3|

Rechnungsbetrag	500 USD	120 GBP	4 000 CHF	62 000 JPY
auf dem Konto gutgeschriebener Betrag	€	€	€	€

4|

Rechnungsbetrag	1 096,30 USD	376,40 GBP	5 160,71 CHF	64 731,49 JPY
auf dem Konto gutgeschriebener Betrag	€	€	€	€

Lösungen
1–2| 76,10; 184,55; 441,64; 699,64; 1 430,57; 2 063,66; 5 440,51; 18 232,21
3–4| 174,01; 395,10; 432,33; 451,37; 545,82; 866,30; 2 557,38; 3 299,48

Währungsrechnen bei bargeldlosen Zahlungen

Devisenkurse für 1 €		Land	Währung	Sortenkurse für 1 €	
Geld	Brief			Ankauf	Verkauf
0,6856	0,6896	Großbritannien	Pfund (GBP)	0,664	0,709
142,9300	143,4100	Japan	Yen (JPY)	140,00	150,00
1,3895	1,4015	Kanada	Dollar (CAD)	1,333	1,488
7,7530	7,8010	Norwegen	Krone (NOK)	7,350	8,300
9,2785	9,3265	Schweden	Krone (SEK)	8,870	9,870
1,5601	1,5641	Schweiz	Franken (CHF)	1,530	1,598
1,2599	1,2655	USA	Dollar (USD)	1,221	1,306

Hinweis
Überlegen Sie bei den Aufgaben, ob die Zahlungen bar oder bargeldlos erfolgen.
Wählen Sie dann in der Tabelle die richtige Spalte.

1| Ein Jeans Megastore kauft Hosen aus den USA. Der Rechnungsbetrag lautet 11 270 USD.
Berechnen Sie den Überweisungsbetrag in Euro.

€

2| Ein Unternehmen kauft Verpackungsmaterial in Norwegen für 48 000 NOK. Die Bezahlung erfolgt per Überweisung.
Mit wie viel Euro wird das Konto des Unternehmens belastet?

€

3| Der Großhändler „Music & more" erhält für den Bezug von Unterhaltungsmedien mehrere Rechnungen. Für den Ausgleich der Rechnungen in der jeweiligen Auslandswährung werden verschiedene Devisen benötigt und an die Lieferanten überwiesen.
Berechnen Sie den Preis in Euro für den Kauf der Devisen je Rechnung.

a 8 900 GBP €

b 12 185 CAD €

c 28 450 USD €

4| Die Maschinenfabrik GmbH verkauft Fertigungsanlagen nach England, Japan und Schweden. Die Rechnungen werden per Überweisung in der jeweiligen Auslandswährung beglichen. Der Gegenwert in Euro wird auf dem Konto der Maschinenfabrik GmbH gutgeschrieben.
Berechnen Sie die Gutschriften in Euro.

a 177 300 GBP €

b 4 637 000 JPY €

c 283 650 SEK €

5| Die Warenhaus AG bezieht Uhren aus der Schweiz im Wert von 21 030 CHF.
Wie viel Euro werden dafür von dem Bankkonto der Warenhaus AG abgebucht?

€

6| Ein Großhändler verkauft Waren in die USA. Er erhält dafür 80 000 USD. Der Gegenwert in Euro wird auf seinem Konto gutgeschrieben.

a Wie viel Euro sind dies?

€

b Für eine Geschäftsreise nach London benötigt der Großhändler 4 000 GBP in bar.
Wie viel Euro muss er für den Barbezug von 4 000 GBP zahlen?

€

Lösungen
1–6| 6 024,10; 6 191,15; 8 769,34; 8 945,15; 12 981,33; 13 479,91; 22 581,16; 30 413,34; 32 333,87; 63 216,12; 257 105,57

Check-out

Testen Sie sich selbst: Kreuzen Sie den Buchstaben neben dem richtigen Ergebnis an.

1| Welchen Wert hat die Zeit für die Anzahl 6?
Lesen Sie im Koordinatensystem ab.

A 6 h   C 3 h
B 10 h   D 5 h

2| Bei welcher Anzahl beträgt die Zeit 5 h?
Lesen Sie im Koordinatensystem ab.

A 10   C 13
B 14   D 12

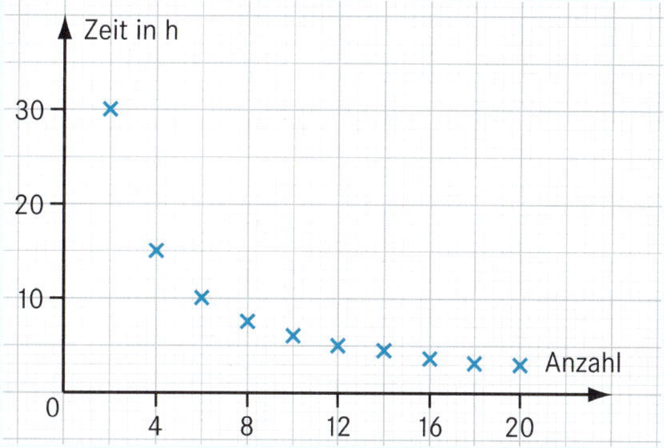

3| Die Zuordnung ist proportional.

Anzahl	1	2	6	12
Fläche	1,5 m^2	3 m^2	?	18 m^2

Welche Fläche gehört zur Anzahl 6?

A 9 m^2 C 1 m^2
B 10,5 m^2 D 10 m^2

4| Die Zuordnung ist umgekehrt proportional.

Anzahl der Roboter	1	3	6
Dauer der Arbeit	4,5 h	?	0,75 h

Welche Zeitdauer gehört zur Anzahl 3?

A 13,5 h   C 1,5 h
B 2 h   D 4,875 h

5| 2 Dosen Farbe reichen für 25 m^2 Fläche.
Für wie viel m^2 reichen 5 Dosen?

A 52,5 m^2 C 62,5 m^2
B 10 m^2 D 100 m^2

6| 9 Farbstifte kosten 13,50 €.
Wie viele Farbstifte erhält man für 9 €?

A 7   C 5
B 6   D 2

7| 5 Maurer benötigen zum Bau einer Mauer 3 Tage.
Wie viele Tage brauchen 3 Maurer für diese Arbeit?

A 16,7 Tage   C 6 Tage
B 15 Tage   D 5 Tage

8| Werden täglich 16 Reifen verbraucht, reicht der Lagerbestand 30 Tage.
Wie viele Tage reicht der Bestand, wenn pro Tag 12 Reifen verbraucht werden?

A 22,5 Tage   C 44,4 Tage
B 40 Tage   D 34 Tage

9| Für eine Fruchtsaftschorle werden 2 Liter Mangosaft zu 3,60 € je Liter und 3 Liter Mineralwasser zu 0,80 € je Liter gemischt.
Wie viel € kostet 1 Liter der Mischung?

A 9,60 €   C 2,20 €
B 2,88 €   D 1,92 €

10| Ein Gewinn beträgt 589,14 €. Er wird an Cassandra und Selma im Verhältnis 2 : 7 aufgeteilt.
Wie viel € erhält Cassandra?

A 130,92 €   C 458,22 €
B 168,33 €   D 420,81 €

Kontrollieren Sie Ihre Lösungen. Nutzen Sie dazu Seite 199.

- Haben Sie richtig gelöst, machen Sie in der Tabelle ein Kreuz.
- Haben Sie falsch gelöst, finden Sie Hilfen und weitere Übungen auf den angegebenen → Seiten.

1	2	3	4	5	6	7	8	9	10
→ S. 95/96		→ S. 97	→ S. 102	→ S. 99–101		→ S. 103–105		→ S. 107/108	→ S. 109/110

Anwendungsaufgaben

(Lösungen Seite 203)

1| In einem großen Warenhaus wird die EDV-Anlage gewartet. 2 Techniker benötigen dafür 10 Tage.
Wie viele Techniker sind nötig, wenn die Arbeit in 5 Tagen ausgeführt werden soll?

2| Der Preis für ein 300-Gramm-Stück Räucherschinken beträgt 5,94 €.
Mit welchem Preis für ein Kilogramm muss die Ware ausgezeichnet werden?

€

3| Im Rahmen einer Werbeaktion bietet ein Einzelhandelsunternehmen für die Verteilung von 1 200 Flyern eine Vergütung von 15 € an.
Wie viele Flyer muss ein Auszubildender verteilen, wenn er 100 € verdienen will?

4|

SPRITUSOL
Ihre Tankstelle

STAT.NR. 0000100745 BERLINER RING 38A
746 13/17.02 15.47 Bed. 02 Kasse 01

00004	Super	75,58 €
Zp. 04	50,76 Liter	1,489 €/Liter
Gesamtbetrag		75,58 €
enthält 19 % MwSt.		12,07 €

GUTE FAHRT UND AUF WIEDERSEHEN

Wie viel € kosten 55,30 Liter Super bei der gleichen Tankstelle? Runden Sie sinnvoll.

€

5| Ein Großhändler verkaufte 12 Bohrmaschinen der Marke „speed" zu insgesamt 675 € an einen Kunden. Eine Woche später wünscht der Kunde weitere 5 Bohrmaschinen zum gleichen Stückpreis.
Wie viel € beträgt der Verkaufspreis für die 5 Bohrmaschinen?

€

6| Eine 6 m breite Werbefläche soll mit einer Kunststofffolie beklebt werden. Wählt man eine Rolle mit 2 m Breite, braucht man 22,5 m.
Wie viel Meter braucht man bei einer Rolle, die nur 1,5 m breit ist?

m

7|

Familie Sievers zahlt für ihren 12-tägigen Hotelaufenthalt 840 €. Da es der Familie sehr gut gefällt, bleibt sie noch 5 Tage länger.

a Wie viel € muss die Familie für die zusätzlichen Tage zahlen?

€

b Wie teuer ist der gesamte Aufenthalt?

€

8| Jill plant eine Urlaubsreise. Ihr Geld reicht für 12 Tage, wenn sie jeden Tag 50 € ausgibt. Für wie viele Tage reicht ihr Geld, wenn sie mit nur 40 € Ausgaben pro Tag rechnet?

Tage

9| Ein Läufer absolviert einen 5 000-m-Lauf mit gleich bleibender Geschwindigkeit. Seine Zwischenzeit bei 3 000 m beträgt 15 min.
Wie viele Minuten benötigt er für die gesamte Strecke?

min

10| Die Scheibenwischanlage eines Autos soll vor Frost geschützt werden. Dazu werden 4 ℓ Wasser und 1 ℓ Frostschutzmittel gemischt.
Wie viel Liter Frostschutzmittel müssen zu 6 ℓ Wasser gegeben werden, um das gleiche Mischungsverhältnis zu erreichen?

ℓ

11| Für die Inventurarbeiten benötigten im letzten Jahr 12 Mitarbeiter 5 Tage.
Mit wie vielen Tagen muss man für die Inventur in diesem Jahr planen, wenn zusätzlich 3 Aushilfskräfte zur Verfügung stehen?

[ ] Tage

12| Zum Aufbau von 4 Regalen benötigt ein Auszubildender 48 Schrauben und 96 Unterlegscheiben.
Wie viele Schrauben und Unterlegscheiben benötigt er für 7 Regale?

Schrauben [ ]

Unterlegscheiben [ ]

13| Eine Flasche Mineralwasser kostet 55 Cent.
Wie viel € kostet ein Kasten mit 12 Flaschen, wenn zusätzlich 3,30 € Pfand gezahlt werden müssen?

[ ] €

14|

Bei einer 7-tägigen Expedition durch die Wüste reichen die Vorräte an Essen und Trinken genau für 5 Personen.
Wie viele Personen können höchstens an der Expedition teilnehmen, wenn die Vorräte für 10 Tage reichen sollen?

[ ]

15| Verena möchte sich einen Laptop kaufen. Sie hat sich ausgerechnet, dass sie 10 Monate lang jeweils 60 € sparen muss.
Um wie viel € erhöht sich der monatliche Sparbetrag, wenn sie den Laptop bereits 2 Monate früher kaufen möchte?

[ ] €

16| Zur Verschönerung der Fassade eines Warenhauses benötigen 4 Arbeiter 25 Tage.
Wie viele Arbeiter müssen zusätzlich eingestellt werden, wenn die Fassade 5 Tage früher fertig sein soll?

[ ]

17| Für eine Teemischung werden 3 kg Kräutertee und 1 kg Früchtetee gemischt.
Wie viel kg Früchtetee müssen zu 4 kg Kräutertee gegeben werden, um das gleiche Mischungsverhältnis zu erreichen? Runden Sie auf 2 Stellen nach dem Komma.

[ ] kg

18| In 20,8 kg einer Mischfarbe sind schwarze Farbe und weiße Farbe im Verhältnis 5 : 8 gemischt.
Wie viel kg weiße Farbe sind darin enthalten?

[ ] kg

19| Ayla und Max gewinnen bei einem Wettbewerb 333 €. Für die Teilnahme hat Ayla 10 € und Max 20 € ausgegeben. Der Gewinn soll entsprechend aufgeteilt werden.
Wie viel € erhält Ayla?

[ ] €

20| Der Gewinn eines Großhandelsunternehmens in Höhe von 278 500 € wird auf die drei Gesellschafter Amberger, Breitling und Döser im Verhältnis 6 : 3 : 2 verteilt.
Welchen Betrag erhält jeder der drei Gesellschafter? Runden Sie sinnvoll.

Amberger [ ] €

Breitling [ ] €

Döser [ ] €

21| Für eine Pralinenmischung verwendet Jessica 70 kg Nougatpralinen zu 16,50 € je kg, 76 kg Marzipanpralinen zu 1,20 € je 100 g und 54 kg Nusspralinen zu 2,70 € je 200 g.
Wie viel € kostet 1 kg der Mischung?

[ ] €

Abschlusstest

Kontrollieren Sie Ihre Lösungen auf der Seite 207.

1| Ein Laminatboden kostet 12 € pro m².

a Ergänzen Sie für die Zuordnung *Fläche → Preis* die Tabelle.

Fläche	0,5 m²	1 m²	2 m²	2,5 m²	3 m²
Preis	€	12 €	€	€	€

b Tragen Sie die Wertepaare in das Koordinatensystem ein.

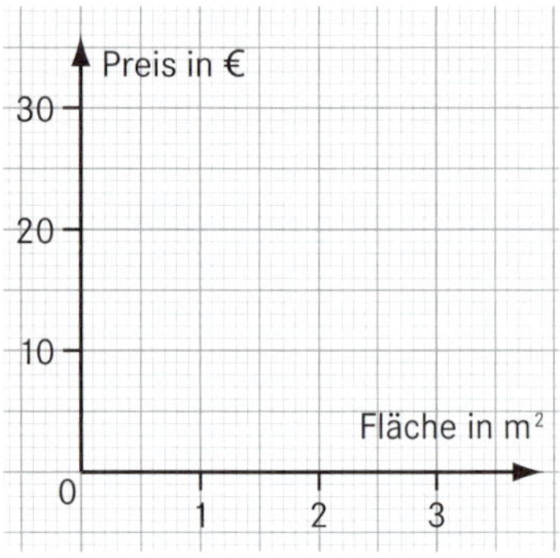

2| Ein Schlauch wird in gleich lange Teile zerschnitten.
Wird er in 4 Teile geteilt, ist jedes Teilstück 2,5 m lang.
Ergänzen Sie für die Zuordnung *Anzahl der Teile → Länge eines Teils* die Tabelle.

Anzahl der Teile	1	2	4	5	10	20
Länge eines Teils	m	m	2,5 m	m	m	m

3| 1,8 kg Vorstreichfarbe kosten 6,03 €.

a Wie hoch ist der Preis pro kg?

€

b Wie viel € kosten 5 kg Farbe?

€

4| Eine Aushilfskraft erhält für 16 Stunden Arbeit 144 €.
Wie viel € erhält sie für 22 Stunden?

€

5| In einem Feinkostladen reicht der Vorrat an Olivenöl bei einem täglichen Verkauf von 44 Litern 90 Tage.
Wie viele Tage hält der Vorrat, wenn der Tagesabsatz auf 60 Liter steigt?

Tage

6| In ein Regal passen 24 Packungen eines Artikels mit einer Breite von 10 cm nebeneinander.
Wie viele Packungen mit einer Breite von 18 cm können in diesem Regal höchstens nebeneinander stehen?

7| 56 Liter Apfelschorle sollen in 0,7-ℓ-Flaschen abgefüllt werden.
Wie viele Flaschen können gefüllt werden?

8| 3 Auszubildende benötigen für das Auspacken einer Lieferung 6 Stunden.
Wie viele Stunden könnten eingespart werden, wenn 2 zusätzliche Auszubildende eingesetzt werden?

h

9| Für einen Obstsalat werden Pfirsiche und Ananas im Verhältnis 2 : 3 gemischt.
Wie viel kg Pfirsiche und wie viel kg Ananas werden für 16 kg Obstsalat benötigt?

Pfirsiche kg Ananas kg

10| Eine Großhandlung feiert ihr 15-jähriges Jubiläum.
Das Personal besteht aus drei Mitarbeiterinnen. Frau Brei ist von Beginn an dabei, Heidi seit 7 Jahren und Tanja seit 3 Jahren.
Eine Gesamtprämie von 1 500 € wird auf die drei Mitarbeiterinnen nach der Dauer der Betriebszugehörigkeit aufgeteilt.
Welche Prämie erhält Heidi?

€

Prozent- und Zinsrechnung

Check-in

Testen Sie sich selbst: Kreuzen Sie den Buchstaben neben dem richtigen Ergebnis an.

1| Geben Sie $\frac{1}{4}$ in Prozent an.

A 25 % C 40 %
B 4 % D 0,25 %

2| Geben Sie $\frac{9}{15}$ in Prozent an.

A 55 % C 60 %
B 0,6 % D 5,5 %

3| Geben Sie 0,2 in Prozent an.

A 5 % C 20 %
B 2 % D 2,5 %

4| Schreiben Sie 12,5 % als Dezimalbruch.

A 8 C 1,25
B 0,8 D 0,125

5| Wie viel Meter sind 20 % von 75 m?

A 20 m C 40 m
B 17,5 m D 15 m

6| Wie viel sind 80 % von 38 kg?

A 3,04 kg C 30,4 kg
B 30 % D 30 kg

7| Wie viel Prozent sind 5 € von 20 €?

A 25 % C 40 %
B 10 % D 50 %

8| Wie viel Prozent sind 60,5 m^2 von 110 m^2?

A 49,5 % C 66,55 %
B 55 % D 50,5 %

9| 20 % einer Reisegruppe kommen aus Deutschland. Das sind 25 Personen. Wie viele Personen hat die Reisegruppe?

A 5 Personen C 80 Personen
B 45 Personen D 125 Personen

10| Ein Abschnitt einer Laufstrecke ist 2 km lang. Dies entspricht 5 % der gesamten Strecke. Wie lang ist die gesamte Laufstrecke?

A 250 km C 0,1 km
B 40 km D 10 km

11| Eine Jeans kostet 25 €. Der Preis wird um 12 % gesenkt. Wie hoch ist der neue Preis?

A 22,00 € C 22,32 €
B 20,20 € D 28,00 €

12| Der Preis einer Jacke wird um 22 % erhöht. Der neue Preis beträgt 54,90 €. Wie hoch war der alte Preis?

A 42,82 € C 45,00 €
B 12,08 € D 32,90 €

13| Ein Kapital von 1 600 € wird mit einem Zinssatz von 2,2 % pro Jahr verzinst. Wie hoch sind die Jahreszinsen?

A 22 € C 38,20 €
B 352 € D 35,20 €

14| Max überzieht sein Konto 10 Tage um 250 €. Wie viel € Zinsen muss er zahlen, wenn die Bank 12 % Zinsen dafür verlangt?

A 30 € C 8,30 €
B 0,83 € D 12 €

Kontrollieren Sie Ihre Lösungen. Nutzen Sie dazu Seite 199.

- Haben Sie richtig gelöst, machen Sie in der Tabelle ein Kreuz.
- Haben Sie falsch gelöst, finden Sie Hilfen und weitere Übungen auf den angegebenen → Seiten.

1	2	3	4	5	6	7	8	9	10	11	12	13	14
→ S. 121/122				→ S. 124–126		→ S. 127–129		→ S. 130/131		→ S. 135–138		→ S. 139–144	

Anteile und Prozente

Anteile an einem Ganzen werden als Brüche oder in Prozent angegeben. **Prozente (%)** sind Brüche mit dem Nenner 100.

$$\mathbf{1\,\% = \frac{1}{100} = 0{,}01}$$

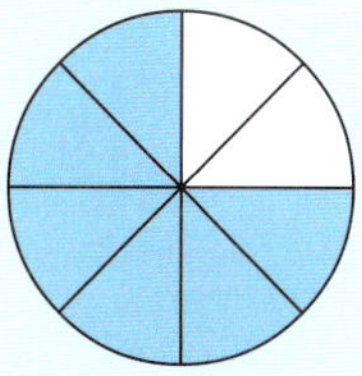

$\frac{6}{8}$ der Gesamtfläche sind blau.

Wie viel Prozent sind das?

1. Möglichkeit
Bruch kürzen und erweitern auf den Nenner 100

$\frac{6}{8} = \frac{3}{4} = \frac{75}{100} = 75\,\%$ (75 Prozent)

2. Möglichkeit
Zähler durch den Nenner dividieren und die Hundertstel 2 Stellen nach dem Komma ablesen

$\frac{6}{8} = 6 : 8 = 0{,}75 = 75\,\%$

75 % der Gesamtfläche sind blau.

Zum Merken

$\frac{1}{1} = 100\,\% = 1$

$\frac{1}{10} = 10\,\% = 0{,}1$

$\frac{1}{5} = 20\,\% = 0{,}2$

$\frac{1}{2} = 50\,\% = 0{,}5$

$\frac{1}{20} = 5\,\% = 0{,}05$

$\frac{1}{4} = 25\,\% = 0{,}25$

$\frac{3}{4} = 75\,\% = 0{,}75$

$\frac{1}{8} = 12{,}5\,\% = 0{,}125$

$\frac{1}{3} = 33\frac{1}{3}\,\% \approx 0{,}333$

$\frac{2}{3} = 66\frac{2}{3}\,\% \approx 0{,}667$

Geben Sie die Brüche in Prozent an.

1| $\frac{40}{100}$ = 40 %	4| $\frac{100}{100}$ = ___ %	7| $\frac{11}{20}$ = ___ %	10| $\frac{10}{40}$ = ___ %
2| $\frac{81}{100}$ = ___ %	5| $\frac{7}{50}$ = ___ %	8| $\frac{160}{200}$ = ___ %	11| $\frac{3}{8}$ = ___ %
3| $\frac{9}{100}$ = ___ %	6| $\frac{4}{5}$ = ___ %	9| $\frac{3}{300}$ = ___ %	12| $\frac{21}{35}$ = ___ %

Geben Sie die Dezimalbrüche in Prozent an.

13| 0,12 = 12 %	16| 0,44 = ___ %	19| 0,2 = ___ %	22| 0,875 = ___ %
14| 0,78 = ___ %	17| 0,06 = ___ %	20| 0,5 = ___ %	23| 0,076 = ___ %
15| 0,93 = ___ %	18| 0,09 = ___ %	21| 0,105 = ___ %	24| 0,005 = ___ %

Schreiben Sie als Dezimalbrüche.

25| 50 % = 0,5	28| 70 % = ___	31| 9 % = ___	34| 0,2 % = ___
26| 47 % = ___	29| 10 % = ___	32| 23,2 % = ___	35| 0,01 % = ___
27| 99 % = ___	30| 5 % = ___	33| 6,5 % = ___	36| $2\frac{1}{2}$ % = ___

Lösungen
1–12| 1; 9; 14; 25; 37,5; 55; 60; 80; 80; 81; 100
13–24| 0,5; 6; 7,6; 9; 10,5; 20; 44; 50; 78; 87,5; 93
25–36| 0,0001; 0,002; 0,025; 0,05; 0,065; 0,09; 0,1; 0,232; 0,47; 0,7; 0,99

Anteile und Prozente

1| Schreiben Sie die Werte wie im Beispiel als Dezimalbruch, gekürzten Bruch und in Prozent.

Dezimalbruch	0,25	0,13	0,8				
gekürzter Bruch	$\frac{1}{4}$			$\frac{87}{100}$	$\frac{3}{10}$		
Prozent	25 %	☐ %	☐ %	☐ %	☐ %	19 %	2 %

Geben Sie jeweils den blau gefärbten Anteil als Bruch und in Prozent an.

2| 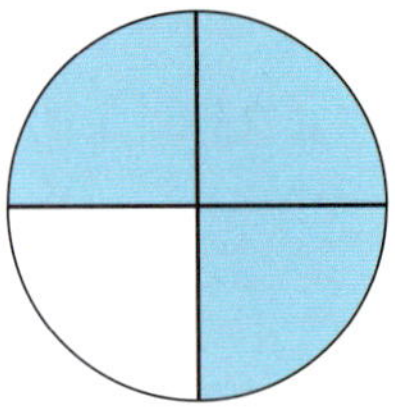

☐ = ☐ %

3| 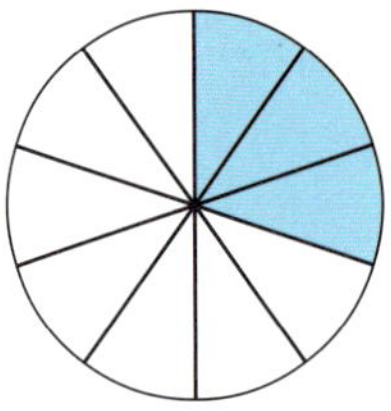

☐ = ☐ %

4| 

☐ = ☐ %

5| 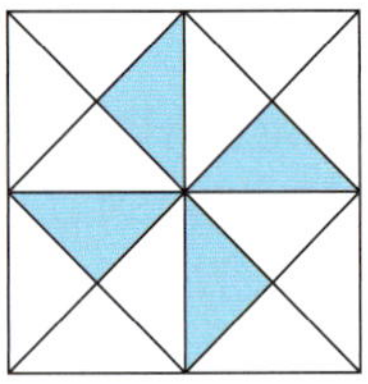

☐ = ☐ %

Geben Sie jeweils den blau gefärbten Anteil in Prozent an.

6| 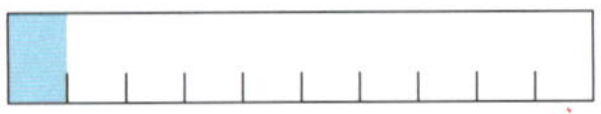 ☐ %

7|  ☐ %

8|  ☐ %

9|  ☐ %

10|  ☐ %

11|  ☐ %

Geben Sie jeweils die Anteile der Farben als Bruch und in Prozent an.

12| 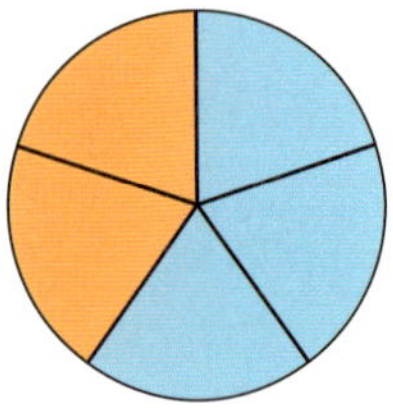

Blau ☐ = ☐ %

Orange ☐ = ☐ %

14| 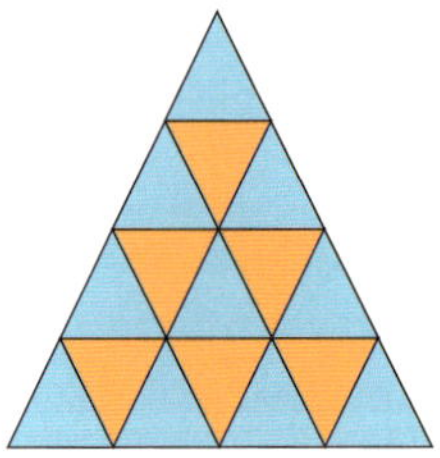

Blau ☐ = ☐ %

Orange ☐ = ☐ %

13| 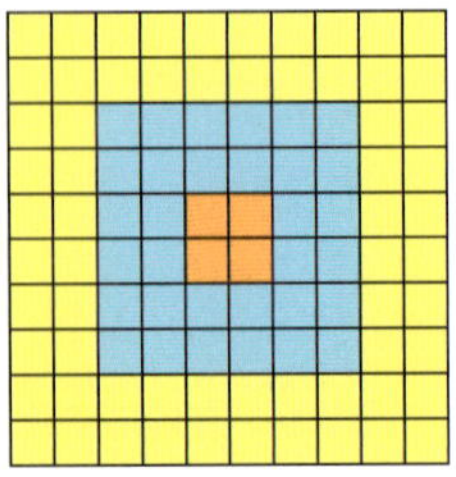

Blau ☐ = ☐ %

Orange ☐ = ☐ %

Gelb ☐ = ☐ %

15| 

Blau ☐ = ☐ %

Orange ☐ = ☐ %

Gelb ☐ = ☐ %

Lösungen

1| 0,02; $\frac{1}{50}$; $\frac{13}{100}$; 0,19; $\frac{19}{100}$; 0,3; $\frac{4}{5}$; 0,87; 13; 30; 80; 87 2–5| $\frac{4}{16}$; $\frac{3}{10}$; $\frac{2}{4}$; $\frac{3}{4}$; 25; 30; 50; 75 6–11| 10; 20; 40; 50; 70; 85 12–15| $\frac{4}{100}$; $\frac{6}{24}$; $\frac{6}{24}$; $\frac{32}{100}$; $\frac{6}{16}$; $\frac{2}{5}$; $\frac{12}{24}$; $\frac{3}{5}$; $\frac{10}{16}$; $\frac{64}{100}$; 4; 25; 25; 32; 37,5; 40; 50; 60; 62,5; 64

Grundbegriffe der Prozentrechnung

In der Prozentrechnung unterscheidet man zwischen **Grundwert *G***, **Prozentwert *P*** und **Prozentsatz *p***.

1 000 mℓ Milch mit einem Fettanteil von 3,5 % enthalten 35 mℓ Fett.

Der **Grundwert *G*** ist das Ganze. Er entspricht 100 %.

Grundwert *G* = 1 000 mℓ

Der **Prozentwert *P*** stellt einen Anteil vom Grundwert dar.

Prozentwert *P* = 35 mℓ

Der **Prozentsatz *p*** gibt den Anteil des Prozentwertes vom Grundwert in Prozent an.

Prozentsatz *p* = 3,5 %

Geben Sie jeweils den Grundwert, den Prozentwert und den Prozentsatz an.

1| Frau Luther hat ein Einkommen von 1 250 € im Monat. Davon muss sie 300 € Miete zahlen. Das sind 24 %.

Grundwert 1250

Prozentwert 300

Prozentsatz 24

2| Von den Gummibärchen sind 30 % rot.

Grundwert 100

Prozentwert 70

Prozentsatz 30

3| 16 % von 75 kontrollierten Fahrzeugen weisen Mängel auf. Das sind immerhin 12 Fahrzeuge.

Grundwert 12 ✗

Prozentwert 75 ✗

Prozentsatz 16 ✗

4| Im Zoo zahlen Erwachsene normalerweise 7,50 € Eintritt. Auszubildende zahlen 40 % weniger. Dadurch wird der Eintrittspreis 3 € günstiger.

Grundwert 7,5

Prozentwert 3

Prozentsatz 40 %

5| Eine Wohnung hat eine Größe von 70 m². Auf die Küche entfallen davon 16 %. Sie ist 11,2 m² groß.

Geben Sie den Prozentsatz an. 16

6| Familie Krause bekommt auf ihr neues Auto eine 8 %ige Ermäßigung. Auf dem Preisschild stand 21 995 €. Familie Krause spart somit 1 759,60 €.

Geben Sie den Prozentsatz an. 8

7| 80 kg und somit 6,5 % der gesamten Lieferung waren beschädigt.

Geben Sie den Prozentwert an. ~~80~~ 5,2 ?

8| Eine Spielgemeinschaft hat diese Anteile am Lottogewinn.

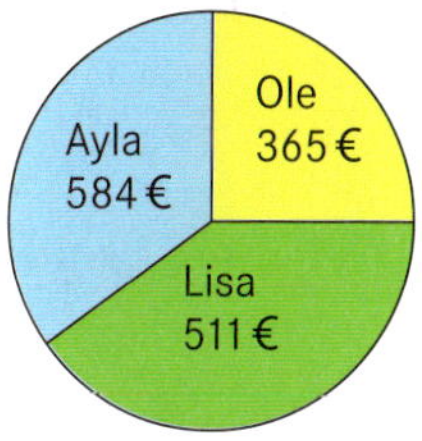

Geben Sie den Grundwert an. 1460

Lösungen
1–8| siehe Seite 203

Prozentwert berechnen

Vereinsmitglieder erhalten im Sportgeschäft alle Artikel 8 % billiger. Ein Trainingsanzug kostet 90 €. Wie viel € spart ein Vereinsmitglied?

Gegeben: Grundwert G = 90 €
Prozentsatz p = 8 % = 0,08

Gesucht: Prozentwert P

Rechnen mit dem Dreisatz:

	Prozent	Preis	
: 100	100 %	90 €	: 100
· 8	1 %	0,90 €	· 8
	8 %	7,20 €	

Rechnen mit der Formel:

$P = G \cdot p$

P = 90 € · 0,08 = 7,20 €

Beim Einsetzen in die Formel den Prozentsatz als Dezimalbruch schreiben: 8 % = 0,08.

Antwort: Ein Vereinsmitglied spart 7,20 €.

1| Berechnen Sie 15 % von 200 m.

	Prozent	Länge	
: 100	100 %	200 m	: 100
· 15	1 %	2 m	· 1
	15 %	2 m	

15 % von 200 m sind 2 m.

2| Berechnen Sie 77 % von 30 g.

	Prozent	Gewicht	
: 100	100 %	30 g	: 100
· 77	1 %	0,3 g	· 77
	77 %	23,1 g	

77 % von 30 g sind 23,1 g.

3| Berechnen Sie 20 % von 80.

	Prozent	Anzahl	
: 100	100	80	: 100
· 20	1	0,8	· 20
	20 %	16	

20 % von 80 sind 16.

4| Berechnen Sie 60 % von 13 min.

	Prozent	Zeit	
: 100	100	13	: 100
· 60	1	0,13	· 60
	60 %	7,8	

60 % von 13 min sind 7,8 min.

Berechnen Sie die Prozentwerte.

5| 50 % von 60 € = 30 €
6| 1 % von 400 € = 4 €
7| 10 % von 50 ct = 5 ct
8| 20 % von 35 = 7
9| 23 % von 200 = 46
10| 7 % von 80 m = 5,6 m
11| 70 % von 800 m = 560 m
12| 25 % von 8 cm = 2 cm
13| 75 % von 10 cm = 7,5 cm
14| 2 % von 18 km = 0,36 km
15| 1 % von 240 g = 2,4 g
16| 90 % von 4 kg = 3,6 kg
17| 50 % von 32 t = 16 t
18| 11 % von 3 s = 0,33 s
19| 3 % von 300 h = 9 h

Lösungen
1–4| (nur Ergebnisse) 7,8; 16; 23,1; 30
5–19| 0,33; 0,36; 2; 2,4; 3,6; 4; 5; 5,6; 7; 7,5; 9; 16; 30; 46; 560

Prozentwert berechnen

Berechnen Sie die Prozentwerte.

1| Der Grundwert beträgt 200 €.

Prozentsatz	1 %	2 %	10 %
Prozentwert	2 €	4 €	20 €

2| Der Grundwert beträgt 400 t.

Prozentsatz	25 %	50 %	75 %
Prozentwert	100 t	200 t	300 t

3| Der Grundwert beträgt 2 000 g.

Prozentsatz	1 %	15 %	60 %
Prozentwert	20 g	300 g	1200 g

4| Der Grundwert beträgt 500 m.

Prozentsatz	30 %	90 %	100 %
Prozentwert	150 m	450 m	500 m

5| Berechnen Sie jeweils 1 % und 40 % der Grundwerte (100 %).

100 %	40 €	80 g	800 m
1 %	€	g	m
40 %	€	g	m

6| Berechnen Sie jeweils 1 % und 24 % der Grundwerte (100 %).

100 %	100	280 cm	38 s
1 %	1	2,8 cm	0,38 s
24 %	24	67,2 cm	9,12 s

7| Berechnen Sie jeweils 1 % und 12,5 % der Grundwerte (100 %).

100 %	36 €	840 g	12 m
1 %	€	g	m
12,5 %	€	g	m

8| Berechnen Sie jeweils 10 % und 70 % der Grundwerte (100 %).

100 %	1000	50 cm	1 s
10 %		cm	s
70 %		cm	s

Berechnen Sie die Prozentwerte.

9| 7 % von 1 245 € = ____ €

10| 82 % von 744 = ____

11| 20 % von 3,9 t = ____ t

12| 45 % von 37 m^2 = ____ m^2

13| 75 % von 830 ℓ = ____ ℓ

14| 59 % von 60 s = ____ s

15| 66 % von 300 g = ____ g

16| 98 % von 98 cm^2 = ____ cm^2

17| 4,8 % von 1 254 m = ____ m

18| 15,7 % von 1,75 t = ____ t

19| 20,4 % von 360,5 m^3 = ____ m^3

20| 9,1 % von 480 mℓ = ____ mℓ

21| 0,5 % von 3 mm = ____ mm

22| 6 % von 16,7 km = ____ km

Lösungen

1–4| 2; 4; 20; 20; 100; 150; 200; 300; 300; 450; 500; 1 200 5–8| 0,1; 0,12; 0,36; 0,38; 0,40; 0,7; 0,8; 1; 1,5; 2,8; 4,50; 5; 8; 8,4; 9,12; 16; 24; 32; 35; 67,2; 100; 105; 320; 700 9–22| 0,015; 0,27475; 0,78; 1,002; 16,65; 35,4; 43,68; 60,192; 73,542; 87,15; 96,04; 198; 610,08; 622,5

Prozentwert berechnen

1| Berechnen Sie wie im Beispiel jeweils die 19 % Umsatzsteuer des Preises. Geben Sie dann den Preis mit Umsatzsteuer an. Runden Sie auf zwei Stellen nach dem Komma.

Preis (ohne USt)	100 €	18 €	9,60 €	5,95 €
19 % USt	19 €	~~21,42~~ 3,42 €	1,82 €	1,13 €
Preis mit USt	119 €	21,42 €	11,42 €	7,08 €

Info

Die **Umsatzsteuer (USt)** erhält der Staat. Sie wird auf Waren und Dienstleistungen aufgeschlagen.
Preise ohne USt bezeichnet man auch als Nettopreise, Preise mit USt als Bruttopreise.

2| Der Nettopreis einer Jeans beträgt 90 €. Hinzu kommen 19 % Umsatzsteuer. Berechnen Sie die Umsatzsteuer in Euro.

17,1 € 107,1

3| Ein Kühlschrank hat einen Nettopreis von 280 €. Zusätzlich müssen 19 % Umsatzsteuer gezahlt werden. Berechnen Sie die Umsatzsteuer in Euro.

53,20 €

4| An einer Berufsschule für den Einzelhandel legen 340 Schüler und Schülerinnen die Abschlussprüfung ab. Von ihnen bestehen 5 % die Prüfung nicht. Wie viele sind das?

17

5| Eine Berufsschulklasse für Bürokommunikation hat 25 Schülerinnen und Schüler. 96 % von ihnen haben eine Prüfung bestanden. Wie viele haben bestanden, wie viele nicht?

bestanden 48

nicht bestanden 2

6| Ein Mitarbeiter im Verkauf erhält zusätzlich zu seinem Grundgehalt eine Provision in Höhe von 2 % auf den Umsatz. Wie viel € Provision erhält er bei einem Umsatz von 30 000 €?

600 €

7|

Ein Unfallschaden an einem PKW wird repariert. Die Gesamtkosten betragen 1 785 €. 42 % davon sind Materialkosten. Wie viel € kostet das Material?

749,70 €

8| Frau Schlegel verdient monatlich 1 920 €. Sie erhält eine Lohnerhöhung um 4 %.

a Wie viel € beträgt die Lohnerhöhung?

76,80 €

b Wie hoch ist der neue Lohn?

1996,8 €

9| Der Bürokaufmann Clintgens erhielt bisher ein Gehalt von monatlich 1 856,40 €. Nach den Tarifverhandlungen gibt es eine Gehaltserhöhung von 3,5 %.

a Wie viel € mehr sind das? Runden Sie sinnvoll.

~~64,56~~ € 64,97

b Wie hoch ist das neue Gehalt?

1921,37 €

Lösungen

1| 1,13; 1,82; 3,42; 7,08; 11,42; 21,42

2–9| 1; 17; 17,10; 24; 53,20; 64,97; 76,80; 600; 749,70; 1 921,37; 1 996,80

Prozentsatz berechnen

Beim TÜV werden 40 Fahrzeuge untersucht. 12 der überprüften Fahrzeuge haben Mängel.
Wie viel Prozent sind das?

Gegeben: Grundwert $G = 40$
Prozentwert $P = 12$

Gesucht: Prozentsatz p

Rechnen mit dem Dreisatz:

	Anzahl	Prozent	
	40	100 %	
:40	1	2,5 %	:40
·12	12	30 %	·12

Rechnen mit der Formel:

$$p = \frac{P}{G}$$

$$p = \frac{12}{40} = 0{,}3 = 30\,\%$$

Man kann auch die gegebenen Werte in die Grundformel $P = G \cdot p$ einsetzen und diese nach p auflösen.

Antwort: 30 % der Fahrzeuge haben Mängel.

1| Wie viel Prozent sind 7 g von 20 g?

	Gewicht	Prozent	
	20 g	100 %	
: 20	1 g	5 %	: 20
· 7	7 g	35 %	· 7

7 g von 20 g sind 35 %.

2| Wie viel Prozent sind 74 m von 80 m?

	Länge	Prozent	
	80 m	100 %	
: 80	1 m	1,25 %	: 80
· 74	74 m	92,5 %	· 74

74 m von 80 m sind 56 %.

3| Wie viel Prozent sind 26 von 200?

	Anzahl	Prozent	
	200	100	
: 200	1	0,5	: 200
· 26	26	13	· 26

26 von 200 sind 13 %.

4| Wie viel Prozent sind 84 cm^2 von 150 cm^2?

	Fläche	Prozent	
	200	100	
: 200	1	1,14	: 84
· 84	84	178	· 150

84 cm^2 von 150 cm^2 sind 56 %.

Berechnen Sie die Prozentsätze.

5| 60 € von 100 € = 60 %
6| 4 € von 50 € = 8 %
7| 1 ct von 2 ct = 50 %
8| 89 von 100 = 89 %
9| 20 von 200 = 10 %
10| 6 m von 8 m = 75 %
11| 150 m von 300 m = 50 %
12| 15 cm von 30 cm = 50 %
13| 13 cm von 25 cm = 52 %
14| 12 km von 20 km = 60 %
15| 25 g von 125 g = 20 %
16| 0,1 kg von 4 kg = 2,5 %
17| 9,7 t von 100 t = 9,7 %
18| 49 s von 50 s = 98 %
19| 1 h von 200 h = 0,5 %

Lösungen
1–4| (nur Ergebnisse) 13; 35; 56; 92,5
5–19| 0,5; 2,5; 8; 9,7; 10; 20; 50; 50; 50; 52; 60; 60; 75; 89; 98

Prozentsatz berechnen

Berechnen Sie die Prozentsätze.

1| Der Grundwert beträgt 200 €.

Prozentwert	10 €	20 €	100 €
Prozentsatz	5 %	10 %	50 %

2| Der Grundwert beträgt 50 g.

Prozentwert	1 g	10 g	42 g
Prozentsatz	2 %	20 %	84 %

3| Der Grundwert beträgt 1 000 m.

Prozentwert	50 m	75 m	150 m
Prozentsatz	5 %	7,5 %	15 %

4| Der Grundwert beträgt 60 min.

Prozentwert	3 min	12 min	54 min
Prozentsatz	5 %	20 %	90 %

Berechnen Sie die Prozentsätze. Runden Sie gegebenenfalls auf eine Stelle nach dem Komma.

5| 74 € von 400 € = 18,5 %

6| 6 von 30 = 20 %

7| 17 cm von 221 cm ≈ 7,7 %

8| 50 m³ von 62,5 m³ = 80 %

9| 0,20 € von 1,25 € = 16 %

10| 1 kg von 66 kg ≈ 1,5 %

11| 3,9 min von 52 min = 7,5 %

12| 85,5 cm² von 250 cm² = 34,2 %

13| 342 mℓ von 356 mℓ ≈ 96,1 %

14| 8,46 km von 950 km ≈ 0,9 %

Geben Sie jeweils den Grundwert in der gleichen Einheit an wie den Prozentwert.
Berechnen Sie anschließend den Prozentsatz.

15|	600 g von 1 kg =	600 g von 1 000 g	Prozentsatz:	60 %
16|	352 g von 1 kg =	352 g von 1000 g	Prozentsatz:	35,2 %
17|	95 ct von 5 € =	95 ct von 500 ct	Prozentsatz:	19 %
18|	8,7 cm von 1 dm =	8,7 cm von 100 cm	Prozentsatz:	87 %
19|	72 cm von 4 m =	72 cm von 400 cm	Prozentsatz:	18 %
20|	792 m von 8 km =	792 m von 8000 m	Prozentsatz:	9,9 %
21|	39 min von 2 h =	39 min von 120 min	Prozentsatz:	32,5 %
22|	900 mℓ von 12 ℓ =	900 mℓ von 12000 mℓ	Prozentsatz:	7,5 %

Lösungen

1–4| 2; 5; 5; 5; 7,5; 10; 15; 20; 20; 50; 84; 90

5–14| 0,9; 1,5; 7,5; 7,7; 16; 18,5; 20; 34,2; 80; 96,1

15–22| 7,5; 9,9; 10; 18; 19; 32,5; 35,2; 87; 120; 400; 500; 1 000; 8 000; 12 000

Prozentsatz berechnen

1| Berechnen Sie wie im Beispiel jeweils die Preissenkung in Euro und in Prozent.

alter Preis	50 €	100 €	125 €	12,00 €	9,60 €	23,50 €
neuer Preis	40 €	75 €	100 €	11,40 €	7,68 €	7,52 €
Preissenkung (€)	10 €	€	€	€	€	€
Preissenkung (%)	20 %	%	%	%	%	%

2| Im Mathe-Test haben 8 von 20 Schülerinnen und Schülern alle Aufgaben richtig gelöst. Wie viel Prozent sind das?

%

3| Ein Fahrrad kostet normalerweise 420 €. Wegen eines kleinen Materialschadens wird es 25,20 € billiger verkauft. Wie viel Prozent wird es billiger verkauft?

%

4| 

Die Einzelhandelskauffrau Tina verdient brutto 1 270,00 €. Davon bezahlt sie 261,94 € Sozialversicherungsbeiträge. Wie viel Prozent des Gehalts sind das? Runden Sie auf eine Stelle nach dem Komma.

%

5| Eric Morgenstern ist Verkäufer. Er erhält bei einem Monatsumsatz von 30 400 € eine Provision von 912 €. Wie viel Prozent Provision erhält er?

%

6| Eine Lieferung enthält 200 Uhren. Beim Auspacken wird festgestellt, dass 6 Uhren beschädigt sind. Wie viel Prozent der gelieferten Ware sind beschädigt?

%

7| Bei einer Verkaufsaktion wurde ein Artikel für 18 € verkauft. Sein ursprünglicher Preis betrug 24 €.

a Um wie viel € wurde der Preis gesenkt?

€

b Um wie viel Prozent wurde der Preis herabgesetzt?

%

8| Ein Warenhaus wurde umgebaut. Anschließend wurde das Sortiment von 15 000 Artikel auf 18 000 Artikel erweitert.

a Um wie viele Artikel wurde das Sortiment erweitert?

b Um wie viel Prozent wurde das Sortiment erweitert?

%

9| Die Ausbildungsvergütung für einen Auszubildenden im Großhandel wurde von 700 € auf 735 € erhöht. Wie viel Prozent beträgt die Erhöhung?

%

Lösungen

1| 0,60; 1,92; 5; 15,98; 20; 20; 25; 25; 25; 68

2–10| 3; 3; 5; 6; 6; 20; 20,6; 25; 40; 3 000

Grundwert berechnen

Von einem Parkettboden werden 45 m² erneuert. Dies sind 15 % der gesamten Bodenfläche.
Wie groß ist die Gesamtfläche des Parkettbodens?

Gegeben: Prozentwert $P = 45\,m^2$
Prozentsatz $p = 15\,\% = 0{,}15$

Gesucht: Grundwert G

Rechnen mit dem Dreisatz:

Prozent	Fläche
15 %	45 m²
1 %	3 m²
100 %	300 m²

(:15 und ·100 auf beiden Seiten)

Rechnen mit der Formel:

$$G = \frac{P}{p}$$

$$G = \frac{45\,m^2}{0{,}15} = 300\,m^2$$

Man kann auch die gegebenen Werte in die Grundformel $P = G \cdot p$ einsetzen und diese nach G auflösen.

Antwort: Die Gesamtfläche ist 300 m² groß.

1| 32 g sind 8 %. Berechnen Sie den Grundwert.

Prozent	Gewicht
8 %	32 g
1 %	☐ g
100 %	☐ g

(: ☐ und · ☐ auf beiden Seiten)

Der Grundwert beträgt ☐ g.

2|  51 m sind 85 %. Berechnen Sie den Grundwert.

Prozent	Länge
85 %	51 m
1 %	☐ m
100 %	☐ m

(: ☐ und · ☐ auf beiden Seiten)

Der Grundwert beträgt ☐ m.

3| 21 s sind 70 %. Berechnen Sie den Grundwert.

Prozent	Zeit

(: ☐ und · ☐ auf beiden Seiten)

Der Grundwert beträgt ☐ s.

4|  221 sind 65 %. Berechnen Sie den Grundwert.

Prozent	Anzahl

(: ☐ und · ☐ auf beiden Seiten)

Der Grundwert beträgt ☐ .

Berechnen Sie die Grundwerte.

5| 75 € sind 75 % von ☐ €.

6| 30 sind 50 % von ☐ .

7| 8 g sind 1 % von ☐ g.

8| 120 kg sind 20 % von ☐ kg.

9| 63 m sind 7 % von ☐ m.

10| 2 cm sind 25 % von ☐ cm.

11| 9 min sind 45 % von ☐ min.

12| 6,4 ℓ sind 2 % von ☐ ℓ.

13| 50 dm³ sind 2,5 % von ☐ dm³.

14| 3,6 m² sind 18 % von ☐ m².

Lösungen

1–4| (nur Ergebnisse) 30; 60; 340; 400

5–14| 8; 20; 20; 60; 100; 320; 600; 800; 900; 2 000

Grundwert berechnen

Berechnen Sie die Grundwerte. Runden Sie gegebenenfalls auf zwei Stellen nach dem Komma.

1| 42 € sind 28 % von ______ €.

2| 79,38 kg sind 90 % von ______ kg.

3| 67,8 g sind 22,6 % von ______ g.

4| 1 m sind 7 % von ______ m.

5| 57,9 cm^2 sind 75 % von ______ cm^2.

6| 2 h sind 0,4 % von ______ h.

7| 3,3 mℓ sind 33,3 % von ______ mℓ.

8| 0,34 m^3 sind 5,6 % von ______ m^3.

9| Berechnen Sie die Grundwerte.

Prozentwert	19 €	57 €	9,4 m	3,89 cm	36 g	117 kg	41,25 s
Prozentsatz	19 %	19 %	50 %	100 %	8 %	90 %	16,5 %
Grundwert	€	€	m	cm	g	kg	s

10| Ein Lebensmittelhändler kauft eine gebrauchte Kühltruhe für 1 902 €. Das sind 60 % ihres Neuwertes.
Wie viel € beträgt der Neuwert?

______ €

11| Eine Verkäuferin erhält auf alle Waren 10 % Preisnachlass. Auf ein Regal erhält sie einen Nachlass von 45 €.
Wie hoch ist der Ladenpreis des Regals?

______ €

12| Mia Obermüller ist Bürokauffrau. Ihr Gehalt wurde um 4 % erhöht. Sie verdient nun 80 € mehr.
Wie hoch war ihr Gehalt vorher?

______ €

13| Der Umsatz des Kunden Alois Weck beträgt in einem Geschäftsjahr 45 000 €. Das sind 2,5 % vom Gesamtumsatz der Firma Wagner. Wie hoch ist der Gesamtumsatz der Firma Wagner in diesem Geschäftsjahr?

______ €

14| Ein Firmenfahrzeug hat im ersten Jahr 20 % von seinem Wert verloren. Der Wertverlust beträgt 4 500 €.
Wie viel € kostete das Fahrzeug neu?

______ €

15| 27 Pakete einer Lieferung haben Transportschäden. Das sind 18 % aller gelieferten Pakete.

a Wie viele Pakete wurden geliefert?

______

b Wie viele Pakete haben keine Transportschäden?

______

Lösungen

1–8| 6,07; 9,91; 14,29; 77,2; 88,2; 150; 300; 500 9| 3,89; 18,8; 100; 130; 250; 300; 450

10–15| 123; 150; 450; 2 000; 3 170; 22 500; 1 800 000

Vermischte Aufgaben

1| Berechnen Sie in jeder Spalte den fehlenden Wert.

Grundwert G	80 m	30 t	860	16 h	3,8 kg	€	m²
Prozentsatz p	5 %	44 %	85 %	%	%	4 %	90 %
Prozentwert P	m	t		2 h	2,66 kg	42,40 €	3,96 m²

2| Berechnen Sie in jeder Spalte die beiden fehlenden Werte.

Preis ohne Rabatt	50 €	400 €	110 €	60 €	84,50 €
Rabatt (%)	10 %	10 %	15 %	%	%
Rabatt (€)	5 €	€	€	€	€
Preis mit Rabatt	45 €	€	€	57 €	67,60 €

Info
Rabatt ist ein Preisnachlass. Beim Kauf von großen Mengen gibt es z. B. Mengenrabatt.

3| Berechnen Sie in jeder Spalte die beiden fehlenden Werte.

Preis ohne Skonto	50 €	400 €	110 €	60 €	84,50 €
Skonto (%)	2 %	2 %	3 %	%	%
Skonto (€)	1 €	€	€	€	€
Preis mit Skonto	49 €	€	€	58,20 €	82,81 €

Info
Skonto ist ein Preisnachlass, den man bei sofortiger oder kurzfristiger Zahlung erhält.

4| Ein PKW kostet ohne Preisnachlass 22 000 €. Ein Kunde erhält beim Kauf des PKWs 16 % Rabatt.

a Wie viel € beträgt der Rabatt?

€

b Wie hoch ist der Kaufpreis mit Rabatt?

€

c Da der Kunde bar bezahlt, erhält er zusätzlich 2 % Skonto.
Wie viel € sind 2 % Skonto vom Kaufpreis mit Rabatt?

€

d Wie viel € muss der Kunde insgesamt zahlen?

€

5| Ein Fahrrad kostet 758 €. Es wird im Preis reduziert und für 720,10 € verkauft.
Wie viel Prozent beträgt der Preisnachlass?

%

6| Lukas kauft sich einen neuen Computer. Er erhält einen Preisnachlass von 8 %. Dieser Preisnachlass beträgt 60 €.
Wie hoch war der ursprüngliche Preis?

€

7| Ein Einzelhändler möchte eine neue Kasse kaufen. Die Kasse kostet 1 300 €. Wenn er bar bezahlt, spart er 3 %.
Wie viel € spart der Einzelhändler dann?

€

Lösungen
1| 4; 4,4; 12,5; 13,2; 70; 731; 1 060   2| 3; 5; 16,50; 16,90; 20; 40; 93,50; 360
3| 1,69; 1,80; 2; 3; 3,30; 8; 106,70; 392   4–7| 5; 39; 369,60; 750; 3 520; 18 110,40; 18 480

Gehaltsabrechnung

Markus Keller ist 20 Jahre alt, unverheiratet, kinderlos und kirchensteuerpflichtig. Er arbeitet als Kaufmännischer Mitarbeiter in einem Industriebetrieb und verdient monatlich brutto 1 600 €. Wie hoch ist sein monatliches Nettoentgelt?

	Bruttoentgelt		**1 600,00 €**	
–	Lohnsteuer	(aus Tabelle)	128,33 €	Steuerabzüge insgesamt 146,94 €
–	Solidaritätszuschlag	5,5 % der Lohnsteuer	7,06 €	
–	Kirchensteuer	9 % der Lohnsteuer	11,55 €	
–	Rentenversicherung	9,35 % des Bruttoentgelts	149,60 €	Beiträge zur Sozialversicherung insgesamt 310,80 €
–	Arbeitslosenversicherung	1,5 % des Bruttoentgelts	24,00 €	
–	Krankenversicherung	7,3 % des Bruttoentgelts	116,80 €	
–	Pflegeversicherung	1,275 % des Bruttoentgelts	20,40 €	
=	**Nettoentgelt**		**1 142,26 €**	

Markus Keller verdient monatlich netto 1 142,26 €.

1| Christoph Abel arbeitet als Abteilungsleiter in einem Baumarkt. Er ist 22 Jahre alt, ledig und kirchensteuerpflichtig. Er erhält ein monatliches Bruttoentgelt in Höhe von 2 430 €. Der monatliche Lohnsteuerabzug beträgt 326,83 €.
Berechnen Sie sein Nettoentgelt.

Solidaritätszuschlag		€
Kirchensteuer		€
Rentenversicherungsbeitrag		€
Arbeitslosenversicherungsbeitrag		€
Krankenversicherungsbeitrag		€
Pflegeversicherungsbeitrag		€
Nettoentgelt		€

2| Sabrina Reber ist 20 Jahre alt, unverheiratet, kinderlos und kirchensteuerpflichtig. Sie arbeitet als Verkäuferin in einem Supermarkt. Dort verdient sie monatlich 1 550 € brutto. Ihre monatliche Lohnsteuer beträgt laut Tabelle 116,25 €.
Berechnen Sie ihr Nettoentgelt.

Solidaritätszuschlag		€
Kirchensteuer		€
Rentenversicherungsbeitrag		€
Arbeitslosenversicherungsbeitrag		€
Krankenversicherungsbeitrag		€
Pflegeversicherungsbeitrag		€
Nettoentgelt		€

3| Sengül Ayhan ist 19 Jahre alt, unverheiratet, kinderlos und nicht kirchensteuerpflichtig. Sie arbeitet als Steuerfachangestellte in einer Kanzlei und verdient dort 1580 €. Ihre Lohnsteuer beträgt 123,33 €.
Berechnen Sie ihr Nettoentgelt.

€

4| Eva Mond arbeitet als Bürokauffrau in einem Sportstudio. Hier verdient sie 1 620 €. Sie ist 22 Jahre alt, hat keine Kinder und ist kirchensteuerpflichtig. Ihre Lohnsteuer beträgt 133,33 €.
Berechnen Sie Evas Nettoentgelt.

€

Lösungen

1–4| (nur Endergebnisse) 1 115,81; 1 142,97; 1 152,65; 1 583,75

Gehaltsabrechnung

	Bruttoentgelt	
–	Lohnsteuer	(aus Tabelle)
–	Solidaritätszuschlag	5,5 % der Lohnsteuer
–	Kirchensteuer	9 % der Lohnsteuer
–	Rentenversicherung	9,35 % des Bruttoentgelts
–	Arbeitslosenversicherung	1,5 % des Bruttoentgelts
–	Krankenversicherung	7,3 % des Bruttoentgelts
–	Pflegeversicherung	1,275 % des Bruttoentgelts
=	**Nettoentgelt**	

1| Til ist Angestellter und bezieht ein monatliches Bruttoentgelt in Höhe von 2 360 €. Seine Lohnsteuer beträgt 308,83 € im Monat. Berechnen Sie sein Nettoentgelt.

Solidaritätszuschlag ____ €

Kirchensteuer ____ €

Rentenversicherungsbeitrag ____ €

Arbeitslosenversicherungsbeitrag ____ €

Krankenversicherungsbeitrag ____ €

Pflegeversicherungsbeitrag ____ €

Nettoentgelt ____ €

2| Thomas arbeitet als Aushilfe in einem Supermarkt. Er verdient dort monatlich 1 230 € brutto und zahlt 48,58 € Lohnsteuer. Thomas ist nicht kirchensteuerpflichtig. Vom Solidaritätszuschlag ist er wegen des geringen Einkommens befreit.
Berechnen Sie sein Nettoentgelt.

____ €

3| Die 18-jährige Bürokauffrau Alexandra Beck verdient monatlich brutto 1 289 €.

a Berechnen Sie folgende Abzüge.

Rentenversicherungsbeitrag ____ €

Arbeitslosenversicherungsbeitrag ____ €

Krankenversicherungsbeitrag ____ €

Pflegeversicherungsbeitrag ____ €

b Wie hoch sind die Sozialversicherungsbeiträge von Alexandra Beck insgesamt?

____ €

c Wie viel Prozent sind das vom Bruttoentgelt? Runden Sie auf zwei Stellen nach dem Komma.

____ %

4| Die kaufmännische Angestellte Katharina Ernst ist 22 Jahre alt und verdient monatlich brutto 1 700 €.
Berechnen Sie Ihre gesamten Beiträge zur Sozialversicherung.

____ €

5| Karl Auer zahlt monatlich einen Solidaritätszuschlag in Höhe von 14,08 €.
Wie hoch ist seine monatliche Lohnsteuer?

____ €

6| Die monatliche Kirchensteuer von Sebastian Krämer beträgt 18,82 €.

a Wie hoch ist seine monatliche Lohnsteuer?

____ €

b Wie viel € beträgt sein monatlicher Solidaritätszuschlag?

____ €

7| Carolin Weber hat einen monatlichen Kirchensteuerabzug in Höhe von 20,60 €.

a Wie hoch ist ihre monatliche Lohnsteuer?

____ €

b Wie viel € beträgt Carolins monatlicher Solidaritätszuschlag?

____ €

c Berechnen Sie die Summe der gesamten Steuerabzüge.

____ €

Lösungen

1–7| 11,50; 12,59; 16,43; 16,99; 19,34; 19,43; 27,79; 30,09; 35,40; 94,10; 120,52; 172,28; 209,11; 220,66; 228,89; 250,39; 256,00; 262,08; 330,23; 942,49; 1 547,96

Grundwert vermehren

Ein DVD-Player kostet 67 €. Der Preis wird um 4 % erhöht.
Wie viel € kostet der DVD-Player nach der Preiserhöhung?

Gegeben: Grundwert $G = 67$ €
Der Grundwert nimmt um 4 % zu.
→ neuer Prozentsatz
p = **100 % + 4 % = 104 %** = 1,04

Gesucht: **vermehrter Grundwert** P

Man kann auch so rechnen:
4 % von 67 € sind 2,68 €
Neuer Preis:
67 € + 2,68 € = 69,68 €

Rechnen mit dem Dreisatz:

Prozent	Preis
100 %	67 €
1 %	0,67 €
104 %	69,68 €

(:100, ·104 auf beiden Seiten)

Rechnen mit der Formel:

$$P = G \cdot p$$

$P = 67\,€ \cdot 1{,}04 = 69{,}68\,€$

Antwort: Nach der Preiserhöhung kostet der DVD-Player 69,68 €.

Alle Preise werden erhöht. Berechnen Sie die neuen Preise wie im Beispiel.

1|

alter Preis	50 €	340 €	49 €	600 €	2 €	7,60 €
Preiserhöhung	10 %	10 %	10 %	5 %	5 %	5 %
neuer Preis	55 €	___ €	___ €	___ €	___ €	___ €

2|

alter Preis	86 €	30,50 €	12,50 €	84 €	96 €	26 €
Preiserhöhung	1 %	2 %	4 %	20 %	12,5 %	2,5 %
neuer Preis	___ €	___ €	___ €	___ €	___ €	___ €

3| Frau Hansen verdient 2 120 €. Ab dem nächsten Monat bekommt sie 3 % mehr Lohn. Wie hoch ist der neue Lohn?

___ €

4| Sebastian verdiente bisher 10,40 € pro Stunde. Welchen Stundenlohn erhält er nach einer Lohnerhöhung von 3,5 %?
Runden Sie sinnvoll.

___ €

5| Ein T-Shirt kostet ohne Umsatzsteuer 7 €. Wie viel kostet das T-Shirt, wenn man 19 % Umsatzsteuer hinzurechnet?

___ €

6| Ein Damenblazer kostet ohne Umsatzsteuer 165 €.
Wie viel kostet er mit 19 % Umsatzsteuer?

___ €

7| Es werden 6 200 Klebeetiketten benötigt. Zur Sicherheit werden 5 % mehr bestellt. Wie viele Etiketten umfasst die Bestellung?

___

Lösungen
1–2| 2,10; 7,98; 13; 26,65; 31,11; 53,90; 86,86; 100,80; 108; 374; 630
3–7| 8,33; 10,76; 196,35; 2 183,60; 6 510

Grundwert vermindern

Die Firma Benz hat im Vorjahr 1 560 Liter Heizöl verbraucht. In diesem Jahr sind es 12 % weniger. Wie viel Liter Heizöl beträgt der Verbrauch in diesem Jahr?

Gegeben: Grundwert G = 1 560 ℓ
Der Grundwert nimmt um 12 % ab.
→ neuer Prozentsatz
p = 100 % – 12 % = 88 % = 0,88

Gesucht: **verminderter Grundwert** P

Man kann auch so rechnen:
12 % von 1560 ℓ sind 187,2 ℓ
Verbrauch in diesem Jahr:
1560 ℓ – 187,2 ℓ = 1 372,8 ℓ

Rechnen mit dem Dreisatz:

Prozent	Verbrauch
100 %	1 560 ℓ
1 %	15,6 ℓ
88 %	1 372,8 ℓ

(:100, ·88)

Rechnen mit der Formel:

$$P = G \cdot p$$

$$P = 1\,560\,\ell \cdot 0{,}88 = 1\,372{,}8\,\ell$$

Antwort: In diesem Jahr beträgt der Verbrauch 1 372,8 ℓ Heizöl.

Alle Preise werden gesenkt. Berechnen Sie die neuen Preise wie im Beispiel.

1|

alter Preis	50 €	760 €	79 €	200 €	4 €	2,40 €
Preissenkung	10 %	10 %	10 %	5 %	5 %	5 %
neuer Preis	45 €	684 €	71,10 €	190 €	3,80 €	~~13,65~~ 2,28 €

2|

alter Preis	11 €	43,50 €	20,50 €	94 €	108 €	14 €
Preissenkung	1 %	2 %	4 %	20 %	12,5 %	2,5 %
neuer Preis	10,89 €	42,63 €	19,68 €	75,20 €	94,50 €	13,65 €

3| Alle Preise werden um 25 % reduziert. Berechnen Sie die neuen Preise.

Rucksack ______ € Hose ______ €

Hemd 3,60 € Schuhe ______ €

Schläger ______ € Bälle ______ €

4| Der Stromverbrauch in einem Kaufhaus belief sich auf rund 25 000 kWh pro Monat. Durch den Ersatz aller alten Glühlampen durch Energiesparlampen konnte der Stromverbrauch um 7 % gesenkt werden.
Wie hoch ist der Stromverbrauch nun?

23.250 kWh pro Monat

5| Früher benötigte Herr Hinz 75 min für den Weg zur Arbeit. Durch die Eröffnung einer neuen Bahnstrecke hat sich diese Zeit um 60 % verringert.
Wie lange benötigt Herr Hinz nun zur Arbeit?

30 min

Lösungen
1–2| 2,28; 3,80; 10,89; 13,65; 19,68; 42,63; 71,10; 75,20; 94,50; 190; 684
3–5| 3,60; 11,97; 26,85; 30; 30,60; 37,47; 49,35; 23 250

Grundwert aus vermehrtem/vermindertem Wert berechnen

Der Preis eines Notebooks wurde um 15 % erhöht. Es kostet nun 644 €.
Wie teuer war das Notebook vorher?

Gegeben: **vermehrter Grundwert** $P = 644\,€$
Zunahme um 15 %
→ neuer Prozentsatz
$\boldsymbol{p = 100\,\% + 15\,\% = 115\,\%} = 1{,}15$

Gesucht: Grundwert G

Rechnen mit der Formel:

$\boldsymbol{G = \frac{P}{p}}$ $\quad G = \frac{644\,€}{1{,}15} = 560\,€$

Antwort: Vorher kostete das Notebook 560 €.

Der CO_2-Ausstoß eines PKWs wurde um 10 % reduziert. Er beträgt nun nur noch 117 g pro km.
Wie hoch war der CO_2-Ausstoß vorher?

Gegeben: **verminderter Grundwert** $P = 117\,g$
Abnahme um 10 %
→ neuer Prozentsatz
$\boldsymbol{p = 100\,\% - 10\,\% = 90\,\%} = 0{,}9$

Gesucht: Grundwert G

Rechnen mit der Formel:

$\boldsymbol{G = \frac{P}{p}}$ $\quad G = \frac{117\,g}{0{,}9} = 130\,g$

Antwort: Vorher betrug der CO_2-Ausstoß 130 g pro km.

1| Alle Preise wurden erhöht. Berechnen Sie die alten Preise wie im Beispiel.

alter Preis	50 €	100 €	60 €	€	€	€	€
Preiserhöhung	10 %	10 %	5 %	5 %	20 %	4 %	2,5 %
neuer Preis	55 €	110 €	63 €	222,60 €	96 €	26,52 €	59,45 €

2| Alle Preise wurden gesenkt. Berechnen Sie die alten Preise wie im Beispiel.

alter Preis	50 €	€	€	€	€	€	€
Preissenkung	10 %	10 %	5 %	5 %	20 %	4 %	2,5 %
neuer Preis	45 €	180 €	76 €	391,40 €	96 €	37,92 €	72,15 €

3| Eine Bohrmaschine kostet inklusive 19 % Umsatzsteuer 130,90 €.
Wie hoch ist der Nettopreis (Preis ohne Umsatzsteuer)?

€

4| Durch den Einsatz von Energiesparlampen konnte der Energieverbrauch um 75 % auf 2 300 kWh gesenkt werden.

a Wie hoch war der Verbrauch vorher?

kWh

b Wie viel Energie wurde eingespart?

kWh

5| Gemüsehändler Pesic zahlt eine Rechnung sofort. Er erhält 3 % Skonto und muss daher nur 188,18 € zahlen.
Wie hoch ist der Rechnungsbetrag ohne Skonto?

€

6| Die Bürokauffrau Visani erhielt eine Gehaltserhöhung um 3 %. Sie verdient jetzt 1 648 €.

a Wie viel € verdiente sie vorher?

€

b Wie viel € beträgt die Gehaltserhöhung?

€

Lösungen
1–2| 25,50; 39,50; 58; 60; 74; 80; 80; 100; 120; 200; 212; 412 3–6| 48; 110; 194; 1600; 6 900; 9 200

Vermischte Aufgaben

1| Ein Mantel kostet 450 €. Im Winterschlussverkauf wird der Preis um 20 % herabgesetzt. Wie viel € kostet der Mantel dann?

☐ €

2| Der Juwelier Weinert startet zu seinem 20-jährigen Jubiläum eine Sonderaktion und verkauft alle Ringe 20 % billiger. Ein silberner Ring kostet normal 17,50 €. Wie viel € kostet der Ring während der Aktion?

☐ €

3| Wegen kleiner Fehler verkauft ein Büroartikelhändler eine Ware mit einem Nachlass von 15 % zum Sonderpreis von 104,55 €. Wie viel € betrug der reguläre Preis?

☐ €

4| Ein beliebtes Kochbuch für Vegetarier kostet 15 €. Der Preis wird um 20 % heraufgesetzt. Wie hoch ist der neue Ladenpreis?

☐ €

5| Der Umsatz eines Sportgeschäfts stieg gegenüber dem Vorjahr um 8 % auf 432 000 €. Berechnen Sie den Umsatz des vergangenen Jahres.

☐ €

6| Nach einer Gehaltserhöhung um 5 % beträgt das Bruttogehalt einer Verkäuferin 1 207,50 €. Wie hoch war das Bruttogehalt vor der Gehaltserhöhung?

☐ €

7| Die Monatsmiete für die Lagerräume einer Firma hat sich um 7,5 % erhöht. Sie beträgt nun 35 720,66 €. Wie hoch war die Miete vor der Erhöhung?

☐ €

8| Die Stromkosten eines Kaufhauses konnten um 15 % gesenkt werden. Sie betragen jetzt monatlich 637,50 €.

Wie hoch waren die Stromkosten vorher?

☐ €

9| Der Bruttopreis für eine Ware beträgt einschließlich 19 % Umsatzsteuer 892,50 €. Berechnen Sie den Nettopreis (Preis ohne Umsatzsteuer).

☐ €

10| Ein Haushaltswarengeschäft verkauft eine Küchenmaschine für 357 € einschließlich 19 % Umsatzsteuer.

a Berechnen Sie den Nettopreis.

☐ €

b Geben Sie die Umsatzsteuer in € an.

☐ €

11| Der Preis eines Gartenstuhls wurde im Juni um 20 % ermäßigt. Im Juli wurde der Preis nochmals um 25 % gesenkt. Der Gartenstuhl kostet nun 72,00 €. Wie viel € kostete der Stuhl im Mai?

☐ €

12| Im Winterschlussverkauf wurden die Preise aller Damenstiefel um 15 % reduziert. Gegen Ende des Schlussverkaufs wurden die Preise nochmals um 20 % gesenkt. Ein Paar Stiefel kostet nun 44,20 €. Wie viel € kosteten die Stiefel vor den Ermäßigungen?

☐ €

Lösungen

1–12| 14; 18; 57; 65; 120; 123; 300; 360; 750; 750; 1 150; 33 228,52; 400 000

Zinsen berechnen

Die Zinsrechnung ist eine Anwendung der Prozentrechnung mit speziellen Begriffen.

Grundwert G → **Kapital K** Prozentwert P → **Zinsen Z** Prozentsatz p → **Zinssatz p**
Zinssätze beziehen sich in der Regel auf 1 Jahr.

Frau Mayer hat ein Guthaben von 420 € auf der Bank.
Das Guthaben wird mit einem Zinssatz von 2 % verzinst.
Wie viel € Zinsen erhält Frau Mayer nach einem Jahr?

Gegeben: Kapital $K = 420$ €
Zinssatz $p = 2\,\% = 0{,}02$

Gesucht: Jahreszinsen Z

Zinsformel: $\boldsymbol{Z = K \cdot p}$ $Z = 420\,€ \cdot 0{,}02 = 8{,}40\,€$

Antwort: Frau Mayer erhält nach einem Jahr 8,40 € Zinsen.

Man kann bei der Zinsrechnung auch mit dem Dreisatz rechnen wie bei der Prozentrechnung.

Berechnen Sie die Jahreszinsen wie im Beispiel.
Runden Sie gegebenenfalls auf zwei Stellen nach dem Komma.

1|

Kapital	200 €	1 500 €	250 €	1 030 €	3 900 €	34,60 €
Zinssatz	3 %	3 %	5 %	5 %	7 %	2 %
Jahreszinsen	6 €	45 €	12,5 €	51,5 €	273 €	0,69 €

2|

Kapital	2 000 €	489 €	190 €	122,67 €	1 100 €	244 €
Zinssatz	2,5 %	4,5 %	2,74 %	1,5 %	8,3 %	0,75 %
Jahreszinsen	50 €	22,01 €	5,21 €	1,84 €	12,10 €	1,83 €

3| Bei einer Bank sind auf einem Konto 4 200 € fest angelegt. Die Bank zahlt 3 % Zinsen pro Jahr.
Wie hoch sind die Zinsen nach einem Jahr?

126 €

4| Das Modegeschäft Young Fashion leiht sich bei einer Sparkasse 6 500 €, um eine neue Ladentheke zu kaufen.
Es erhält diesen Kredit zu einem jährlichen Zinssatz von 6,3 %.
Wie viel Zinsen muss das Geschäft nach einem Jahr zahlen?

409,5 €

Info
Leiht man sich Geld, wird das Kapital häufig als **Kredit** bezeichnet.

5| Alexander nimmt einen Kredit in Höhe von 450 € auf. Der Zinssatz beträgt 7,2 %.
Wie viel Zinsen muss Alexander zahlen?

€

6| Auf dem Sparkonto der Verkäuferin Julia Delling befinden sich 2 000 €. Das Geld wird mit jährlich 2,5 % verzinst.

a Wie viel Zinsen erhält Julia nach einem Jahr?

€

b Die Zinsen werden dem Sparkonto gutgeschrieben.
Wie lautet der neue Kontostand?

€

Lösungen
1–2| 0,69; 1,83; 1,84; 5,21; 12,50; 22,01; 45; 50; 51,50; 91,30; 273 3–6| 32,40; 50; 126; 409,50; 2 050

Zinssatz oder Kapital berechnen

Zinssatz berechnen

Hassan hat 890 € bei einer Bank fest angelegt. Nach einem Jahr erhält er 19,58 € Zinsen. Mit welchem Zinssatz wurde sein Geld verzinst?

Gegeben: Kapital $K = 890$ €
Zinsen $Z = 19{,}58$ €

Gesucht: Zinssatz p

Formel: $p = \frac{Z}{K}$ $\quad p = \frac{19{,}58\,€}{890\,€} = 0{,}022 = 2{,}2\,\%$

Antwort: Der Zinssatz beträgt 2,2 %.

Kapital berechnen

Nico erhält für sein Guthaben von der Bank jährlich 33 € Zinsen. Der Zinssatz beträgt 3 %. Wie hoch ist das Guthaben?

Gegeben: Zinsen $Z = 33$ €
Zinssatz $p = 3\,\% = 0{,}03$

Gesucht: Kapital K

Formel: $K = \frac{Z}{p}$ $\quad K = \frac{33\,€}{0{,}03} = 1\,100\,€$

Antwort: Das Guthaben beträgt 1 100 €.

1| Berechnen Sie jeweils den Zinssatz wie im Beispiel.

Kapital	200 €	5 000 €	1 700 €	2 041 €	560 €	830 €
Zinssatz	3 %	%	%	%	%	%
Jahreszinsen	6 €	200 €	170 €	61,23 €	14 €	25,73 €

2| Berechnen Sie jeweils das Kapital wie im Beispiel.

Kapital	400 €	€	€	€	€	€
Zinssatz	2 %	2 %	8 %	4 %	7,5 %	2,8 %
Jahreszinsen	8 €	20 €	720 €	6,52 €	262,50 €	14,14 €

3| Frau Amsel möchte am Ende des Jahres 150 € Zinsen erhalten. Bei ihrer Bank bekommt sie einen Zinssatz von 4,8 %.
Wie viel € muss Frau Amsel anlegen?

€

4| Firma Sun zahlt für einen Kredit nach einem Jahr 2 040 € Zinsen. Der Zinssatz beträgt 6 %.
Wie hoch ist der Kredit?

€

5| Herr Bach nimmt einen Kredit von 4 000 € auf. Er muss jährlich 220 € Zinsen zahlen.
Wie hoch ist der Zinssatz für den Kredit?

%

6| Marie hat 1 534 € auf ihrem Konto. Ein Jahr später lautet der Kontostand einschließlich Zinsen 1 564,68 €.

a Wie hoch sind die Zinsen?

€

b Wie hoch ist der Zinssatz?

%

7| a Wie hoch sind hier die Zinsen?

€

b Wie hoch ist der Zinssatz?

%

Günstiger KREDIT
750 € sofort
Nach einem Jahr zahlen Sie nur 829,50 € zurück.

Lösungen
1–2| 2,5; 3; 3,1; 4; 10; 163; 505; 1 000; 3 500; 9 000 3–7| 2; 5,5; 10,6; 30,68; 79,50; 3 125; 34 000

Monatszinsen berechnen

Tobias leiht sich bei seiner Bank 2 500 €. Die Bank verlangt dafür einen Zinssatz von 6,6 %. Tobias möchte das Geld aber nicht erst nach einem Jahr, sondern schon nach 9 Monaten zurück zahlen.
Wie viel € Zinsen muss Tobias dann für den Kredit bezahlen?

Gegeben: Kapital $K = 2\,500$ €
Zinssatz $p = 6{,}6\,\% = 0{,}066$
Anzahl der Monate $m = 9$

Ein Jahr hat 12 Monate.
Jeden Monat fallen $\frac{1}{12}$ der Jahreszinsen an.
Für 9 Monate fallen $\frac{9}{12}$ der Jahreszinsen an.

Gesucht: Zinsen Z

Rechnen mit dem Dreisatz

Zinsen für 12 Monate (ein Jahr): $K \cdot p = 2\,500\,€ \cdot 0{,}066 = 165\,€$
Zinsen für 1 Monat: $165\,€ : 12 = 13{,}75\,€$
Zinsen für 9 Monate: $13{,}75\,€ \cdot 9 = 123{,}75\,€$

Rechnen mit der Formel

$$Z = \frac{K \cdot p \cdot m}{12}$$

$$Z = \frac{2\,500\,€ \cdot 0{,}066 \cdot 9}{12}$$

$$Z = 123{,}75\,€$$

Antwort: Tobias muss für seinen Kredit nach 9 Monaten 123,75 € Zinsen bezahlen.

1 | Berechnen Sie die Monatszinsen wie im Beispiel. Runden Sie gegebenenfalls auf zwei Stellen nach dem Komma.

Kapital	280 €	3 000 €	1 500 €	2 300 €	560 €	830 €
Zinssatz	3 %	2,3 %	10,7 %	12 %	1,8 %	7,5 %
Monate	3	8	12	6	18	8
Zinsen	2,10 €	46 €	160,5 €	138 €	15,12 €	41,50 €

2 | Ein Kaufmann nimmt bei seiner Bank einen kurzfristigen Kredit für 2 Monate in Höhe von 12 500 € auf. Der Zinssatz beträgt 9 %. Wie viel € Zinsen muss er bezahlen?

187,5 €

3 | Marcell Kuna erhält von seinem Chef eine Prämie in Höhe von 200 €. Er legt das Geld bei der Bank zu einem Zinssatz von 1,6 % an.

a Wie viel € Zinsen erhält Marcell nach 6 Monaten?

1,60 €

b Wie hoch ist sein Guthaben einschließlich Zinsen nach 6 Monaten?

201,60 €

4 | Die Verkäuferin Jasmin bekommt zu Weihnachten 400 €. Weil sie auf den Führerschein spart, legt sie den Betrag bei ihrer Bank zu einem Zinssatz von 1,5 % für 7 Monate an. Wie viel € Zinsen erhält Jasmin?

3,50 €

5 | Ein Schreibwarenhändler muss zur Begleichung einer Rechnung sein Konto um 1 500 € „überziehen". Das heißt, er hebt mehr Geld ab, als er auf dem Konto hat. Die Bank gibt ihm dieses Geld als Kredit und berechnet dafür 13,5 % Zinsen pro Jahr (Überziehungszinsen). Wie viel Überziehungszinsen muss er zahlen, wenn er sein Konto für 1 Monat überzieht?

16,88 €

Lösungen
1–5 | 1,60; 3,50; 15,12; 16,88; 41,50; 46; 138; 160,50; 187,50; 201,60

Tageszinsen berechnen

Ronja bekommt von ihrer Oma 700 € geschenkt.
In 72 Tagen fährt sie in den Urlaub und legt das Geld bis dahin bei der Bank zu einem Zinssatz von 3,6 % an.
Wie viel € Zinsen erhält Ronja für das angelegte Geld?

Gegeben: Kapital $K = 700$ €
Zinssatz $p = 3{,}6\,\% = 0{,}036$
Anzahl der Tage $t = 72$

So rechnet die Bank:
1 Jahr = 360 Zinstage
1 Monat = 30 Zinstage

Gesucht: Zinsen Z

Rechnen mit dem Dreisatz

Zinsen für 360 Tage (ein Jahr): $K \cdot p = 700\,€ \cdot 0{,}036 = 25{,}20\,€$
Zinsen für 1 Tag: $25{,}20\,€ : 360 = 0{,}07\,€$
Zinsen für 72 Tage: $0{,}07\,€ \cdot 72 = 5{,}04\,€$

Rechnen mit der Formel

$$Z = \frac{K \cdot p \cdot t}{360}$$

$$Z = \frac{700\,€ \cdot 0{,}036 \cdot 72}{360}$$

$$Z = 5{,}04\,€$$

Antwort: Ronja erhält für das angelegte Kapital nach 72 Tagen 5,04 € Zinsen.

1 | Berechnen Sie die Tageszinsen wie im Beispiel. Runden Sie gegebenenfalls auf zwei Stellen nach dem Komma.

Kapital	280 €	400 €	1 500 €	18 000 €	630 €	48 000 €
Zinssatz	3 %	4,5 %	10,7 %	8 %	6,0 %	6,25 %
Tage	33	350	188	256	132	150
Zinsen	0,77 €	17,50 €	83,82 €	1024 €	13,88 €	1250 €

2 | Der Kaufmann Rannersberger legt bei seiner Bank 10 400 € zu einem Zinssatz von 3 % an.

a Wie viel € Zinsen erhält er nach 150 Tagen?

130 €

b Wie hoch ist sein Guthaben dann?

10530 €

3 | Der Schuhhändler Reder leiht sich bei der Bank 3 000 € für die Anschaffung eines neuen Kassensystems. Die Bank bietet den Kredit für 100 Tage zu einem Zinssatz von 8,1 % an. Wie viel € Zinsen muss der Schuhhändler zahlen?

67,50 €

4 | Die Bürokauffrau Lea Suhr hat ihr Girokonto für 18 Tage um 260 € überzogen. Dafür berechnet die Bank 12 % Überziehungszinsen. Wie viel € Zinsen muss Lea für die Überziehung zahlen?

_____ €

5 | Großhändler Arl vergaß eine Rechnung über 2 150 € zu bezahlen. Der Lieferant berechnet ihm nun für 50 Tage 8 % Verzugszinsen.

a Wie hoch sind die Zinsen?

_____ €

b Welchen Betrag überweist der Händler nun an den Lieferanten?

_____ €

Lösungen
1–5 | 1,56; 13,86; 17,50; 23,89; 67,50; 83,82; 130; 1 024; 1 250; 2 173,89; 10 530

Anzahl der Zinstage bestimmen

So rechnet die Bank: 1 Jahr = 360 Zinstage
1 Monat = 30 Zinstage
1 Jahr = 12 Zinsmonate

Bei der Berechnung der Zinstage wird der *erste* Tag nicht mitgezählt.

Bestimmen Sie die Anzahl der Zinstage für den Zeitraum
24. Juni bis 13. August.
Man beginnt zu zählen ab dem 25. Juni:
6 Tage im Juni + 30 Tage im Juli + 13 Tage im August = 49 Zinstage

1	2	3	4	5	6	7
8	9	10	11	12	13	14
15	16	17	18	19	20	21
22	23	24	25	26	27	28
29	30					
1	2	3	4	5	6	7
8	9	10	11	12	13	14
15	16	17	18	19	20	21
22	23	24	25	26	27	28
29	30					
1	2	3	4	5	6	7
8	9	10	11	12	13	14
15	16	17	18	19	20	21
22	23	24	25	26	27	28
29	30					

Bestimmen Sie jeweils die Anzahl der Zinstage.

	Zeitraum	Zinstage
1	25. Februar bis 02. März	7
2	12. Januar bis 17. September	
3	04. Dezember bis 30. Dezember	
4	13. März bis 13. Juni	
5	24. Oktober bis 10. Januar	
6	08. Juni bis 19. Oktober	

	Zeitraum	Zinstage
7	21. August bis 07. Dezember	
8	01. Mai bis 30. Mai	
9	18. März bis 22. Mai	
10	28. Februar bis 13. April	
11	31. Juli bis 28. Februar	
12	25. Januar bis 07. Mai	

13 Der Lebensmitteleinzelhändler Siebert hat die Rechnung eines Lieferanten über 2 700 € noch nicht bezahlt. Die Rechnung war am 26. Mai fällig. Er überweist die Rechnung am 12. August und muss 7,7 % Verzugszinsen zahlen.

a Für wie viele Zinstage muss Herr Siebert Zinsen bezahlen?

_____ Tage

b Wie viel € Zinsen muss der Einzelhändler bezahlen?

_____ €

14 Eine Damen-Boutique hat am 23. April von ihrem Großhändler eine Rechnung über 1 800 € erhalten. Die Rechnung muss nach 45 Tagen bezahlt werden.
An welchem Datum muss die Rechnung spätestens bezahlt werden?

_____

15 Das Möbelhaus Wiendl überzieht sein Firmenkonto vom 17. Juli bis 30. Juli um 18 000 €. Die Bank rechnet mit einen Zinssatz von 11,9 %.
Wie viel € Zinsen sind zu zahlen?

_____ €

16 Der Verkäufer Max hat sein Konto um 250 € überzogen. Er muss nun für den Zeitraum vom 22. Juli bis zum 5. August Überziehungszinsen in Höhe von 12,5 % zahlen.
Wie viel € Zinsen muss Max zahlen?

_____ €

17 Herr Sand eröffnet am 3. März ein Sparkonto und zahlt 10 000 € ein. Am 11. November löst er das Sparbuch wieder auf.
Wie hoch ist dann sein Guthaben, wenn die Bank 2 % Zinsen zahlt?

_____ €

Lösungen
1–12 | 26; 29; 45; 64; 76; 90; 102; 106; 131; 208; 245 13–17 | 1,13; 43,89; 76; 77,35; 08.06.; 10137,78

Vermischte Aufgaben

1| Der Textil-Großhändler Walters benötigt für einen Außendienstmitarbeiter einen neuen PKW. Zur Finanzierung des PKWs nimmt er einen Kredit in Höhe von 27 000 € auf. Seine Bank verlangt einen jährlichen Zinssatz von 6,8 %.
Wie viel Zinsen muss Herr Walters nach einem Jahr bezahlen?

[ ] €

2| Der Unternehmer Franke möchte am Ende des Jahres 500 € Zinsen erhalten. Seine Bank bietet ihm einen Zinssatz von 4 %.
Wie viel € muss der Unternehmer am Jahresanfang anlegen?

[ ] €

3| Ein Uhren-Fachhändler nimmt für einen Großeinkauf einen Kredit in Höhe von 40 000 € auf. Nach einem Jahr zahlt er den Betrag zuzüglich 2 200 € Zinsen zurück.
Wie hoch ist der Zinssatz für den Kredit?

[ ] %

4| Eine Buchhandlung nimmt für die Finanzierung der Ladeneinrichtung einen kurzfristigen Kredit für 4 Monate in Höhe von 12 000 € auf. Die Bank verlangt einen Zinssatz von 8,3 %.
Wie hoch sind die Zinsen?

[ ] €

5| Finn Stark leiht sich von seinem Geschäftspartner Til Schröder am 9. Mai 2 000 € für private Zwecke. Til Schröder möchte das Geld am 31. Juli wieder zurückbekommen und berechnet Finn 3,5 % Zinsen.

a Für wie viele Zinstage muss Finn Zinsen zahlen?

[ ] Tage

b Wie viel € erhält Til am 31. Juli?

[ ] €

6| Ein Baumarkt lieferte dem Kunden Sebastian Weigert Gartenmöbel im Wert von 2 990 €. Die Rechnung war am 21. Juni fällig. Der Kunde überweist erst am 9. September und muss deshalb 5,13 % Verzugszinsen zahlen.

a Für wie viele Zinstage muss Herr Weigert Zinsen zahlen?

[ ] Tage

b Wie viel € Zinsen muss Herr Weigert bezahlen?

[ ] €

c Wie viel € muss Herr Weigert einschließlich Verzugszinsen überweisen?

[ ] €

7| Frau Burg führt ein Haushaltswarengeschäft. Sie möchte die Verkaufsräume renovieren und umgestalten.

Dafür nimmt sie vom 12. März bis zum 10. Januar des folgenden Jahres einen Kredit in Höhe von 15 000 € auf. Ihre Bank verlangt einen Zinssatz von 7,8 %.
Wie viel € muss Frau Burg insgesamt zurückzahlen?

[ ] €

8| Der Großhändler Görgens hat am 31. Juli 4800 € auf sein Sparkonto eingezahlt. Er erhält 2,5 % Zinsen.
Wie viel € Zinsen erhält er am 31.12.?

[ ] €

Lösungen

1–8| 5,5; 33,23; 50; 78; 81; 332; 1 836; 2 015,75; 3 023,23; 12 500; 15 968,50

Check-out

Testen Sie sich selbst: Kreuzen Sie den Buchstaben neben dem richtigen Ergebnis an.

1 | Geben Sie $\frac{3}{4}$ in Prozent an.

A 34 % C 75 %
B 13,3 % D 0,75 %

2 | Geben Sie $\frac{48}{60}$ in Prozent an.

A 80 % C 0,8 %
B 12,5 % D 87,5 %

3 | Geben Sie 0,4 in Prozent an.

A 25 % C 40 %
B 4 % D 2,5 %

4 | Schreiben Sie 2,5 % als Dezimalbruch.

A 0,04 C 2,5
B 0,4 D 0,025

5 | Wie viel Meter sind 70 % von 200 m?

A 35 m C 130 m
B 140 m D 14 m

6 | Wie viel sind 15 % von 32 kg?

A 4,8 kg C 4,69 kg
B 48 % D 21,3 kg

7 | Wie viel Prozent sind 24 € von 40 €?

A 16 % C 9,6 %
B 60 % D 64 %

8 | Wie viel Prozent sind 40,5 m^2 von 90 m^2?

A 49,5 % C 36,45 %
B 45 % D 55 %

9 | 25 % der Besucher eines Kinos zahlten ermäßigten Eintritt. Das waren 20 Personen. Wie viele Besucher waren im Kino?

A 5 Personen C 80 Personen
B 45 Personen D 125 Personen

10 | Ein Teil einer Fahrtstrecke ist 4 km lang. Das entspricht 8 % der gesamten Strecke. Wie lang ist die gesamte Fahrtstrecke?

A 200 km C 0,32 km
B 50 km D 32 km

11 | Ein Computerspiel kostet 35 €. Der Preis wird um 16 % erhöht. Wie hoch ist der neue Preis?

A 40,60 € C 41,67 €
B 30,17 € D 29,40 €

12 | Der Preis eines Balls wird um 60 % gesenkt. Der neue Preis beträgt 24 €. Wie hoch war der alte Preis?

A 36,00 € C 40,00 €
B 38,80 € D 60,00 €

13 | Für ein Kapital von 450 € gibt es pro Jahr 18 € Zinsen. Wie hoch ist der jährliche Zinssatz?

A 2,5 % C 4,0 %
B 4,5 % D 8,1 %

14 | Leyla überzieht ihr Konto 20 Tage um 70 €. Wie viel € Zinsen muss sie zahlen, wenn die Bank 12,6 % Zinsen dafür verlangt?

A 9,80 € C 0,49 €
B 0,70 € D 8,82 €

Kontrollieren Sie Ihre Lösungen. Nutzen Sie dazu Seite 199.

- Haben Sie richtig gelöst, machen Sie in der Tabelle ein Kreuz.
- Haben Sie falsch gelöst, finden Sie Hilfen und weitere Übungen auf den angegebenen → Seiten.

1	2	3	4	5	6	7	8	9	10	11	12	13	14
→ S. 121/122				→ S. 124–126		→ S. 127–129		→ S. 130/131		→ S. 135–138		→ S. 139–144	

Anwendungsaufgaben

(Lösungen Seite 203)

1| Beim Einkauf von 15 CDs im Gesamtwert von 250 € werden 18 % Rabatt gewährt.
Wie viel € entspricht dieser Rabatt?

€

2| Die Angestellten eines Schuhfachgeschäfts erhalten 15 % Personalrabatt.
Wie viel € beträgt der Rabatt beim Kauf eines Paar Schuhe, das regulär 130 € kostet?

€

3| Der Auszubildende Noah Schelling erhält monatlich ein Gehalt in Höhe von 650 €.
Er erhält eine Gehaltserhöhung um 4 %.
Wie viel € mehr erhält er dann?

€

4| Ben arbeitet als Einzelhandelskaufmann in einem Elektrofachgeschäft. Er erhält ein monatliches Grundgehalt von 1 200 €.
Zusätzlich erhält er 2 % Umsatzbeteiligung.
Wie viel € verdient er bei einem Monatsumsatz von 25 000 €?

€

5| Bei einer Umfrage wurden 600 Personen befragt, ob sie einen PC und einen Internetzugang haben.

Ergebnis der Umfrage:

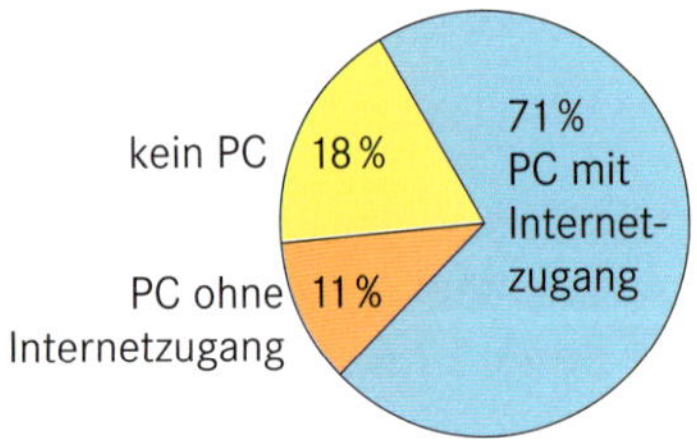

Wie viele Personen hatten

a PC mit Internetzugang?

b PC ohne Internetzugang?

c keinen PC?

6| 4 Monitore einer Lieferung sind defekt.
Das sind 5 % der gesamten Lieferung.
Wie viele Monitore wurden geliefert?

7| Bei der Inventur des Lagerbestands wurden bei 16 Jeans starke Verunreinigungen festgestellt. Das sind 4 % des gesamten Lagerbestands.
Wie viele Jeans sind insgesamt im Lager vorhanden?

8| Für die Reparatur eines Schaufensters muss ein Einzelhändler netto 2 500 € bezahlen.
Wie viel € beträgt die Umsatzsteuer in Höhe von 19 %?

€

9| Der Umsatz eines Einzelhandelsunternehmens betrug im letzten Geschäftsjahr 2,7 Millionen €. Im aktuellen Geschäftsjahr stieg der Umsatz um 0,3 Millionen €.
Um wie viel Prozent ist der Umsatz gestiegen?

%

10| Die Heizkosten eines Großhandelsgeschäftes stiegen von 1 250 € auf 1 600 €.
Um wie viel Prozent stiegen die Heizkosten?

%

11| Eine Fluggesellschaft setzt auf der Strecke Frankfurt-Peking ein Flugzeug mit 380 Sitzplätzen ein. Der Flug ist rentabel, wenn mindestens 70 % der Plätze belegt sind.
Es fliegen 271 Passagiere mit.
Ist der Flug rentabel?

12| Der Preis eines Ladegerätes wird von 18,40 € auf 11,96 € reduziert.
Um wie viel Prozent sinkt der Preis?

%

13| Der Preis eines MP3-Players wird von 35,50 € auf 39,76 € erhöht.
Um wie viel Prozent steigt der Preis?

%

14| Mit der BahnCard 25 erhält man 25 % Preisnachlass auf den normalen Fahrpreis.

a Der Normalpreis einer Fahrkarte beträgt 145,60 €. Ein Fahrgast bucht mit der BahnCard 25.
Wie viel zahlt er für die reduzierte Fahrkarte?

€

b Ein Bahnticket kostet mit BahnCard 25 nur 32,70 €.
Wie teuer ist der normale Fahrpreis?

€

15| Nach Abzug von 3 % Skonto überweist ein Kunde an einen Großhändler 824,50 €.
Wie hoch war der ursprüngliche Rechnungsbetrag?

€

16| Ein Kunde erhält aufgrund einer Reklamation 20 % Nachlass. Der Rechnungsbetrag beträgt dann nur noch 130 €.
Wie hoch war der Rechnungsbetrag ursprünglich?

€

17| Hanna Salesch ist Verkäuferin. Sie erhält eine Gehaltserhöhung um 2 % und verdient nun 1 173 €.
Wie viel € verdiente sie vorher?

€

18| Ein Büroartikelhändler verkauft einen Drucker zum Preis von 299 € einschließlich 19 % Umsatzsteuer.
Wie viel € beträgt die Umsatzsteuer?

€

19| In einem Möbelmarkt wird ein Ausstellungsstück 20 % günstiger angeboten. Um Platz zu schaffen, wird der Preis dann noch einmal um 20 % reduziert. Das Ausstellungsstück kostet nun 192 €.
Wie viel € kostete es vor den beiden Vergünstigungen?

€

20| Ein Warenhaus registrierte in der zweiten Jahreshälfte 234 Diebstahlversuche. Das sind 22 % weniger als in der ersten Jahreshälfte.

Wie viele Diebstahlversuche gab es in der ersten Jahreshälfte?

21| Frau Dederichs spart für ein Auto. Sie kann 6 520 € zu einem jährlichen Zinssatz von 2,7 % bei ihrer Sparkasse anlegen.

a Wie viel Zinsen erhält sie nach einem Jahr?

€

b Wie viel Geld hat sie nach einem Jahr insgesamt zur Verfügung?

€

22| Um ein Motorrad zu kaufen, benötigt der Auszubildende Joshua Stewens noch 1 350 €. Er leiht sich dieses Geld bei einem Kreditinstitut. Nach einem Jahr muss er einschließlich Zinsen 1 566 € zurückzahlen.

a Wie hoch sind die Zinsen?

€

b Wie hoch ist der Zinssatz?

%

23| Ein Unternehmen befindet sich in Zahlungsschwierigkeiten und muss für fünf Monate ein Darlehen in Höhe von 63 000 € aufnehmen. Der Zinssatz beträgt 10,8 %.
Wie viel € Zinsen sind zu zahlen?

€

24| Ein Großhändler hat 2 000 € bei einer Bank für 30 Tage zu 4,5 % angelegt.
Wie viel € Zinsen erhält er?

€

Abschlusstest

Kontrollieren Sie Ihre Lösungen auf der Seite 208.

1| Geben Sie den grün gefärbten Anteil der Fläche in Prozent an.

a

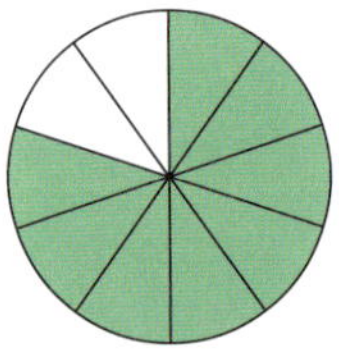

___ %

b

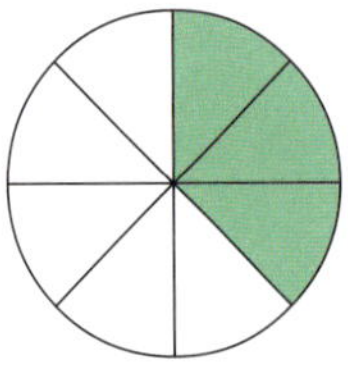

___ %

2| Geben Sie den Bruch in Prozent an.

a $\frac{2}{5}$ = ___ % **b** $\frac{5}{8}$ = ___ %

3| Geben Sie den Dezimalbruch in Prozent an.

a 0,09 = ___ % **b** 0,803 = ___ %

4| Schreiben Sie den Prozentsatz als Dezimalbruch.

a 79 % = ___ **b** 5,7 % = ___

5| Setzen Sie jeweils den fehlenden Wert ein.

a 10 % von 1 400 € sind ___ €.

b 1,5 % von 750 € sind ___ €.

c ___ % von 60 min sind 51 min.

d ___ % von 1 km sind 1 m.

e 68 % von ___ € sind 170,68 €.

f 3,2 % von ___ cm^2 sind 12,8 cm^2.

6| Die Umsatzsteuer beträgt 19 % des Nettopreises.
Berechnen Sie die Umsatzsteuer in Euro.

	Nettopreis	Umsatzsteuer
a	300 €	___ €
b	103 €	___ €
c	26 €	___ €

7| Bei einer Kundenbefragung wurden 1 400 Personen befragt. 1 120 der Befragten gaben an, dass sie mit der Beratung zufrieden sind. Wie viel Prozent sind das?

___ %

8| Der Preis eines Handys wird von 89 € auf 93,45 € erhöht.
Um wie viel Prozent steigt der Preis?

___ %

9| In einem Geschäftshaus wurde die Wärmeisolation verbessert. Dadurch wurden in diesem Jahr 9 % Heizöl weniger verbraucht als im Jahr zuvor. Die Ersparnis beträgt 468 Liter.

a Wie viel Liter Heizöl wurden im Jahr zuvor verbraucht?

___ ℓ

b Wie viel Liter Heizöl wurden in diesem Jahr verbraucht?

___ ℓ

10| Berechnen Sie die neuen Preise.

a Handy ___ €

b Headset ___ €

c SD-Karte ___ €

11| Herr Emmerich erhält eine Gehaltserhöhung um 4 %. Sein neues Gehalt beträgt 2 236 €.
Wie hoch war sein Gehalt vorher?

___ €

12| Der Einzelhändler Max Fritsche nimmt für die Finanzierung eines Autos einen Kredit von 12 000 € auf. Die Bank berechnet einen Zinssatz von 8,3 %.
Wie viel Zinsen muss er zahlen?

___ €

Kalkulation und Angebotsvergleich

Check-in

Testen Sie sich selbst: Kreuzen Sie den Buchstaben neben dem richtigen Ergebnis an.

1| Der Listeneinkaufspreis einer Warenlieferung beträgt 1 125,00 €. Bei Zahlung innerhalb von 8 Tagen werden 2 % Skonto gewährt.
Wie viel € beträgt der Skonto?

A 22,50 € C 1 102,50 €
B 1 147,40 € D 225,00 €

2| Die Standardausführung einer Einbauküche kostet laut Liste 980,00 €. Ein Großhändler erhält 12 % Rabatt.
Wie viel € beträgt der Rabatt?

A 112,00 € C 171,60 €
B 862,40 € D 117,60 €

3| Der Listeneinkaufspreis eines Motorrollers beträgt 2 200,00 €. Der Händler erhält darauf 15 % Rabatt und 2 % Skonto. Für die Verpackung und den Transport werden 16,00 € in Rechnung gestellt.
Berechnen Sie den Bezugspreis der Ware.

A 1 848,60 € C 1 816,60 €
B 1 832,60 € D 1 810,50 €

4| Ein Spielzeugwarengeschäft bestellt 50 Teddybären zu folgenden Bedingungen:
Listeneinkaufspreis 35,00 € pro Stück,
Lieferantenskonto 3 %, Mengenrabatt 8 %,
Frachtkosten insgesamt 25,00 €.
Berechnen Sie den Bezugspreis eines Teddys.

A 31,73 € C 31,23 €
B 32,20 € D 56,23 €

5| Ein Artikel wird zu einem Nettoverkaufspreis von 168,07 € angeboten.
Wie hoch ist der Bruttoverkaufspreis bei einer Umsatzsteuer von 19 %?

A 31,93 € C 136,14 €
B 200,00 € D 141,23 €

6| Der Selbstkostenpreis einer Waschmaschine beträgt 350,00 €.
Wie hoch ist der Nettoverkaufspreis, wenn 9 % Gewinn aufgeschlagen werden?

A 31,50 € C 381,50 €
B 321,10 € D 318,50 €

7| Der Bezugspreis für einen Sandeimer beträgt 5,60 €. Kalkuliert wird mit einem Handlungskostenzuschlag von 28 %.
Wie hoch ist der Bruttoverkaufspreis des Sandeimers bei einem Gewinnzuschlag von 8 % und einer Umsatzsteuer von 19 %?

A 7,17 € C 9,21 €
B 7,74 € D 8,68 €

8| Ein Baumarkt beschafft Bohrhammer zum Bezugspreis von 61,05 € je Stück. Es wird mit einem Handlungskostenzuschlag von 50 % sowie einem Gewinn von 10 % kalkuliert.
Wie hoch ist der Bruttoverkaufspreis für einen Bohrhammer bei 19 % Umsatzsteuer?

A 109,28 € C 119,88 €
B 91,58 € D 100,74 €

Kontrollieren Sie Ihre Lösungen. Nutzen Sie dazu Seite 199.

- Haben Sie richtig gelöst, machen Sie in der Tabelle ein Kreuz.
- Haben Sie falsch gelöst, finden Sie Hilfen und weitere Übungen auf den angegebenen → Seiten.

1	2	3	4	5	6	7	8
→ S. 151–155				→ S. 156			

Bezugskalkulation

Ein Sportgerätegroßhandel kauft 24 Klettergerüste. Der Listeneinkaufspreis der gesamten Lieferung beträgt netto 11 976,00 €. Der Lieferant gewährt 10 % Rabatt und 2 % Skonto.
Für Verpackungs- und Beförderungskosten werden zusätzlich 120,00 € in Rechnung gestellt.
Wie viel Euro beträgt der Bezugspreis für ein Klettergerüst?

	Listeneinkaufspreis	11 976,00 €
–	Lieferantenrabatt (hier 10 %)	1 197,60 €
=	Zieleinkaufspreis	10 778,40 €
–	Lieferantenskonto (hier 2 %)	215,57 €
=	Bareinkaufspreis	10 562,83 €
+	Bezugskosten	120,00 €
=	**Bezugspreis (Einstandspreis)**	10 682,83 €

Auf zwei Stellen nach dem Komma runden.

Der Bezugspreis für ein Klettergerüst beträgt $\frac{10\,682{,}83\,€}{24} = 445{,}12\,€$.

1 | Ein Einzelhändler bezieht eine Ware zu folgenden Bedingungen:
Listeneinkaufspreis 4 750,00 €,
Mengenrabatt 8 %, Lieferantenskonto 3 %,
Frachtkosten 137,00 €.
Berechnen Sie den Bezugspreis der Ware.

	Listeneinkaufspreis		€
–	Lieferantenrabatt		€
=	Zieleinkaufspreis		€
–	Liefererskonto		€
=	Bareinkaufspreis		€
+	Bezugskosten		€
=	Bezugspreis		€

2 | Der Listeneinkaufspreis für einen PC beträgt 700,00 €. Der Einzelhändler erhält darauf 15 % Rabatt und 2 % Skonto. Für den Transport werden 16,00 € in Rechnung gestellt.
Berechnen Sie den Bezugspreis der Ware.

	Listeneinkaufspreis		€
–	Lieferantenrabatt		€
=	Zieleinkaufspreis		€
–	Liefererskonto		€
=	Bareinkaufspreis		€
+	Bezugskosten		€
=	Bezugspreis		€

3 | Ein Großhändler bestellt 80 Gartenstühle zu einem Gesamtlisteneinkaufspreis von 3 200,00 €. Es gelten folgende Bedingungen: Skonto innerhalb von 10 Tagen 2 %, Rabatt 15 %. Die Transportkosten betragen je 20 Stühle 15,60 €.

a Ermitteln Sie den Bezugspreis je Stück, wenn innerhalb von 10 Tagen gezahlt wird.

______ €

b Wie viel € beträgt der Skonto insgesamt?

______ €

4 | Ein Bekleidungsfachgeschäft bestellt 30 Herrenjacken zu 90,00 € je Stück laut Liste. Ab einer Bestellmenge von 40 Stück werden 10 % Mengenrabatt gewährt, ansonsten nur 3 % Wiederverkäuferrabatt. Bei Zahlung innerhalb von 14 Tagen dürfen 2 % Skonto abgezogen werden. Für Verpackung und Transport werden insgesamt 17,00 € berechnet. Berechnen Sie den Bezugspreis für die gesamte Bestellung, wenn die Rechnung innerhalb von 14 Tagen bezahlt wird.

______ €

Lösungen

1–4 | (nur Endergebnisse) 34,10; 54,40; 599,10; 2 583,62; 4 375,90

Angebotsvergleich

Das Fahrradfachgeschäft „bike & ride“ möchte neue Rennradmodelle in sein Sortiment aufnehmen.
Die geplante Menge liegt bei 50 Stück. Dazu wurden nachfolgende Angebote eingeholt, die nun ausgewertet werden sollen.
Wie hoch ist der Bezugspreis für ein Rennrad des jeweiligen Anbieters?

BIKE DREAM
FRIEDRICHSTR. 67 • 40212 DÜSSELDORF

bike & ride
Herzog-Otto-Str. 20
83022 Rosenheim

16.02.20XX

ANGEBOT
über: Rennrad XTS, à 360,00 €

Bitte beachten Sie:
- zahlbar innerhalb von 30 Tagen netto Kasse
- sofort lieferbar
- Pauschale für Verpackungs- und Beförderungskosten: 320,00 €

Wir freuen uns, von Ihnen zu hören.

Fahrrad Roth | Wallbergstr. 2 | 22525 Hamburg

bike & ride
Herzog-Otto-Str. 20
83022 Rosenheim

27.02.20XX

Wir bieten Ihnen:

Fahrrad Typ SR 104 zum Preis von 347,00 €

Unsere Konditionen:
2 % Skonto bei Bezahlung innerhalb 8 Tagen nach Rechnungserhalt.
Lieferzeit 3 Monate. Verpackung leihweise.
Lieferung erfolgt frei Lager.

Die Bezugskosten der gesamten Lieferung müssen hier bei der Berechnung des Bezugspreises auf ein Rennrad umgelegt werden.
320,00 € : 50 Stück = 6,40 € pro Stück

Am Weiher 39, 40878 Ratingen **PEDALIS**

bike & ride
Herzog-Otto-Str. 20
83022 Rosenheim

ANGEBOT 21.02.20XX

Wir bieten Ihnen an:
Modell Speed S2099 je LEP 408,00 €

Modalitäten:
Bei einem Bestellwert über 18 000,00 € gewähren wir 15 % Rabatt. Zahlbar innerhalb von 10 Tagen mit 3 % Skonto. Lieferzeit: vier Wochen; lieferbar frei Haus, einschließlich Verpackung.

Der Bestellwert beträgt hier
$50 \cdot 408{,}00\,€ = 20\,400\,€$.
Es werden also 15 % Rabatt gewährt.

	Bike dream	Fahrrad Roth	Pedalis
Listeneinkaufspreis	360,00 €	347,00 €	408,00 €
– Lieferantenrabatt	--- €	--- €	61,20 €
= Zieleinkaufspreis	360,00 €	347,00 €	346,80 €
– Lieferantenskonto	--- €	6,94 €	10,40 €
= Bareinkaufspreis	360,00 €	340,06 €	336,40 €
+ Bezugskosten	6,40 €	--- €	--- €
= Bezugspreis	366,40 €	340,06 €	336,40 €

Angebotsvergleich

Das Einzelhandelfachgeschäft „games & fun" hat für eine Spielkonsole folgende Angebote erhalten. Vergleichen Sie die Angebote und berechnen Sie jeweils den Bezugspreis für eine Spielkonsole.

Spiele Fuchs
An der Mühle 82 53177 Bonn

games & fun
Aachener Straße 12
50859 Köln

24.05.20XX

Angebot

Sehr geehrte Damen und Herren,
vielen Dank für Ihre Anfrage vom 14.05.20XX.

Wir freuen uns Ihnen folgendes Angebot machen zu dürfen.

Art.-Nr.	Bezeichnung	Preis je Einheit
58321	Spielkonsole PX 1	380,00 €

Wir erbitten Ihre Zahlung innerhalb 30 Tage ab Rechnungsdatum.
Bei Zahlung innerhalb 10 Tagen gewähren wir 2 % Skonto.

Händlerrabatt 10 %, Transportkostenpauschale 25,00 €
Lieferzeit 3 Wochen ab Bestelldatum

Power Play • Industriepark 4 • 90441 Nürnberg

19.05.20XX

games & fun
Aachener Straße 12
50859 Köln

Angebot

Vielen Dank für Ihre Anfrage vom 14.05.20XX.

Artikel.	Artikel-Nr.	Einzelpreis
Konsole PX 1	1488	440,00 €

Wir gewähren einen Rabatt von 15 %.
Wir erbitten Ihre Zahlung innerhalb 30 Tage ab Rechnungsdatum.
Bei Zahlung innerhalb 10 Tagen gewähren wir 3 % Skonto.
Die Lieferzeit beträgt 14 Tage ab Bestelldatum.
Die gelieferte Ware bleibt bis zur vollständigen Bezahlung unser Eigentum.

Wir freuen uns auf eine gute Zusammenarbeit.

Karl Beck KG Heerstraße 9 | 81247 München

games & fun
Aachener Straße 12
50859 Köln

22.05.20XX

Angebot

Vielen Dank für Ihre Anfrage vom 14.05.20XX.

Art.-Nr.	Bezeichnung	Stückpreis
78962	Spielkonsole PX 1	380,00 €

Händlerrabatt: 20 %
Frachtkosten: 2 % des Warenwertes
Lieferzeit: 4 Wochen ab Bestelldatum
Zahlungsbedingungen: innerhalb 10 Tagen netto

Im Übrigen gelten unsere Allgemeinen Geschäftsbedingungen.

MEDIA GMBH Münzstraße 73 04129 Leipzig

23.05.20XX

games & fun
Aachener Straße 12
50859 Köln

Sehr geehrte Damen und Herren,
vielen Dank für Ihre Anfrage vom 14.05.20XX.

Wir freuen uns Ihnen folgendes Angebot machen zu dürfen.

Art.-Nr.	Bezeichnung	Preis je Einheit
238	Spielkonsole PX 1	415,00 €

Zahlbar innerhalb 30 Tage ab Rechnungsdatum.
Bei Zahlung innerhalb 10 Tagen gewähren wir 3 % Skonto.
Händlerrabatt 20 %
Transportkostenpauschale 17,00 €
Lieferzeit 3 Wochen ab Bestelldatum

	Spiele Fuchs	Karl Beck KG	Power Play	Media GmbH
Listeneinkaufspreis	€	€	€	€
– Lieferantenrabatt	€	€	€	€
= Zieleinkaufspreis	€	€	€	€
– Lieferantenskonto	€	€	€	€
= Bareinkaufspreis	€	€	€	€
+ Bezugskosten	€	€	€	€
= Bezugspreis	€	€	€	€

Lösungen

(nur Bezugspreise) 310,08; 339,04; 360,16; 362,78

Angebotsvergleich

1| Einer Einkaufsabteilung liegen mehrere Angebote für eine Digitalkamera vor. Berechnen Sie jeweils den Bezugspreis unter Ausnutzung des Skontos.

Angebot A:
Listeneinkaufspreis 185,00 €, 5 % Rabatt, 2 % Skonto bei Zahlung innerhalb von 12 Tagen, Frachtkosten 30,00 €

Angebot B:
Listeneinkaufspreis 168,00 €, Frachtkosten 15 % vom Warenwert, zahlbar innerhalb von 10 Tagen

Angebot C:
Listeneinkaufspreis 178,00 €, Zahlung innerhalb von 10 Tagen mit 3 % Skonto

	Angebot A	Angebot B	Angebot C
Listeneinkaufspreis	€	€	€
– Lieferantenrabatt	€	€	€
= Zieleinkaufspreis	€	€	€
– Lieferantenskonto	€	€	€
= Bareinkaufspreis	€	€	€
+ Bezugskosten	€	€	€
= Bezugspreis	€	€	€

2| Ein Einzelhändler möchte 300 Notebooks einkaufen. Ermitteln Sie für alle drei Angebote den Bezugspreis je Stück unter Ausnutzung des Skontos.

Angebot	Preis je Stück	Zahlungsbedingungen	Rabatt	Frachtkosten
1	260,00 €	2 % Skonto bei Zahlung innerhalb von 10 Tagen, 30 Tage ohne Abzug	–	frei Haus
2	268,00 €	30 Tage Ziel	4 % bei Abnahme von mindestens 100 Stück	frei Haus
3	256,00 €	2,5 % Skonto bei Zahlung innerhalb von 8 Tagen, 30 Tage ohne Abzug	–	2,00 € je Stück

	Angebot 1	Angebot 2	Angebot 3
Listeneinkaufspreis	€	€	€
– Lieferantenrabatt	€	€	€
= Zieleinkaufspreis	€	€	€
– Lieferantenskonto	€	€	€
= Bareinkaufspreis	€	€	€
+ Bezugskosten	€	€	€
= Bezugspreis	€	€	€

Lösungen

1–2| (nur Bezugspreise) 172,66; 193,20; 202,24; 251,60; 254,80; 257,28

Angebotsvergleich

1| Ihnen liegen drei Angebote für einen PC-Flachbildschirm vor. Berechnen Sie jeweils den Bezugspreis.

	Angebot 1	Angebot 2	Angebot 3
Listeneinkaufspreis	200,00 €	164,00 €	170,00 €
Lieferantenrabatt	15 %	10 %	12 %
Lieferantenskonto	3 %	2 %	3 %
Bezugskosten	0 €	1,20 €	2,50 €
Bezugspreis	€	€	€

2| Ein Händler erhält drei Angebote für einen Motorroller. Berechnen Sie jeweils den Bezugspreis.

	Angebot 1	Angebot 2	Angebot 3
Listeneinkaufspreis	700,00 €	800,00 €	740,00 €
Lieferantenrabatt	5 %	15 %	10 %
Lieferantenskonto	1 %	3 %	2 %
Bezugskosten	10,00 €	0 €	15,00 €
Bezugspreis	€	€	€

3| Die Einkäuferin eines Warenhauses möchte das Besteck WMB – CLASSIC – Edelstahl 18/10, gebürstet, 24-teilig für 6 Personen beschaffen.
Sie hat mehrere Angebote für das Besteck eingeholt und zwei Anbieter ausgewählt.

Firma grande cucina
- 397,50 € je Set bei Abnahme von mindestens 10 Sets
- Rabatt 7,5 %
- Skonto 2,5 % bei Zahlung innerhalb von 10 Tagen
- Verpackungskosten 12,00 €
- Transportkosten 55,00 €

Küchenhaus KG
- 399,00 € je Set
- Rabatt 8 % bei einer Abnahme von mindestens 8 Sets
- Skonto 1,5 % bei Zahlung innerhalb von 14 Tagen
- Bezugskosten 7,50 € je Set

Kalkulieren Sie den Bezugspreis je Anbieter für eine Gesamtbestellung von 20 Sets unter Ausnutzung des Skontos.

grande cucina ______ €

Küchenhaus KG ______ €

4| Die Makro-Tec AG stellt elektronische Messgeräte her. Für ein neu entwickeltes Gerät wird ein bestimmtes Bauteil benötigt, das von einem Zulieferer bezogen werden muss. Die Makro-Tec AG holt daher folgende drei Angebote ein:

Angebot 1 – Huber GmbH:
Stückpreis 22,00 €, Mengenrabatt 5 % ab 1 000 Stück,
Lieferung frei Haus,
2 % Skonto bei Zahlung innerhalb von 10 Tagen

Angebot 2 – Electro KG:
Stückpreis 23,00 €, Mengenrabatt 15 % ab 1 000 Stück,
Verpackungskosten je 100 Stück 10,00 €,
Lieferung frei Haus

Angebot 3 – Systems GmbH:
Stückpreis 25,00 €, Mengenrabatt 20 % ab 1 000 Stück,
bei Bestellmengen unter 500 Stück Fracht- und Verpackungskostenpauschale in Höhe von 100,00 €,
3 % Skonto bei Zahlung innerhalb von 14 Tagen

Berechnen Sie den Bezugspreis je Anbieter für eine Bestellmenge von 200 Stück und 1 000 Stück unter Ausnutzung des Skontos.

Bestellmenge:	200 Stück	1 000 Stück
Angebot 1	€	€
Angebot 2	€	€
Angebot 3	€	€

Lösungen

1–4| 145,85; 147,61; 164,90; 659,60; 667,68; 668,35; 4 312,00; 4 620,00; 4 950,00; 7 236,91; 7 381,48; 19 400,00; 19 650,00; 20 482,00

Verkaufskalkulation

Ein Sportfachgeschäft plant eine Sonderaktion zum Verkauf von Klettergerüsten. Der Bezugspreis pro Klettergerüst beträgt 445,12 €. Es wird mit einem Handlungskostenzuschlag von 42 % und einem Gewinnzuschlag von 12 % kalkuliert.
Wie viel Euro beträgt der Bruttoverkaufspreis eines Klettergerüsts?

Bezugspreis	445,12 €
+ Handlungskosten (hier 42 %)	186,95 €
= Selbstkostenpreis	632,07 €
+ Gewinn (hier 12 %)	75,85 €
= Nettoverkaufspreis	707,92 €
+ Umsatzsteuer (hier 19 %)	134,50 €
= **Bruttoverkaufspreis**	842,42 €

Der Bruttoverkaufspreis für ein Klettergerüst beträgt 842,42 €.

Info
Handlungskosten fallen z. B. an für Miete, Steuern, Personalkosten, Verwaltungskosten, Werbung usw.

Die **Umsatzsteuer** beträgt derzeit grundsätzlich 19 %.
Für bestimmte Umsätze gibt es eine Steuerbefreiung oder einen ermäßigten Steuersatz von 7 %. So werden z. B. auf Lebensmittel, Bücher oder Zeitungen nur 7 % Umsatzsteuer aufgeschlagen.

1| Der Bezugspreis eines Büroschranks beträgt 500,00 €. Es wird mit einem Handlungskostenzuschlag von 23 % gerechnet.
Der Gewinnzuschlag wurde auf 17 % festgelegt.
Berechnen Sie den Bruttoverkaufspreis.

Bezugspreis		€
+ Handlungskosten		€
= Selbstkostenpreis		€
+ Gewinn		€
= Nettoverkaufspreis		€
+ Umsatzsteuer (19 %)		€
= Bruttoverkaufspreis		€

2| Ein Baumarkt nimmt Motorsägen neu in das Sortiment auf. Der Bezugspreis für eine Motorsäge beträgt 178,00 €. Kalkuliert wird mit einem Handlungskostenzuschlag von 36 % und einem Gewinnzuschlag von 9 %.
Berechnen Sie den Bruttoverkaufspreis.

Bezugspreis		€
+ Handlungskosten		€
= Selbstkostenpreis		€
+ Gewinn		€
= Nettoverkaufspreis		€
+ Umsatzsteuer (19 %)		€
= Bruttoverkaufspreis		€

3| Der Bezugspreis für einen 15-Liter-Eimer Wandfarbe liegt bei 14,28 €. Der Handlungskostenzuschlag beträgt 25 % und der Gewinnzuschlag 12 %.
a Berechnen Sie den Bruttoverkaufspreis für einen Eimer Wandfarbe.
______ €
b Berechnen Sie den Bruttoverkaufspreis, wenn mit einem Gewinnzuschlag von 15 % kalkuliert wird.
______ €

4| Ein Industriebetrieb kalkuliert den Selbstkostenpreis für eine Schubkarre mit 85,00 €.
a Welcher Nettoverkaufspreis ergibt sich bei einem Gewinnzuschlag von 7 %?
______ €
b Aufgrund höherer Handlungskosten beträgt der Selbstkostenpreis einer Schubkarre nun 88,00 €.
Welcher Nettoverkaufspreis ergibt sich bei gleichem Gewinnzuschlag?
______ €

Lösungen
1–4| (nur Endergebnisse) 23,79; 24,43; 90,95; 94,16; 314,00; 856,26

Check-out

Testen Sie sich selbst: Kreuzen Sie den Buchstaben neben dem richtigen Ergebnis an.

1| Ein Lebensmitteleinzelhändler bezieht eine Lieferung Joghurt. Der Zieleinkaufspreis beträgt 553,19 €. Bei Zahlung innerhalb von 10 Tagen werden 2 % Skonto gewährt.
Wie viel € beträgt der Skonto?

A 5,53 € C 15,19 €
B 11,06 € D 12,19 €

2| Bei Abnahme von 840 Stück einer Ware gewährt der Lieferant zusätzlich 42 Stück als Draufgabe.
Wie viel Prozent entspricht dieser Naturalrabatt?

A 3 % C 2,5 %
B 20 % D 5 %

3| Der Listeneinkaufspreis für einen 17-Zoll-Flachbildschirm beträgt 160,00 €.
Der Fachhändler erhält darauf 15 % Rabatt und 3 % Skonto.
Wie viel € beträgt der Bareinkaufspreis?

A 131,92 € C 184,00 €
B 136,00 € D 161,84 €

4| Der Gesamtlistenpreis für 10 Uhren beträgt 155 €. Es werden 2,5 % Skonto und 8 % Rabatt gewährt. Für den Transport werden 8,40 € in Rechnung gestellt.
Berechnen Sie den Bezugspreis für eine Uhr.

A 5,50 € C 147,44 €
B 14,74 € D 15,50 €

5| Der Bezugspreis eines Büroschrankes beträgt 299,00 €.
Wie hoch ist der Selbstkostenpreis bei einem Handlungskostenzuschlag von 45 %?

A 134,55 € C 433,55 €
B 244,64 € D 515,92 €

6| Der Nettoverkaufspreis einer Waschmaschine beträgt 439,00 €.
Berechnen Sie den Bruttoverkaufspreis bei 19 % Umsatzsteuer.

A 83,41 € C 522,41 €
B 355,59 € D 499,00 €

7| Der Bezugspreis für einen DVD-Player beträgt 45,50 €. Kalkuliert wird mit einem Handlungskostenzuschlag von 25 %.
Wie hoch ist der Bruttoverkaufspreis des DVD-Players bei einem Gewinnzuschlag von 8 % und einer Umsatzsteuer von 19 %?

A 69,16 € C 56,88 €
B 61,43 € D 73,10 €

8| Ein Großhändler für Textilien ermittelt den Bezugspreis für 100 T-Shirts mit 590,00 €.
Berechnen Sie den Nettoverkaufspreis für ein T-Shirt bei einem Handlungskostenzuschlag von 25 % und einem kalkulierten Gewinn von 8 %.

A 796,50 € C 737,50 €
B 59,00 € D 7,97 €

Kontrollieren Sie Ihre Lösungen. Nutzen Sie dazu Seite 199.

- Haben Sie richtig gelöst, machen Sie in der Tabelle ein Kreuz.
- Haben Sie falsch gelöst, finden Sie Hilfen und weitere Übungen auf den angegebenen → Seiten.

1	2	3	4	5	6	7	8
→ S. 151–155				→ S. 156			

Anwendungsaufgaben

(Lösungen Seite 203)

1| 20 Fahrräder wurden zu folgenden Bedingungen bestellt:
Listenpreis je Stück 298,00 €, Lieferantenskonto 3 %, Bezugskosten insgesamt 408,80 €.
Wie hoch ist der Bezugspreis je Fahrrad?

[ ] €

2| Der Listeneinkaufspreis für 50 Geldbörsen beträgt insgesamt 990,00 €. Bei Abnahme dieser Menge werden 12 % Rabatt gewährt. Bei Zahlung innerhalb von 8 Tagen dürfen zudem 2 % Skonto abgezogen werden. Die Lieferung erfolgt frei Haus.
Berechnen Sie den Bezugspreis für eine Geldbörse.

[ ] €

3| 500 kg Kartoffeln werden zum Listeneinkaufspreis von 1,20 € je kg bezogen. Bei sofortiger Zahlung sind 12,00 € Skonto vereinbart. Die Fracht beträgt 12,00 € je 100 kg, die Transportversicherung 2 % vom Listeneinkaufspreis.
Wie hoch ist der Bezugspreis pro kg Kartoffeln?

[ ] €

4| Dem Einkäufer eines Warenhauses liegt ein preislich interessantes Angebot für eine Outdoor-Jacke vor:
- Listeneinkaufspreis 84,00 €
- Lieferantenrabatt ab 10 Stück 5 %, ab 25 Stück 10 %, ab 50 Stück 20 %
- Lieferantenskonto bei Zahlung innerhalb von 10 Tagen 2 %
- Bezugskosten 1,50 € je Stück, 1,20 € ab 10 Stück, 1,05 € ab 25 Stück, 0,85 € ab 50 Stück

a Es werden 40 Jacken bestellt und die Rechnung wird sofort bezahlt. Berechnen Sie den Bezugspreis für eine Jacke.

[ ] €

b Wie hoch ist der Bezugspreis für eine Jacke, wenn 50 Jacken bestellt werden und die Rechnung sofort bezahlt wird?

[ ] €

5| Der Bezugspreis für 10 Mini-Stereoanlagen beträgt 2 600,00 €. Es wird mit 30 % Handlungskostenzuschlag, 18 % Gewinnzuschlag und 19 % Umsatzsteuer kalkuliert.
Wie hoch ist der Bruttoverkaufspreis für eine Anlage?

[ ] €

6| Der Bezugspreis einer Aktentasche beträgt 48,00 €. Die Handlungskosten werden mit 40 % und der Gewinn mit 6 % kalkuliert.
Wie viel € beträgt der Bruttoverkaufspreis einer Aktentasche bei einem Umsatzsteuersatz von 19 %?

[ ] €

7| Die Sportabteilung eines Einkaufszentrums bezieht 250 Paar Ski zum Einkaufspreis von 150,00 € je Paar. Der Hersteller bietet der Sportabteilung 25 % Lieferantenrabatt und 3 % Lieferantenskonto an.

a Ermitteln Sie den Bezugspreis für ein Paar Ski.

[ ] €

b Zu welchem Bruttoverkaufspreis kann ein Paar Ski angeboten werden, wenn mit 30 % Handlungskostenzuschlag, 12,5 % Gewinnzuschlag und einer Umsatzsteuer von 19 % kalkuliert wird?

[ ] €

8| Der Selbstkostenpreis für eine Sporttasche beträgt 39,50 €.
Berechnen Sie den Bruttoverkaufspreis, wenn 13 % Gewinn erzielt werden.

[ ] €

9| Der Selbstkostenpreis eines neuen Artikels beträgt 241,50 €. Kalkuliert wurde mit einem Handlungskostenzuschlag von 15 %. Wie viel € beträgt der Bezugspreis?

[ ] €

10| Eine Bohrmaschine wird einschließlich 19 % Umsatzsteuer für 196,35 € verkauft. Kalkuliert wurde mit 50 % Handlungskostenzuschlag und 10 % Gewinnzuschlag. Wie viel € beträgt der Bezugspreis dieser Bohrmaschine?

[ ] €

11| Ein MP3-Player wird einschließlich 19 % Umsatzsteuer für 41,50 € verkauft. Dabei wurde mit 38 % Handlungskostenzuschlag und 12 % Gewinnzuschlag kalkuliert. Wie viel € beträgt der Bezugspreis dieses MP3-Players?

[ ] €

12| Der Bruttoverkaufspreis eines Digitalradios beträgt einschließlich 19 % Umsatzsteuer 219,00 €. Es wurde mit 59 % Handlungskostenzuschlag und 5 % Gewinnzuschlag kalkuliert. Wie viel € beträgt der Bezugspreis?

[ ] €

13| Ein Sportgerät wird einschließlich 19 % Umsatzsteuer für 960,00 € verkauft. Wie viel € beträgt der Selbstkostenpreis, wenn 9 % Gewinn erzielt werden?

[ ] €

14| Es liegt ein Angebot über ein Faxgerät vor: Einkaufspreis 450,00 €, Lieferantenrabatt 40 %, Lieferantenskonto 2 %, Fracht 12,00 €, Verpackung 1,40 €. Zu welchem Bruttoverkaufspreis könnte das Gerät angeboten werden, wenn die Abteilung mit 30 % Handlungskostenzuschlag, 20 % Gewinnzuschlag und 19 % Umsatzsteuer kalkuliert?

[ ] €

15| Einem Fachgeschäft für Kaffeemaschinen liegen zwei Angebote vor.

Aus Angebot 1

- 430,00 € pro Maschine
- 15 % Mengenrabatt bei einer Mindestabnahme von 5 Maschinen
- Lieferkosten: 3 % vom Listenpreis
- Zahlungsbedingungen: 2 % Skonto bei Zahlung innerhalb von 10 Tagen oder 40 Tage netto

Aus Angebot 2

- 420,00 € pro Maschine
- 10 % Mengenrabatt
- Lieferbedingungen: frei Haus
- Zahlungsbedingungen: 3 % Skonto bei Zahlung innerhalb von 8 Tagen oder 30 Tage netto

Ermitteln Sie bei einer Bestellung von 10 Stück den Gesamtbezugspreis für beide Angebote. Berücksichtigen Sie dabei, dass Skonto in Anspruch genommen wird.

Angebot 1: [ ] €

Angebot 2: [ ] €

16| Einem Einzelhändler liegen zwei Angebote über Tischdecken vor:
Großhändler Stark GmbH bietet die Tischdecke zu einem Listeneinkaufspreis von 7,98 € an. Ab einer Bestellmenge von 100 Stück gewährt er 7 % Mengenrabatt, ab einer Bestellmenge von 500 Stück werden 10 % Mengenrabatt gewährt. Bei Zahlung innerhalb von 10 Tagen dürfen 3 % Skonto abgezogen werden. An Versandkosten fallen 0,10 € je Stück an.
Großhändler Abel OHG bietet die Tischdecke zu einem Listeneinkaufspreis von 8,50 € an. Er gewährt ohne eine Mindestbestellmenge 12 % Wiederverkäuferrabatt. Der Rechnungsbetrag ist innerhalb von 30 Tagen ohne Abzug fällig. Für den Versand fallen 0,20 € je Stück an.
Der Einzelhändler möchte 200 Tischdecken bestellen. Berechnen Sie für beide Angebote den Bezugspreis je Tischdecke.

Stark GmbH [ ] €

Abel OHG [ ] €

Abschlusstest

Kontrollieren Sie Ihre Lösungen auf der Seite 208.

1 | Ein Einzelhändler bezieht eine Ware zu folgenden Bedingungen: Listeneinkaufspreis 250,00 €, Mengenrabatt 10 %, Lieferantenskonto 2 %, Frachtkosten 15,00 €.
Berechnen Sie den Bezugspreis der Ware.

[ ] €

2 | Sie erhalten zwei Angebote über Polo-Shirts.

	Angebot 1	Angebot 2
Modell	„Classic“	„Sportiv“
Listenpreis	17,80 €	15,98 €
Rabatt	20 %	6 %
Skonto	2 %	3 %

Berechnen Sie den Bezugspreis je Shirt für beide Angebote.

Angebot 1 [ ] €

Angebot 2 [ ] €

3 | Ein Fachmarkt für Haushaltsgeräte bezieht Waschmaschinen zum Stückpreis von netto 199,00 €. Kalkuliert wird mit 40 % Handlungskostenzuschlag , 12 % Gewinnzuschlag und 19 % Umsatzsteuer.
Berechnen Sie den Bruttoverkaufspreis einer Waschmaschine.

[ ] €

4 | Die Selbstkosten für ein Paar Inline-Skates werden auf 158,64 € kalkuliert. Der Nettoverkaufspreis liegt bei 187,20 €.
Berechnen Sie den Gewinn in Euro und in Prozent.

[ ] € [ ] %

5 | Der Bezugspreis eines Freizeithemds beträgt 17,30 €. Die Handlungskosten werden mit 20 % kalkuliert. Das Freizeithemd wird einschließlich 19 % Umsatzsteuer für 29,95 € angeboten.
Wie viel Euro beträgt der Gewinn?

[ ] €

6 | Der Bezugspreis für 10 T-Shirts beträgt 58,00 €. Kalkuliert wird mit 20 % Handlungskostenzuschlag, 11 % Gewinnzuschlag und 19 % Umsatzsteuer.
Berechnen Sie den Bruttoverkaufspreis für ein T-Shirt.

[ ] €

7 | Der Bezugspreis für ein Kinder-Fahrrad beträgt 199,00 €. Die Bezugskosten belaufen sich auf 5,00 € je Fahrrad.
Wie viel Euro beträgt der Listeneinkaufspreis, wenn 5 % Lieferantenrabatt und 2 % Lieferantenskonto gewährt wurden?

[ ] €

8 | Ein Sportfachgeschäft erhält zwei Angebote für Fußbälle.

Aus Angebot 1
(Herstellerfirma Sportball AG, Saarbrücken):

„Wir liefern Fußbälle schwarzweiß, Leder (voll recyclingfähig), hervorragende Ausführung, doppelt gezwirnte Nähte, Patentventil, unverwüstlich, zum Stückpreis von 7,80 € ohne Umsatzsteuer.
Bei Abnahme von 1 000 Stück gewähren wir einen Mengenrabatt in Höhe von 15 %.
Frachtkosten 6,00 € pro 100 Bälle. Die Verpackung wird mit 10,00 € pro 100 Bälle in Rechnung gestellt.
Die Lieferung erfolgt vier Wochen nach Bestellung.“

Aus Angebot 2
(Herstellerfirma Leo Wagner, Regensburg):

„Wir liefern frei Haus 1 000 Bälle schwarzweiß, Kunststoff in Lederqualität, moderne Ausführung, Patentventil, nylongenäht, sehr lange Lebensdauer.
Preis pro Ball netto 8,40 €. Mengenrabatt bei Abnahme von 1 000 Stück 10 %. Die Lieferung erfolgt innerhalb einer Woche nach Auftragseingang.“

Es sollen 1 000 Bälle bestellt werden.
Berechnen Sie jeweils den Bezugspreis für einen Ball.

Angebot 1 [ ] €

Angebot 2 [ ] €

Geometrie

Check-in

Testen Sie sich selbst: Kreuzen Sie den Buchstaben neben dem richtigen Ergebnis an.

1| Ein Quadrat hat den Umfang $u = 32\,m$.
Berechnen Sie den Flächeninhalt.

A $32\,m^2$ C $64\,m^2$
B $16\,m^2$ D $8\,m^2$

2| Ein Fußballfeld ist 110 m lang und 70 m breit.
Wie groß ist die Rasenfläche?

A $7\,700\,m^2$ C $7\,770\,m^2$
B $770\,m^2$ D $3\,850\,m^2$

3| Berechnen Sie den Flächeninhalt des abgebildeten Dreiecks.

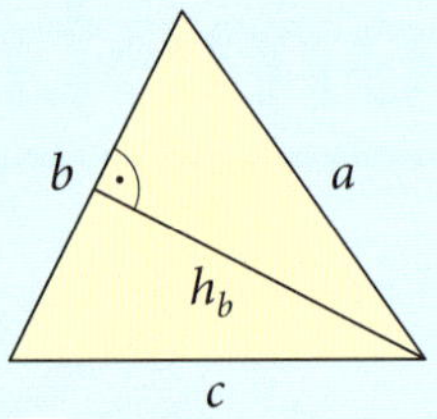

$a = 3{,}5\,cm$
$b = 3{,}2\,cm$
$h_b = 3{,}1\,cm$

A $4{,}96\,cm^2$ C $5{,}4\,cm^2$
B $9{,}92\,cm^2$ D $5{,}6\,cm^2$

4| Ein kreisrunder Teppich hat einen Durchmesser von 80 cm.
Wie groß ist sein Flächeninhalt?

Rechnen Sie mit $\pi \approx 3{,}14$

A $\approx 251{,}2\,cm^2$ C $\approx 20\,096\,cm^2$
B $\approx 5\,024\,cm^2$ D $\approx 125{,}6\,cm^2$

5| Ein Kreis hat den Umfang $u = 31{,}4\,mm$.
Bestimmen Sie den Radius.

A $\approx 15{,}7\,mm$ C $\approx 5\,mm$
B $\approx 10\,mm$ D $\approx 3\,mm$

6| Berechnen Sie die Wohnfläche des abgebildeten Raumes.

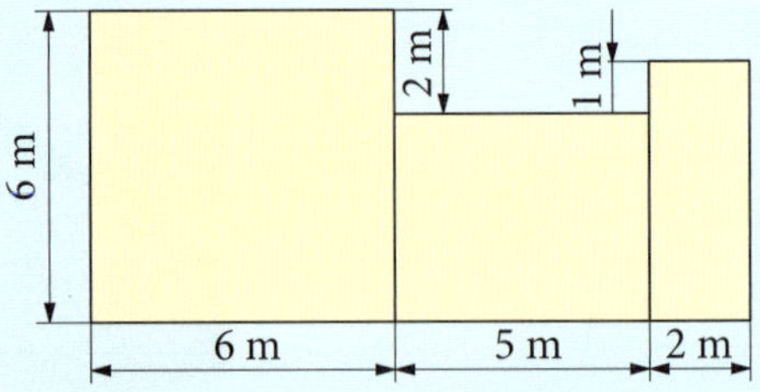

A $66\,m^2$ C $65\,m^2$
B $60\,m^2$ D $72\,m^2$

7| Ein Würfel hat 4 cm lange Kanten.
Berechnen Sie das Volumen des Würfels.

A $16\,cm^3$ C $64\,cm^3$
B $12\,cm^3$ D $24\,cm^3$

8| Ein Quader ist 10 cm lang, 4 cm breit und 3 cm hoch.
Berechnen Sie die Oberfläche des Quaders.

A $164\,cm^2$ C $140\,cm^2$
B $82\,cm^2$ D $120\,cm^2$

9| Bestimmen Sie die Oberfläche des Zylinders.

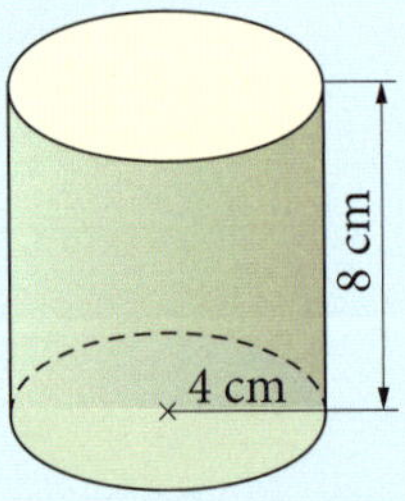

A $\approx 402{,}92\,cm^2$ C $\approx 100{,}53\,cm^2$
B $\approx 301{,}44\,cm^2$ D $\approx 201{,}06\,cm^2$

10| Eine Kugel hat den Radius $r = 2{,}5\,cm$.
Berechnen Sie das Volumen der Kugel.

A $\approx 49{,}06\,cm^3$ C $\approx 16{,}36\,cm^3$
B $\approx 65{,}42\,cm^3$ D $\approx 78{,}54\,cm^3$

11| Eine Kugel hat eine Oberfläche von $113{,}1\,m^2$.
Berechnen Sie das Volumen der Kugel.

A $\approx 38\,m^3$ C $\approx 3\,054\,m^3$
B $\approx 630\,m^3$ D $\approx 113\,m^3$

Kontrollieren Sie Ihre Lösungen. Nutzen Sie dazu Seite 199.

- Haben Sie richtig gelöst, machen Sie in der Tabelle ein Kreuz.
- Haben Sie falsch gelöst, finden Sie Hilfen und weitere Übungen auf den angegebenen → Seiten.

1	2	3	4	5	6	7	8	9	10	11
→ S. 163		S. 164	→ S. 167		S. 168	→ S. 171		S. 172	→ S. 173	

Maßeinheiten für Längen → S. 61/62, für Flächen → S. 63 und für Rauminhalte → S. 64

Quadrat und Rechteck

Quadrat

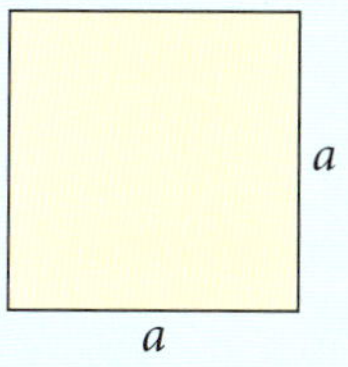

Umfang
$u = 4 \cdot a$

Flächeninhalt
$A = a \cdot a = a^2$

Beispiel: $a = 3\,cm$
$u = 4 \cdot 3\,cm$
$u = 12\,cm$

$A = 3\,cm \cdot 3\,cm$
$A = 9\,cm^2$

Rechteck

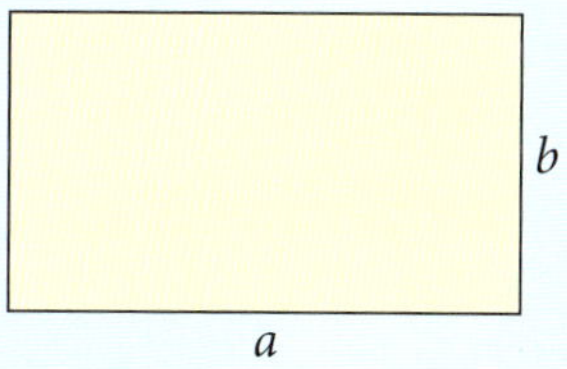

Umfang
$u = 2 \cdot a + 2 \cdot b$
$u = 2 \cdot (a + b)$

Flächeninhalt
$A = a \cdot b$

Beispiel: $a = 4\,cm$ und $b = 3\,cm$
$u = 2 \cdot (4\,cm + 3\,cm)$
$u = 14\,cm$

$A = 4\,cm \cdot 3\,cm$
$A = 12\,cm^2$

Berechnen Sie jeweils den Umfang und Flächeninhalt der Quadrate.

1| $a = 6\,cm$
$u =$ __ cm $A =$ __ cm^2

2| $a = 1{,}7\,m$
$u =$ __ m $A =$ __ m^2

Tipp: Achten Sie auf die Einheiten.

	a	u	A
3|	40 mm	cm	cm^2
4|	0,12 m	cm	cm^2
5|	0,5 dm	cm	cm^2

Berechnen Sie jeweils den Umfang und Flächeninhalt der Rechtecke.

12| $a = 5\,cm$ und $b = 8\,cm$
$u =$ __ cm $A =$ __ cm^2

13| $a = 1{,}4\,dm$ und $b = 4\,dm$
$u =$ __ dm $A =$ __ dm^2

Tipp: Achten Sie auf die Einheiten.

	a	b	u	A
14|	3 cm	50 mm	cm	cm^2
15|	0,2 m	8 cm	cm	cm^2
16|	1,2 dm	20 mm	cm	cm^2

Berechnen Sie die fehlenden Angaben der Quadrate.

	a	u	A
6|	7 cm	cm	cm^2
7|	30 mm	mm	mm^2
8|	cm	40 cm	cm^2
9|	m	32 m	m^2
10|	cm	cm	16 cm^2
11|	m	m	144 m^2

Berechnen Sie die fehlenden Angaben der Rechtecke.

	a	b	u	A
17|	2 cm	6 cm	cm	cm^2
18|	10 cm	12 cm	cm	cm^2
19|	m	20 m	64 m	m^2
20|	8 mm	mm	28 mm	mm^2
21|	cm	9 cm	cm	45 cm^2
22|	12 m	m	m	96 m^2

Lösungen
1–11| 2,89; 4; 6,8; 8; 10; 12; 16; 16; 16; 20; 24; 25; 28; 36; 48; 48; 49; 64; 100; 120; 144; 900
12–22| 5; 5,6; 6; 8; 10,8; 12; 12; 15; 16; 16; 24; 26; 28; 28; 40; 40; 44; 48; 56; 120; 160; 240

Dreieck

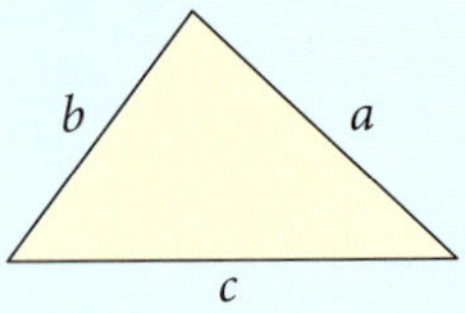

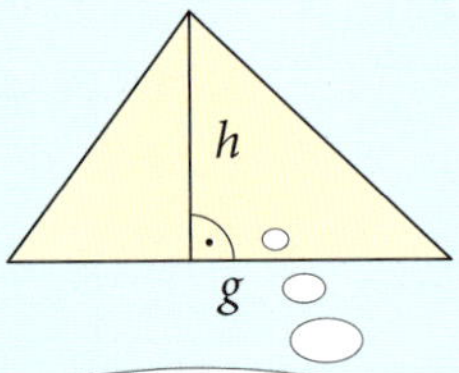

Der Punkt bedeutet: rechter Winkel = 90°

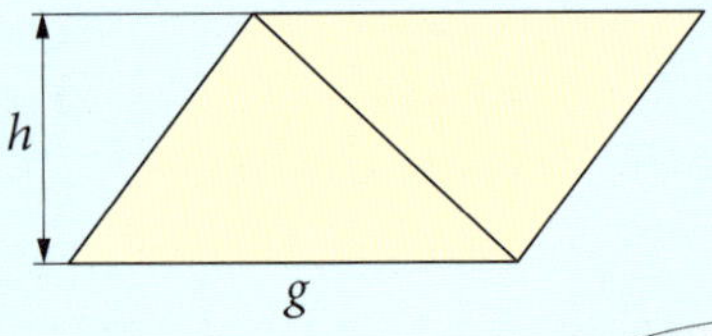

Umfang
$u = a + b + c$

Flächeninhalt
$A = \frac{1}{2} \cdot g \cdot h$

g ist eine Grundseite und *h* die zugehörige Höhe.

Beispiel: $a = 2{,}6\,\text{cm}$, $b = 3\,\text{cm}$ und $c = 4{,}8\,\text{cm}$
$u = 2{,}6\,\text{cm} + 3\,\text{cm} + 4{,}8\,\text{cm}$
$u = 10{,}4\,\text{cm}$

Beispiel: $g = 5\,\text{cm}$ und $h = 3\,\text{cm}$
$A = \frac{1}{2} \cdot 5\,\text{cm} \cdot 3\,\text{cm}$
$A = 7{,}5\,\text{cm}^2$

Berechnen Sie den Umfang der Dreiecke.

1| $a = 4{,}8\,\text{cm}$, $b = 3{,}2\,\text{cm}$ und $c = 5{,}6\,\text{cm}$
$u =$ ☐ cm

2| $a = 6{,}9\,\text{cm}$, $b = 2{,}7\,\text{cm}$ und $c = 7{,}1\,\text{cm}$
$u =$ ☐ cm

Berechnen Sie den Flächeninhalt der Dreiecke.

3| $g = 4\,\text{cm}$ und $h = 7\,\text{cm}$
$A =$ ☐ cm^2

4| $g = 3{,}2\,\text{cm}$ und $h = 4\,\text{cm}$
$A =$ ☐ cm^2

Berechnen Sie den Flächeninhalt (in cm^2).

	g	*h*	*A*
5|	9 cm	0,8 dm	☐ cm^2
6|	0,2 m	5 cm	☐ cm^2
7|	10,2 cm	34 mm	☐ cm^2
8|	0,6 dm	7,5 cm	☐ cm^2
9|	2,5 dm	30 mm	☐ cm^2

Berechnen Sie die fehlenden Angaben.

	g	*h*	*A*
10|	6,4 dm	3 dm	☐ dm^2
11|	☐ m	15 m	30 m^2
12|	☐ dm	4 dm	13,4 dm^2
13|	8 m	☐ m	24 m^2
14|	5,6 cm	☐ cm	16,8 cm^2

Berechnen Sie den Umfang und den Flächeninhalt der Dreiecke.
Tipp: Die Höhe liegt auf einer Seite oder außerhalb des Dreiecks.

15|
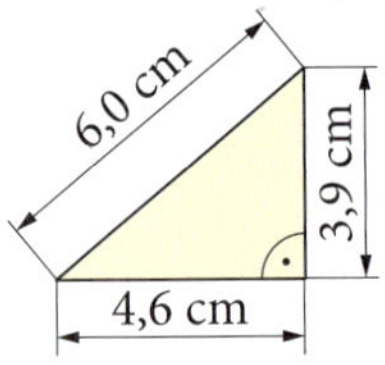

$u =$ ☐ cm
$A =$ ☐ cm^2

16|
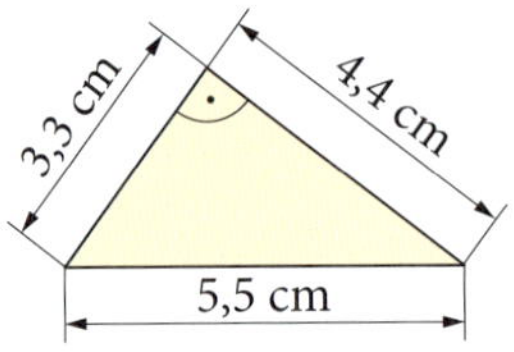

$u =$ ☐ cm
$A =$ ☐ cm^2

17|
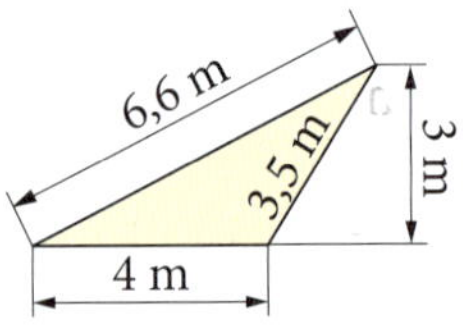

$u =$ ☐ m
$A =$ ☐ m^2

18|
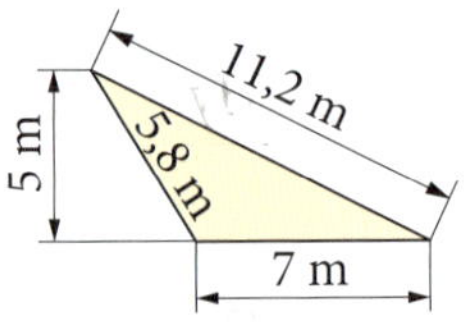

$u =$ ☐ m
$A =$ ☐ m^2

Lösungen
1–18| 4; 6; 6; 6; 6,4; 6,7; 7,26; 8,97; 9,6; 13,2; 13,6; 14; 14,1; 14,5; 16,7; 17,34; 17,5; 22,5; 24; 36; 37,5; 50

Satz des Pythagoras

Seiten im rechtwinkligen Dreieck:
Hypotenuse *c*: Sie liegt dem rechten Winkel gegenüber. Sie ist die längste Seite des Dreiecks. **Katheten *a* und *b***: Sie liegen am rechten Winkel an.

Der rechte Winkel wird durch einen Punkt gekennzeichnet.

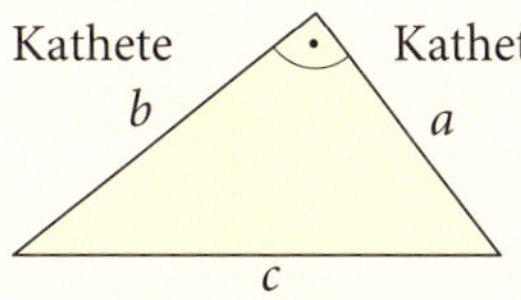

Nur im rechtwinkligen Dreieck gilt der Satz des Pythagoras:
$a^2 + b^2 = c^2$

Die Summe der Quadrate der Kathetenlängen ist genauso groß wie das Quadrat der Hypotenusenlänge.

Berechnung der Hypotenuse

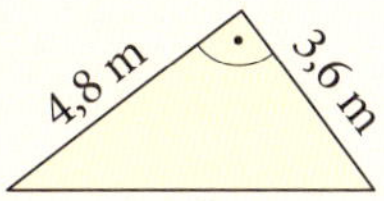

Gegeben: Kathete $a = 3{,}6\,\text{m}$
Kathete $b = 4{,}8\,\text{m}$

Gesucht: Hypotenuse c

Rechnung:
$$(3{,}6\,\text{m})^2 + (4{,}8\,\text{m})^2 = c^2$$
$$12{,}96\,\text{m}^2 + 23{,}04\,\text{m}^2 = c^2$$
$$36\,\text{m}^2 = c^2 \quad |\sqrt{}$$
$$\sqrt{36\,\text{m}^2} = \sqrt{c^2}$$
$$6\,\text{m} = c$$

Berechnung einer Kathete

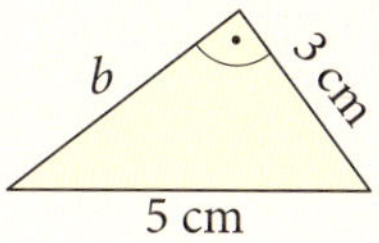

Gegeben: Kathete $a = 3\,\text{cm}$
Hypotenuse $c = 5\,\text{cm}$

Gesucht: Kathete b

Rechnung:
$$(3\,\text{cm})^2 + b^2 = (5\,\text{cm})^2$$
$$9\,\text{cm}^2 + b^2 = 25\,\text{cm}^2 \quad |-9\,\text{cm}^2$$
$$b^2 = 16\,\text{cm}^2 \quad |\sqrt{}$$
$$\sqrt{b^2} = \sqrt{16\,\text{cm}^2}$$
$$b = 4\,\text{cm}$$

Berechnen Sie jeweils die fehlende Länge im rechtwinkligen Dreieck.
Runden Sie gegebenenfalls auf zwei Stellen nach dem Komma.

1|

Kathete *a*	12 cm	1 cm	3 m	24 m	7 dm	5 dm
Kathete *b*	9 cm	1 cm	4 m	10 m	24 dm	12 dm
Hypotenuse *c*	cm	cm	m	m	dm	dm

2|

Kathete *a*	1,2 cm	3,6 cm	0,8 m	70 m	7,5 dm	6,2 dm
Kathete *b*	1,6 cm	1,5 cm	1,5 m	50,5 m	10 dm	6,2 dm
Hypotenuse *c*	cm	cm	m	m	dm	dm

3|

Kathete *a*	6 cm	10 cm	40 m	12 m	23,2 dm	1,6 dm
Kathete *b*	cm	cm	m	m	dm	dm
Hypotenuse *c*	10 cm	20 cm	95 m	12,5 m	46,4 dm	3,4 dm

4|

Kathete *a*	cm	cm	m	m	dm	dm
Kathete *b*	32 cm	12 cm	5 m	0,7 m	3,6 dm	5,8 dm
Hypotenuse *c*	68 cm	21 cm	13 m	2,5 m	21,6 dm	7,3 dm

Lösungen
1–4| 1,41; 1,7; 2; 2,4; 3; 3,5; 3,9; 4,43; 5; 8; 8,77; 12; 12,5; 13; 15; 17,23; 17,32; 21,30; 25; 26; 40,18; 60; 86,17; 86,31

Satz des Pythagoras

Stellen Sie jeweils eine Gleichung nach dem Satz des Pythagoras auf. Berechnen Sie anschließend die Länge x der Hypotenuse. Runden Sie gegebenenfalls auf zwei Stellen nach dem Komma.

1|

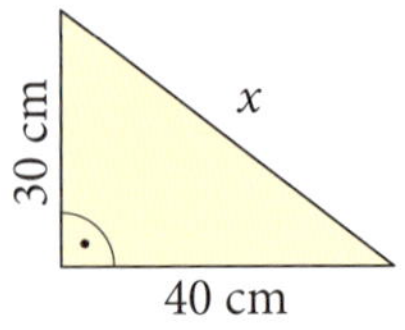

Satz des Pythagoras:

$(30\text{ cm})^2 + (40\text{ cm})^2 = x^2$

$x =$ ______ cm

3|

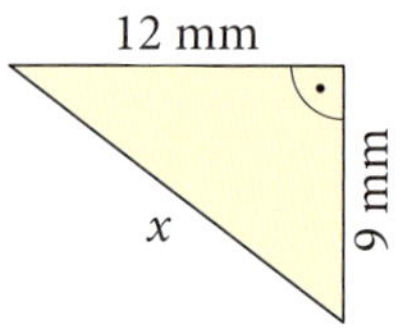

Satz des Pythagoras:

$x =$ ______ mm

2|

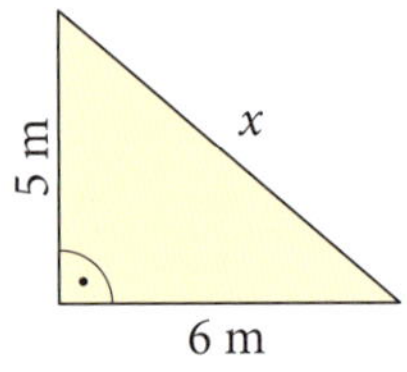

Satz des Pythagoras:

$x \approx$ ______ m

4|

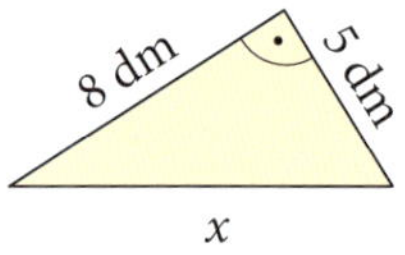

Satz des Pythagoras:

$x \approx$ ______ dm

Stellen Sie jeweils eine Gleichung nach dem Satz des Pythagoras auf. Berechnen Sie anschließend die fehlende Länge x der Kathete. Runden Sie gegebenenfalls auf zwei Stellen nach dem Komma.

5|

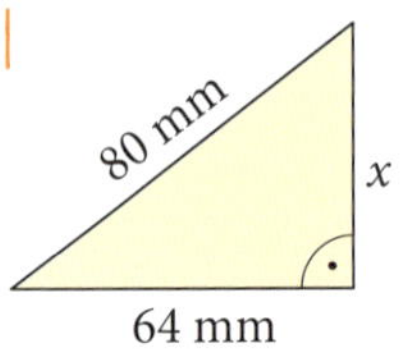

Satz des Pythagoras:

$x^2 + (64\text{ mm})^2 = (80\text{ mm})^2$

$x =$ ______ mm

7|

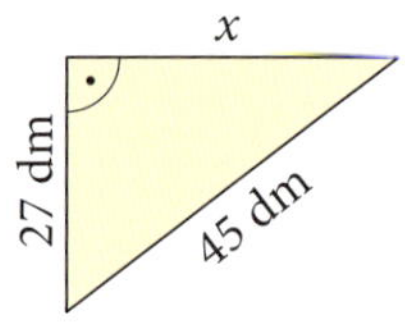

Satz des Pythagoras:

$x =$ ______ dm

6|

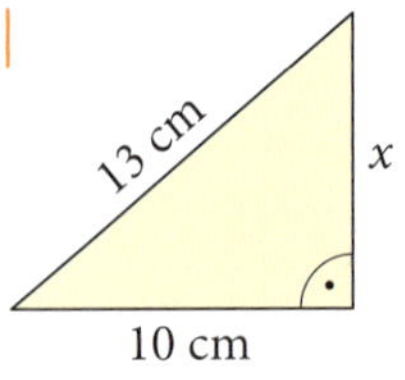

Satz des Pythagoras:

$x \approx$ ______ cm

8|

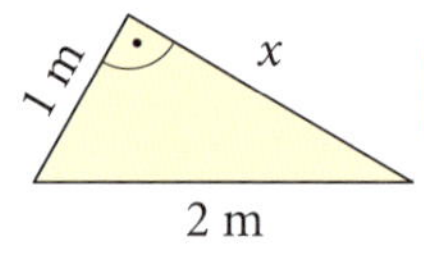

Satz des Pythagoras:

$x \approx$ ______ m

Berechnen Sie jeweils die fehlende Seitenlänge x.
Runden Sie gegebenenfalls auf zwei Stellen nach dem Komma.

9|

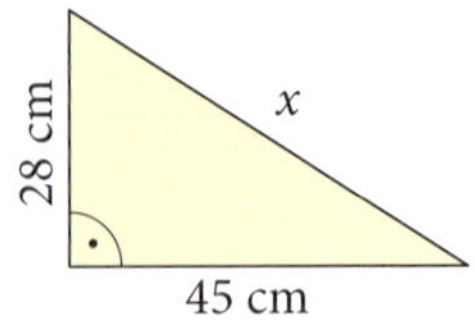

$x =$ ______ cm

11|

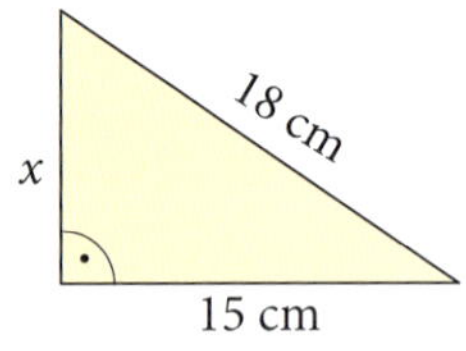

$x \approx$ ______ cm

13|

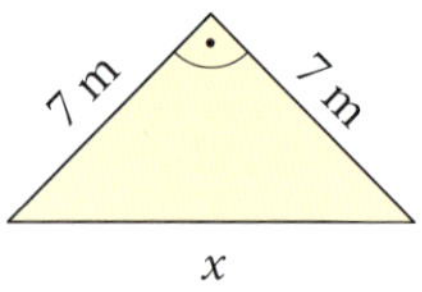

$x \approx$ ______ m

15|

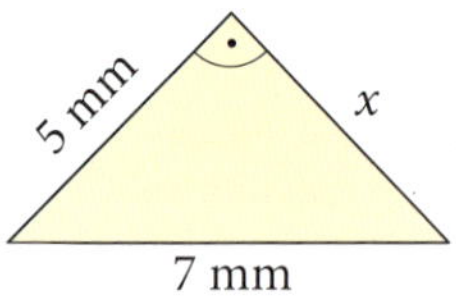

$x \approx$ ______ mm

10|

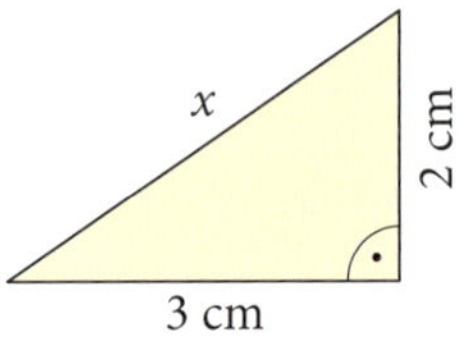

$x \approx$ ______ cm

12|

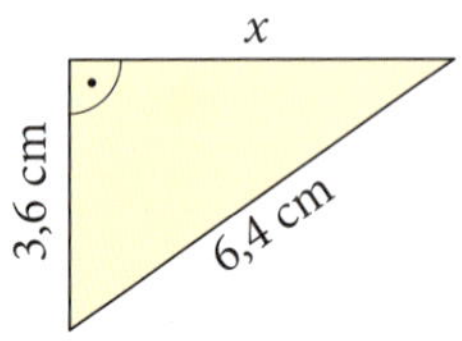

$x \approx$ ______ cm

14|

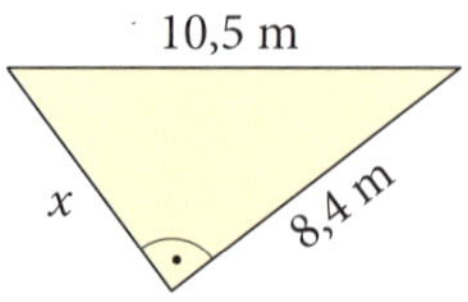

$x =$ ______ m

16|

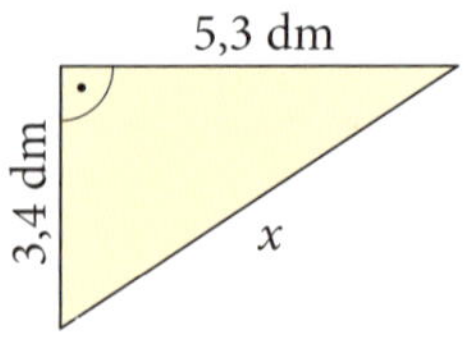

$x \approx$ ______ dm

Lösungen

1–8| siehe Seite 203 9–16| 3,61; 4,90; 5,29; 6,3; 6,30; 9,90; 9,95; 53

Kreis

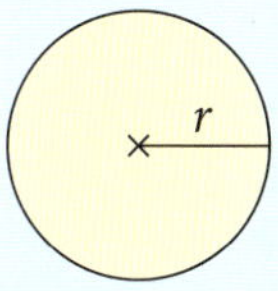

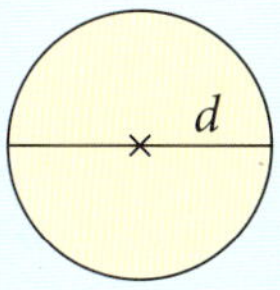

r Radius
d Durchmesser
$d = 2 \cdot r$

$\pi = 3{,}14159\ldots$
Wir rechnen mit
$\pi \approx 3{,}14$

Umfang
$u = 2 \cdot \pi \cdot r$ oder $u = \pi \cdot d$

Flächeninhalt
$A = \pi \cdot r^2 = \pi \cdot r \cdot r$ oder $A = \pi \cdot \frac{d^2}{4} = \pi \cdot \frac{d \cdot d}{4}$

Beispiel: $r = 3\,\text{cm}$, also $d = 2 \cdot 3\,\text{cm} = 6\,\text{cm}$

$u \approx 2 \cdot 3{,}14 \cdot 3\,\text{cm}$ $u \approx 3{,}14 \cdot 6\,\text{cm}$ $A \approx 3{,}14 \cdot 3\,\text{cm} \cdot 3\,\text{cm}$ $A \approx 3{,}14 \cdot \frac{6\,\text{cm} \cdot 6\,\text{cm}}{4}$

$u \approx 18{,}84\,\text{cm}$ $u \approx 18{,}84\,\text{cm}$ $A \approx 28{,}26\,\text{cm}^2$ $A \approx 28{,}26\,\text{cm}^2$

Berechnen Sie den Umfang und Flächeninhalt der Kreise.

1| $r = 5\,\text{cm}$
$u \approx$ ____ cm $A \approx$ ____ cm^2

2| $r = 2\,\text{cm}$
$u \approx$ ____ cm $A \approx$ ____ cm^2

3| $d = 5\,\text{cm}$
$u \approx$ ____ cm $A \approx$ ____ cm^2

4| $d = 50\,\text{cm}$
$u \approx$ ____ cm $A \approx$ ____ cm^2

Berechnen Sie die fehlenden Angaben der Kreise. Runden Sie auf zwei Stellen nach dem Komma.

	r	u	A
5|	2,5 cm	cm	cm^2
6|	25 mm	cm	cm^2
7|	0,8 dm	cm	cm^2
8|	0,15 m	cm	cm^2
9|	60 mm	cm	cm^2
10|	0,4 dm	cm	cm^2

	r	d	u	A
11|	6 dm	dm	dm	dm^2
12|	m	9 m	m	m^2
13|	cm	cm	50,24 cm	cm^2
14|	dm	dm	75,36 dm	dm^2
15|	cm	cm	cm	12,56 cm^2
16|	mm	mm	mm	314 mm^2

Berechnen Sie den Umfang und Flächeninhalt der gefärbten Flächen. Runden Sie auf zwei Stellen nach dem Komma.

17|
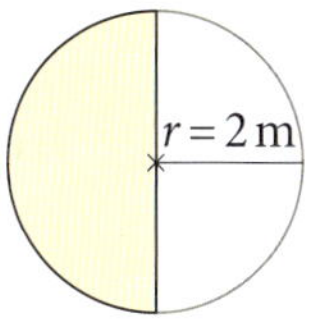

$u \approx$ ____ m
$A \approx$ ____ m^2

18|
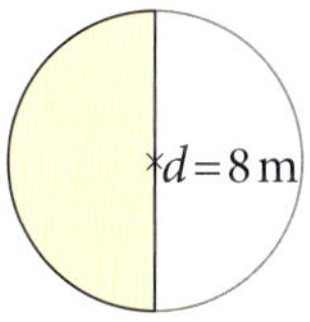

$u \approx$ ____ m
$A \approx$ ____ m^2

19|
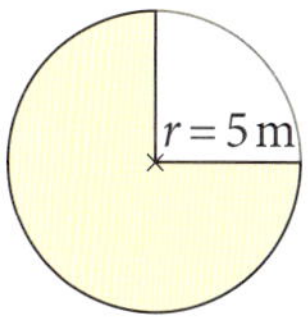

$u \approx$ ____ m
$A \approx$ ____ m^2

20|
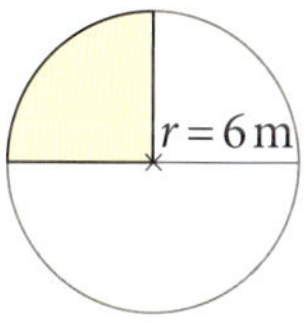

$u \approx$ ____ m
$A \approx$ ____ m^2

Lösungen

1–4| 12,56; 12,56; 15,7; 19,625; 31,4; 78,5; 157; 1962,5 5–16| 2; 4; 4,5; 8; 10; 12; 12; 16; 12,56; 15,7; 15,7; 19,63; 19,63; 20; 24; 25,12; 28,26; 37,68; 37,68; 50,24; 50,24; 62,8; 63,59; 94,2; 113,04; 113,04; 200,96; 200,96; 452,16; 706,5 17–20| 6,28; 10,28; 20,56; 21,42; 25,12; 28,26; 33,55; 58,88

Zusammengesetzte Flächen

Wie groß ist der Flächeninhalt der abgebildeten Figur?

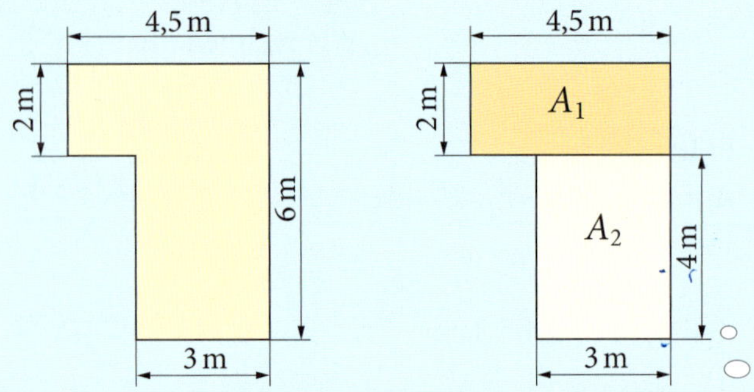

Die nicht direkt ablesbare Seitenlänge des zweiten Rechteckes ergibt sich: 6 m – 2 m = 4 m.

1. Figur in berechenbare Teilflächen zerlegen.
   Hier ist die Zerlegung in 2 Rechtecke sinnvoll.

2. Flächeninhalte der Teilflächen berechnen.
   Flächeninhalt Rechteck 1:
   $A_1 = 4{,}5\,\text{m} \cdot 2\,\text{m} = 9\,\text{m}^2$
   Flächeninhalt Rechteck 2:
   $A_2 = 3\,\text{m} \cdot 4\,\text{m} = 12\,\text{m}^2$

3. Flächeninhalte der Teilflächen addieren.
   Flächeninhalt der Figur:
   $A = A_1 + A_2 = 9\,\text{m}^2 + 12\,\text{m}^2 = 21\,\text{m}^2$

Berechnen Sie die Flächeninhalte der Figuren.

1|
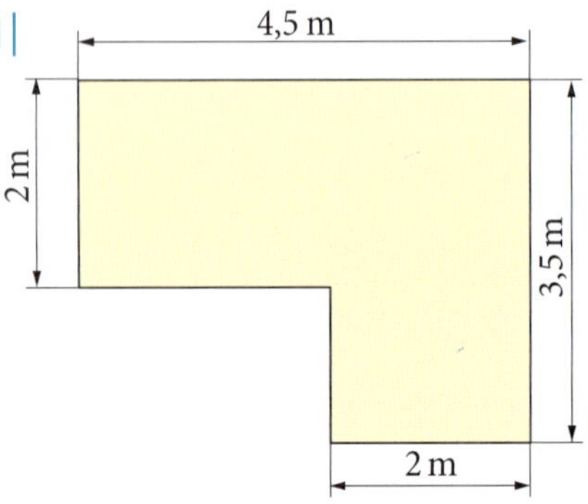

$\square$ m²

2|
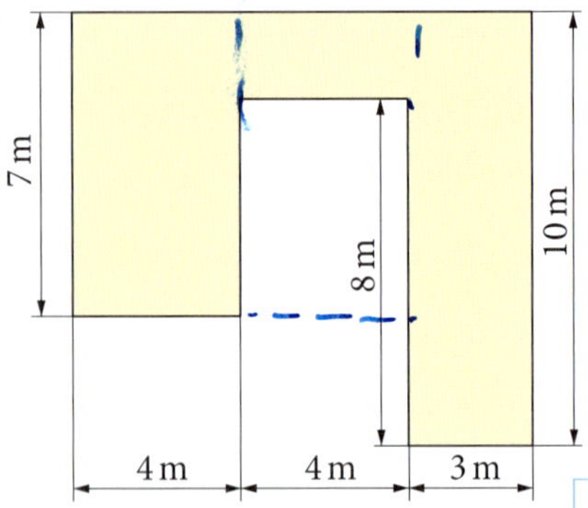

$\square$ m²

3|
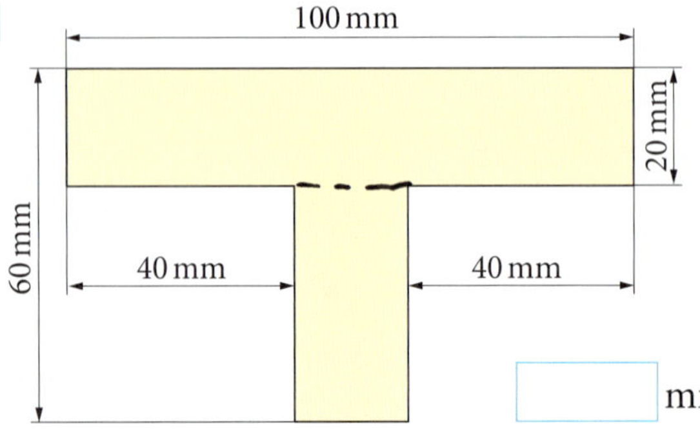

$\square$ mm²

4|
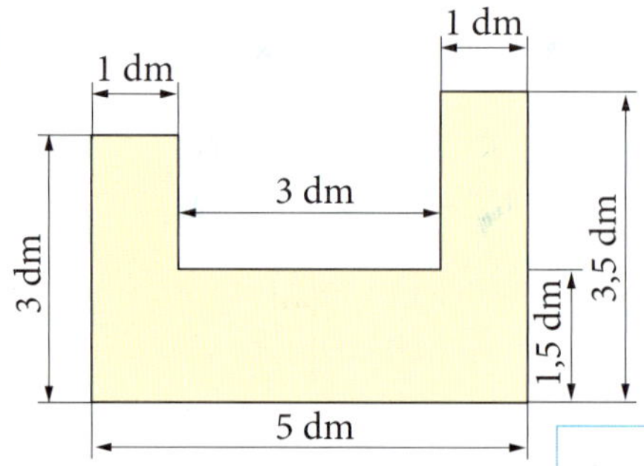

$\square$ dm²

5|
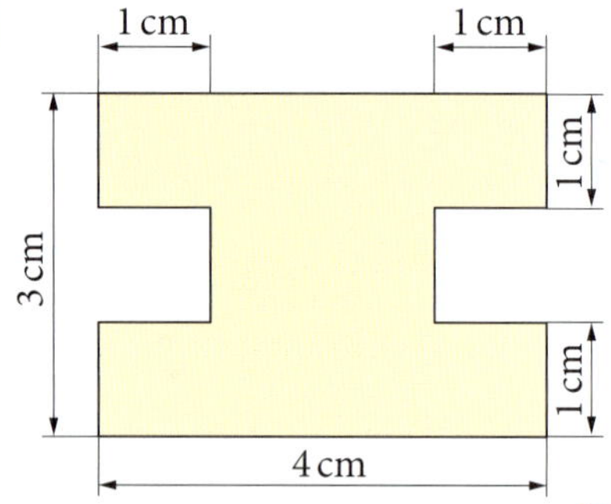

$\square$ cm²

6|
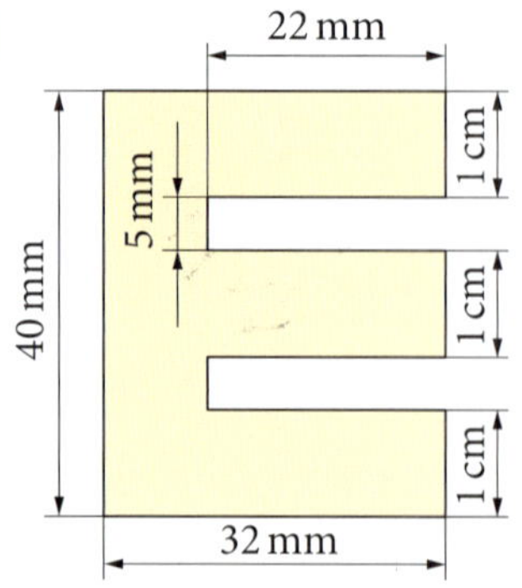

$\square$ mm²

Lösungen
1–6| 10; 11; 12; 66; 1 060; 2 800

Zusammengesetzte Flächen

Wie groß ist der Inhalt der gefärbten Fläche?

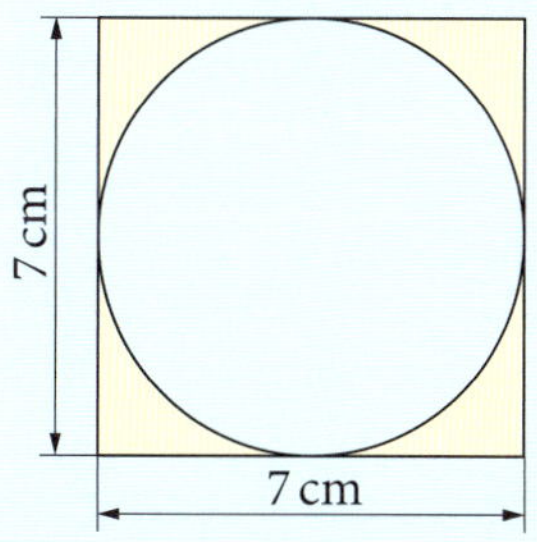

1. Flächeninhalt der „äußeren“ Figur berechnen.
   Flächeninhalt des „äußeren“ Quadrates:
   $A_Q = 7\,\text{cm} \cdot 7\,\text{cm} = 49\,\text{cm}^2$

2. Flächeninhalt der ausgesparten Figur berechnen.
   Flächeninhalt des Kreises:
   $A_K \approx 3{,}14 \cdot \frac{7\,\text{cm} \cdot 7\,\text{cm}}{4} = 38{,}465\,\text{cm}^2$

3. Flächeninhalt der ausgesparten Figur von der äußeren Figur subtrahieren.
   Inhalt der gefärbten Fläche:
   $A = A_Q - A_K = 49\,\text{cm}^2 - 38{,}465\,\text{cm}^2 = 10{,}535\,\text{cm}^2$

Berechnen Sie die Inhalte der gefärbten Flächen. Runden Sie gegebenenfalls auf zwei Stellen nach dem Komma.

1|

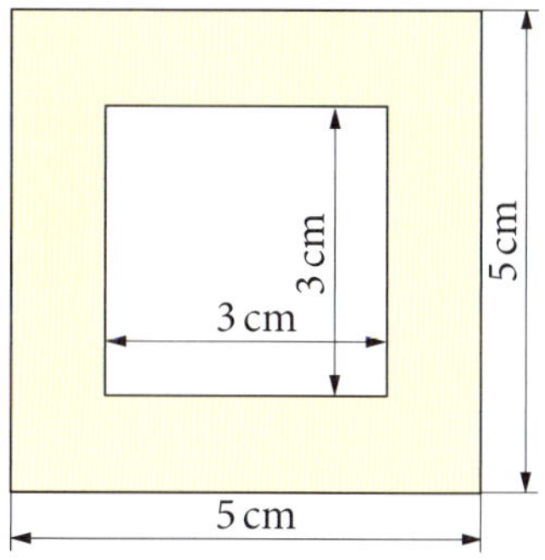

$\square\ \text{cm}^2$

2|

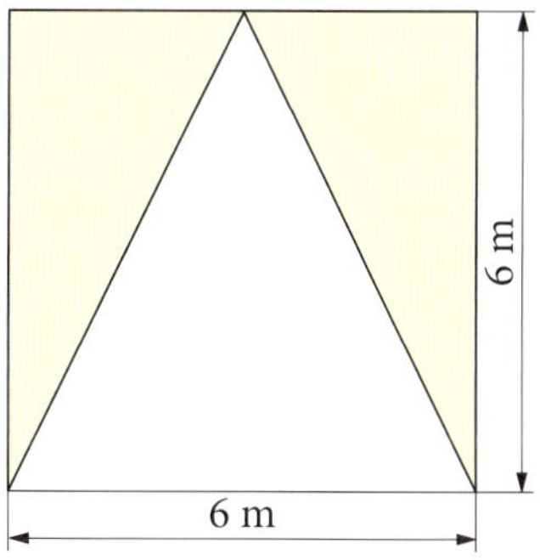

$\square\ \text{m}^2$

3|

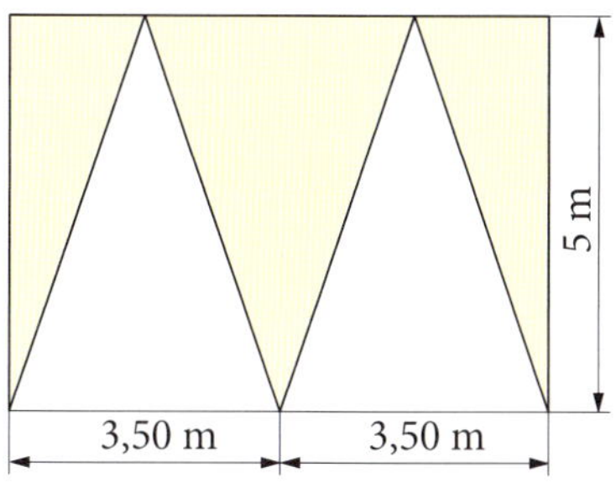

$\square\ \text{m}^2$

4|

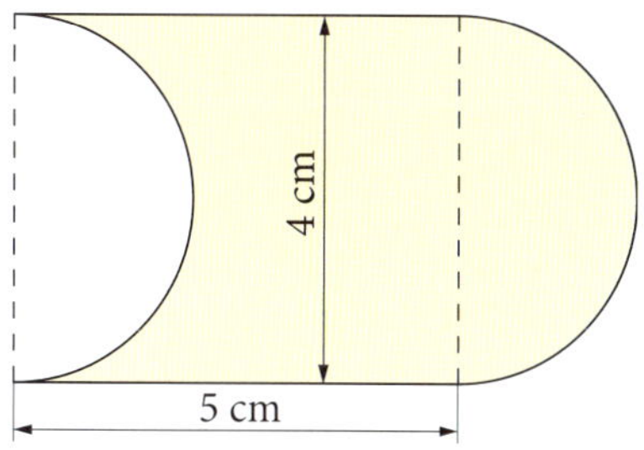

$\square\ \text{cm}^2$

5|

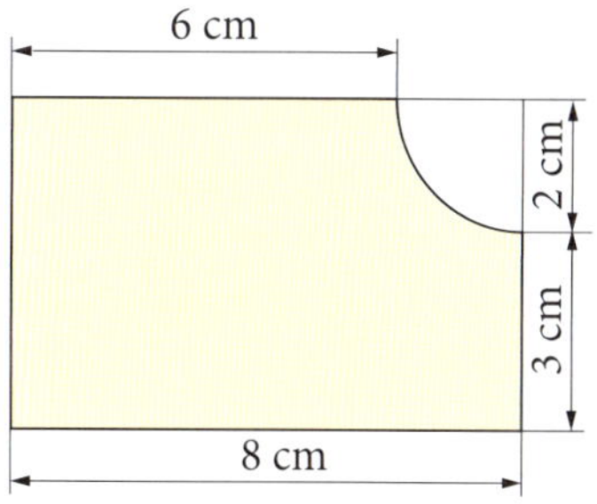

$\square\ \text{cm}^2$

6|

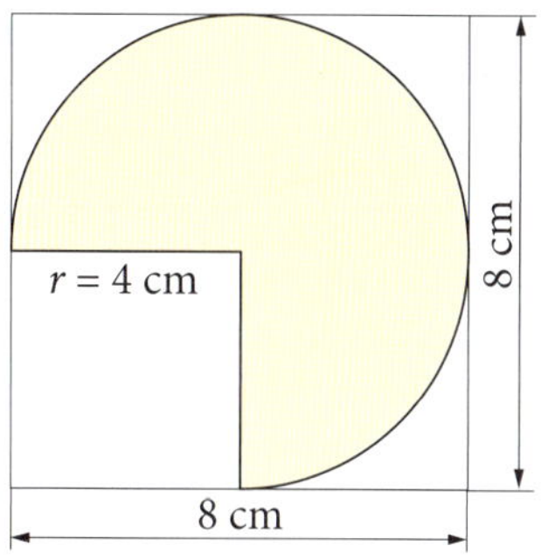

$\square\ \text{cm}^2$

Lösungen

1–6| 16; 17,5; 18; 20; 36,86; 37,68

Winkel

Ein **Winkel** besteht aus einem Scheitelpunkt und zwei Schenkeln.

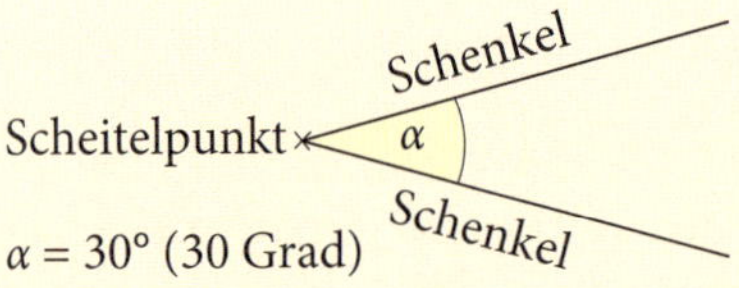

Winkel werden mit griechischen Kleinbuchstaben bezeichnet: α (Alpha), β (Beta), γ (Gamma) usw.

Winkelarten

spitzer Winkel	rechter Winkel	stumpfer Winkel	gestreckter Winkel	überstumpfer Winkel	Vollwinkel
zwischen 0° und 90°	90°	zwischen 90° und 180°	180°	zwischen 180° und 360°	360°

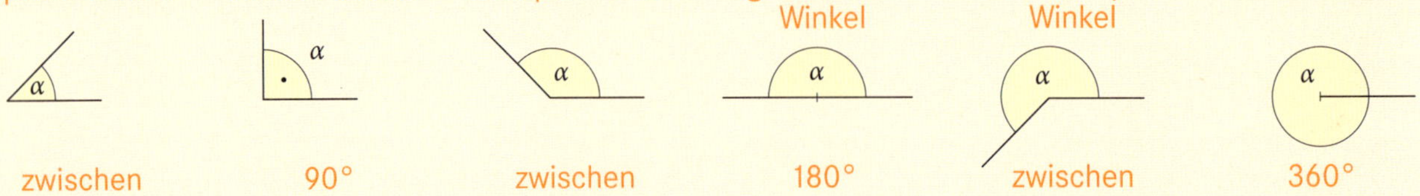

Messen von Winkeln

1. Nullpunkt des Geodreiecks an den Scheitelpunkt des Winkels legen.
2. Lange Seite des Geodreiecks an einen Schenkel legen.
3. Ablesen beim anderen Schenkel. Skala verwenden, die beim ersten Schenkel mit 0° beginnt.

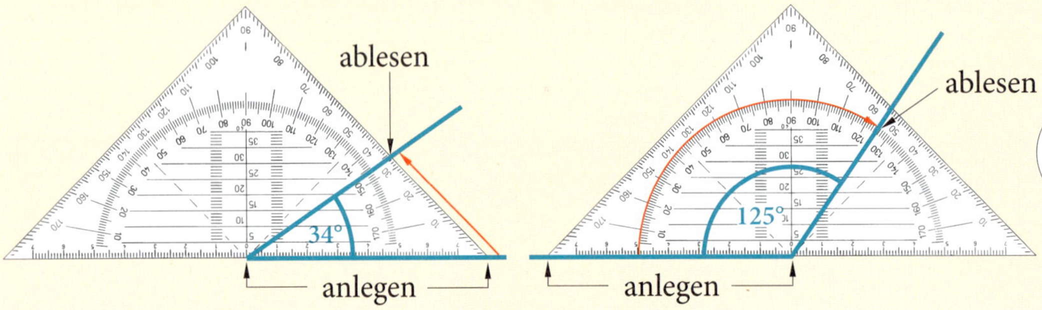

Überlegen Sie zur Kontrolle: Ist der Winkel größer oder kleiner als 90°?

Schätzen Sie die Größe der Winkel. Messen Sie anschließend nach. Notieren Sie die Winkelart.

		Größe geschätzt	Größe gemessen	Winkelart
1	α			
2	β			
3	γ			
4	δ			
5	ε			
6	φ			

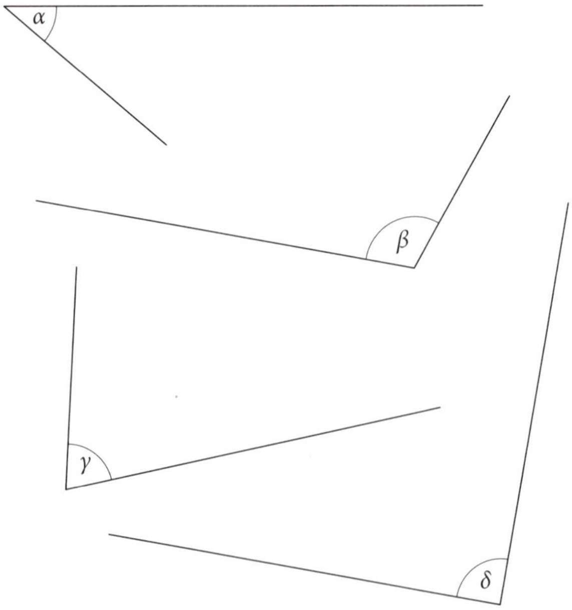

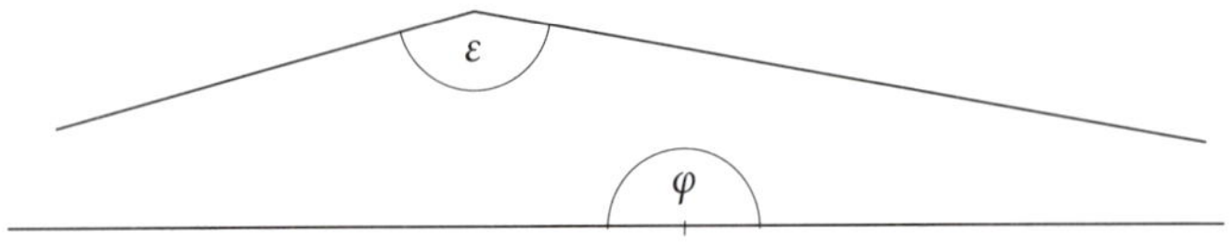

Zeichnen Sie die Winkel.

7| $\alpha = 60°$ 8| $\beta = 45°$ 9| $\gamma = 130°$ 10| $\delta = 165°$ 11| $\varepsilon = 90°$ 12| $\varphi = 77°$

Lösungen
1–12| siehe Seite 204

Würfel und Quader

Würfel

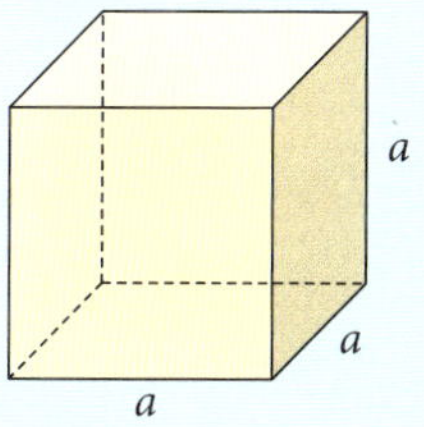

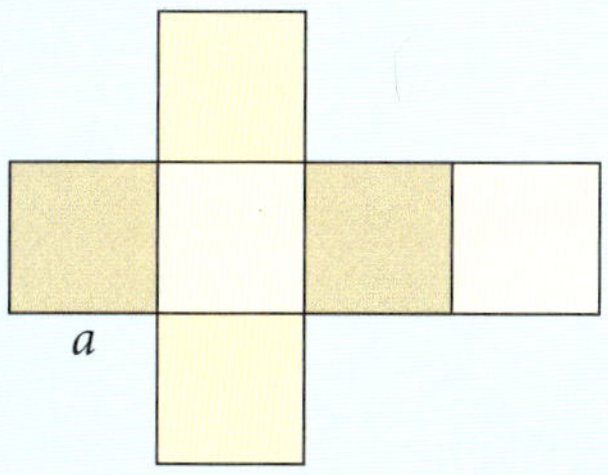

Volumen

$V = a \cdot a \cdot a$

$V = a^3$

Oberfläche

$O = 6 \cdot a \cdot a$

$O = 6 \cdot a^2$

Beispiel: $a = 3\,\text{cm}$

$V = 3\,\text{cm} \cdot 3\,\text{cm} \cdot 3\,\text{cm} = 27\,\text{cm}^3$

$O = 6 \cdot 3\,\text{cm} \cdot 3\,\text{cm} = 54\,\text{cm}^2$

Quader

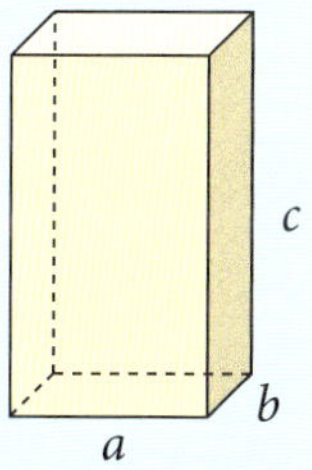

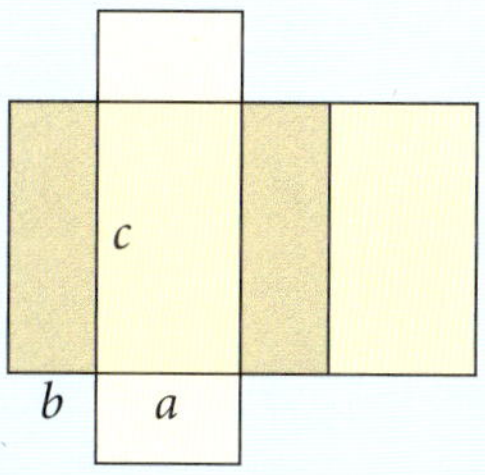

Volumen

$V = a \cdot b \cdot c$

Oberfläche

$O = 2 \cdot a \cdot b + 2 \cdot b \cdot c + 2 \cdot a \cdot c$

$O = 2 \cdot (a \cdot b + b \cdot c + a \cdot c)$

Beispiel: $a = 3\,\text{cm},\ b = 2\,\text{cm},\ c = 4\,\text{cm}$

$V = 3\,\text{cm} \cdot 2\,\text{cm} \cdot 4\,\text{cm} = 24\,\text{cm}^3$

$O = 2 \cdot (3\,\text{cm} \cdot 2\,\text{cm} + 2\,\text{cm} \cdot 4\,\text{cm} + 3\,\text{cm} \cdot 4\,\text{cm}) = 52\,\text{cm}^2$

Berechnen Sie das Volumen und die Oberfläche der Würfel.

1| $a = 6\,\text{cm}$

$V =$ 216 cm^3 $O =$ 216. cm^2

2| $a = 1{,}5\,\text{cm}$

$V =$ 3,37 cm^3 $O =$ 3,37 cm^2

	a	V	O
3|	4 mm	64 mm^3	96 mm^2
4|	5 cm	125 cm^3	150 cm^2
5|	2,5 dm	15,62 dm^3	37,5 dm^2

Berechnen Sie das Volumen und die Oberfläche der Quader.

12| $a = 5\,\text{cm},\ b = 8\,\text{cm},\ c = 2\,\text{cm}$

$V =$ ☐ cm^3 $O =$ ☐ cm^2

13| $a = 2{,}5\,\text{dm},\ b = 4\,\text{dm},\ c = 6\,\text{dm}$

$V =$ ☐ dm^3 $O =$ ☐ dm^2

	a	b	c	V	O
14|	3 cm	5 cm	7 cm	☐ cm^3	☐ cm^2
15|	2,5 cm	8 cm	2 cm	☐ cm^3	☐ cm^2
16|	4 m	2 m	12 m	☐ m^3	☐ m^2

Berechnen Sie die fehlenden Angaben.

	a	V	O
6|	12 cm	17,2 cm^3	17,2 cm^2
7|	0,5 mm	0,125 mm^3	864 mm^2
8|	3 cm	27 cm^3	54 cm^2
9|	33333 m	1 000 m^3	666 m^2
10|	2 cm	8 cm^3	24 cm^2
11|	~~26~~ 7 m	~~245~~ 343 m^3	294 m^2

Berechnen Sie die fehlenden Angaben der Quader.

	a	b	c	V	O
17|	1 m	2 m	6 m	☐ m^3	☐ m^2
18|	0,5 cm	4 cm	8 cm	☐ cm^3	☐ cm^2
19|	☐ cm	5 cm	10 cm	100 cm^3	☐ cm^2
20|	☐ m	0,5 m	2 m	4 m^3	☐ m^2
21|	3 dm	7 dm	☐ dm	42 dm^3	☐ dm^2
22|	1,5 cm	4 cm	☐ cm	24 cm^3	☐ cm^2

Lösungen

1–11| 0,125; 1,5; 2; 3; 3,375; 7; 8; 10; 13,5; 15,625; 37,5; 54; 64; 96; 125; 150; 216; 216; 343; 600; 864; 1 728

12–22| 2; 2; 4; 4; 12; 16; 22; 40; 40; 56; 60; 76; 80; 82; 82; 96; 98; 105; 132; 142; 160; 160

Zylinder

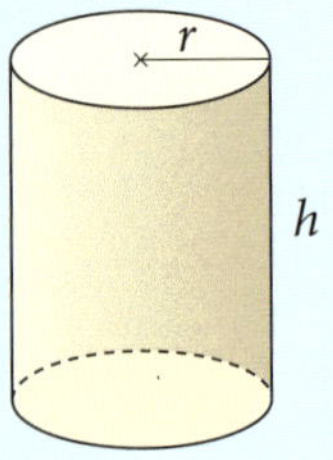

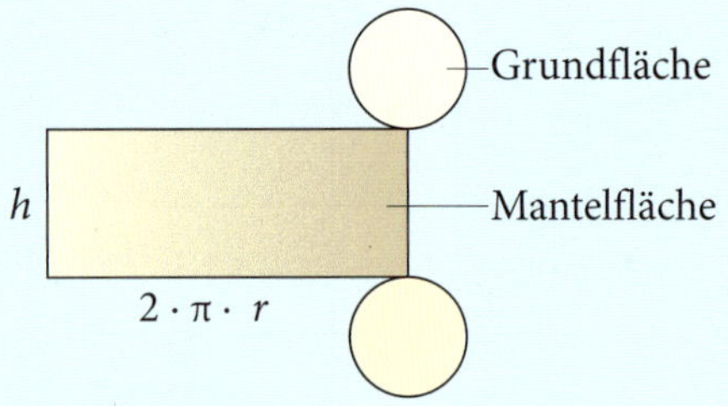

Volumen

$V = G \cdot h$

V = Grundfläche · Höhe

Oberfläche

$O = 2 \cdot G + M$

$O = 2 \cdot$ Grundfläche + Mantelfläche

Für die kreisförmige Grundfläche gilt $G = \pi \cdot r^2$ und für die Mantelfläche $M = 2 \cdot \pi \cdot r \cdot h$.

Beispiel: $r = 3\,\text{cm}$, $h = 10\,\text{cm}$

$G = \pi \cdot r^2$

$G \approx 3{,}14 \cdot 3\,\text{cm} \cdot 3\,\text{cm}$

$G \approx 28{,}26\,\text{cm}^2$

$V = G \cdot h$

$V \approx 28{,}26\,\text{cm}^2 \cdot 10\,\text{cm}$

$V \approx 282{,}6\,\text{cm}^3$

$M = 2 \cdot \pi \cdot r \cdot h$

$M \approx 2 \cdot 3{,}14 \cdot 3\,\text{cm} \cdot 10\,\text{cm}$

$M \approx 188{,}4\,\text{cm}^2$

$O = 2 \cdot G + M$

$O \approx 2 \cdot 28{,}26\,\text{cm}^2 + 188{,}4\,\text{cm}^2$

$O \approx 244{,}92\,\text{cm}^2$

$\pi = 3{,}14159\ldots$ Wir rechnen mit $\pi \approx 3{,}14$

Berechnen Sie die Grundfläche, das Volumen sowie die Mantel- und Oberfläche der Zylinder. Runden Sie gegebenenfalls auf zwei Stellen nach dem Komma.

1| $r = 4\,\text{cm}$, $h = 20\,\text{cm}$

$G \approx$ ☐ cm² $V \approx$ ☐ cm³ $M \approx$ ☐ cm² $O \approx$ ☐ cm²

2| $r = 2{,}5\,\text{dm}$, $h = 15\,\text{dm}$

$G \approx$ ☐ dm² $V \approx$ ☐ dm³ $M \approx$ ☐ dm² $O \approx$ ☐ dm²

	r	h	G	V	M	O
3|	6 cm	28 cm	cm²	cm³	cm²	cm²
4|	12,8 cm	10,2 cm	cm²	cm³	cm²	cm²
5|	7,5 m	18 m	m²	m³	m²	m²

Tipp: Achten Sie auf die Einheiten.

	r	h	G	V	M	O
6|	50 mm	7,5 cm	cm²	cm³	cm²	cm²
7|	0,04 m	13 cm	cm²	cm³	cm²	cm²
8|	3,4 dm	0,8 m	dm²	dm³	dm²	dm²

Lösungen

1–2| 19,63; 50,24; 235,5; 274,76; 294,45; 502,4; 602,88; 1 004,8 3–5| 113,04; 176,63; 514,46; 819,92; 847,8; 1 055,04; 1 201,06; 1 281,12; 1 848,84; 3 165,12; 3 179,34; 5 247,49

6–8| 36,3; 50,24; 78,5; 170,82; 235,5; 243,42; 290,4; 326,56; 392,5; 427,04; 588,75; 653,12

Kugel

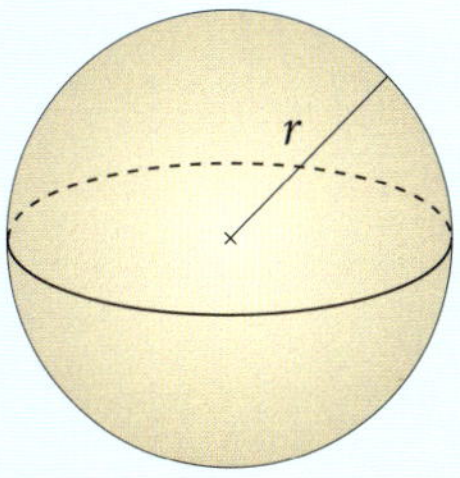

Volumen

$V = \frac{4}{3} \cdot \pi \cdot r^3$

Oberfläche

$O = 4 \cdot \pi \cdot r^2$

Beispiel: $r = 5\,cm$

$V \approx \frac{4}{3} \cdot 3{,}14 \cdot 5\,cm \cdot 5\,cm \cdot 5\,cm$

$V \approx 523{,}33\,cm^3$

$O \approx 4 \cdot 3{,}14 \cdot 5\,cm \cdot 5\,cm$

$O \approx 314\,cm^2$

Berechnen Sie das Volumen und die Oberfläche der Kugeln. Runden Sie gegebenenfalls auf zwei Stellen nach dem Komma.

1| $r = 4\,cm$

$V \approx$ ____ cm^3 $O \approx$ ____ cm^2

2| $r = 2{,}5\,dm$

$V \approx$ ____ dm^3 $O \approx$ ____ dm^2

3| $r = 1{,}3\,cm$

$V \approx$ ____ cm^3 $O \approx$ ____ cm^2

4| $r = 12{,}6\,m$

$V \approx$ ____ m^3 $O \approx$ ____ m^2

	r	V	O
5|	8 cm	cm^3	cm^2
6|	3,3 cm	cm^3	cm^2
7|	2,6 m	m^3	m^2

	d	V	O
8|	7 cm	cm^3	cm^2
9|	5 cm	cm^3	cm^2
10|	7,5 m	m^3	m^2

$V = \frac{1}{6} \cdot \pi \cdot d^3$

$O = \pi \cdot d^2$

Ergänzen Sie die fehlenden Angaben in der vorgegebenen Einheit. Runden Sie gegebenenfalls auf zwei Stellen nach dem Komma.

	r	d	V	O
11|	1,2 dm	cm	cm^3	cm^2
12|	0,8 cm	mm	mm^3	mm^2
13|	cm	0,06 m	cm^3	cm^2
14|	dm	15 dm	dm^3	dm^2
15|	cm	cm	64,45 cm^3	cm^2
16|	cm	cm	381,7 cm^3	cm^2
17|	m	m	m^3	153,86 m^2
18|	m	m	m^3	1 519,76 m^2

Lösungen

1–4| 9,2; 21,23; 65,42; 78,5; 200,96; 267,95; 1 994,03; 8 374,91

5–10| 65,42; 73,58; 78,5; 84,91; 136,78; 150,46; 153,86; 176,63; 179,5; 220,78; 803,84; 2 143,57

11–18| 2,49; 3; 3,5; 4,5; 4,98; 7; 7,5; 9; 11; 16; 22; 24; 77,87; 113,04; 113,04; 179,5; 254,34; 706,5; 803,84; 1 766,25; 1 808,64; 2 143,57; 5 572,45; 7 234,56

Schrägbilder zeichnen

Zeichnen Sie das Schrägbild eines Quaders mit $a = 3\,\text{cm}$, $b = 4\,\text{cm}$ und $c = 2{,}5\,\text{cm}$.

1. Vorderfläche zeichnen.

Rechteck mit den Seitenlängen 3 cm und 2,5 cm

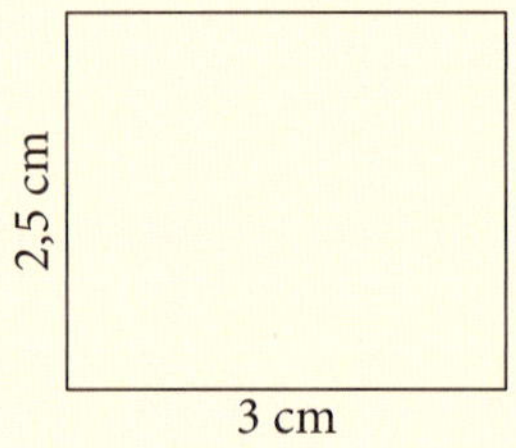

2. Nach „hinten“ verlaufende Strecken im Winkel von 45° antragen.
Die Länge um die Hälfte verkürzen.

Die seitlichen Kanten des Quaders sind im Bild nur noch 2 cm lang.

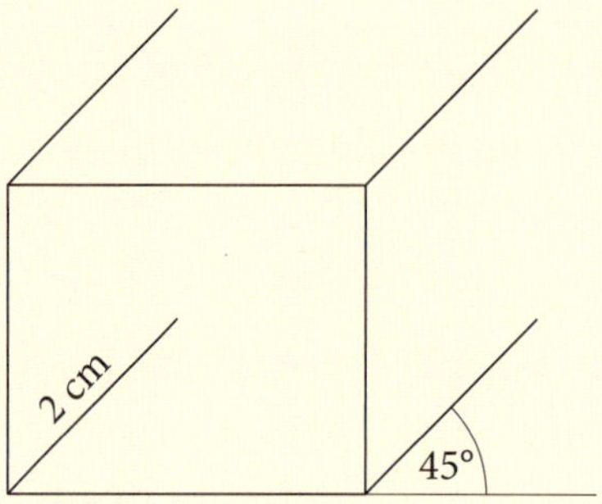

3. Körper vervollständigen.
Nicht sichtbare Linien stricheln.

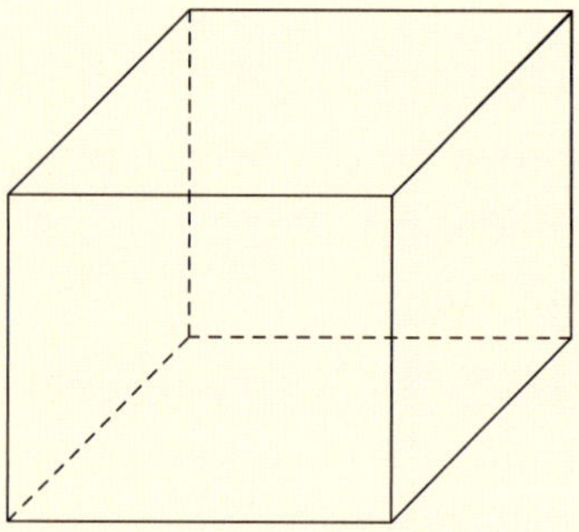

Zeichnen Sie die Schrägbilder auf Karopapier ab.

1|

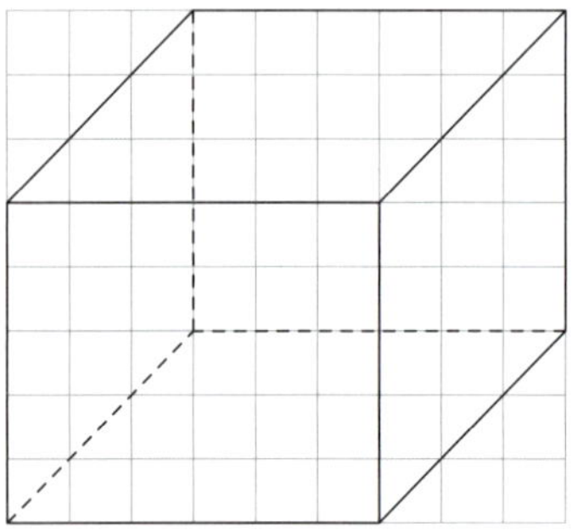

2|

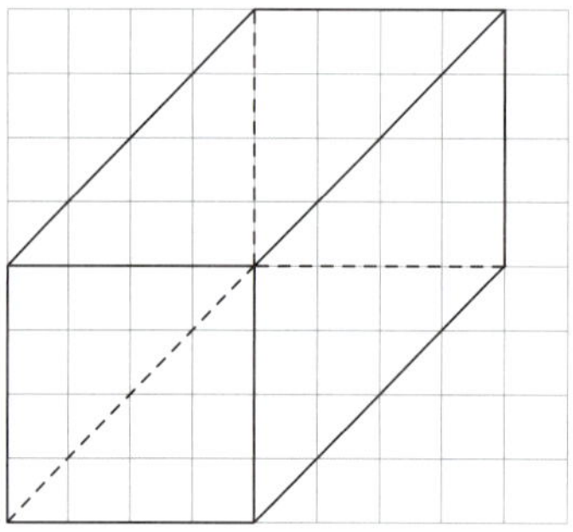

3|

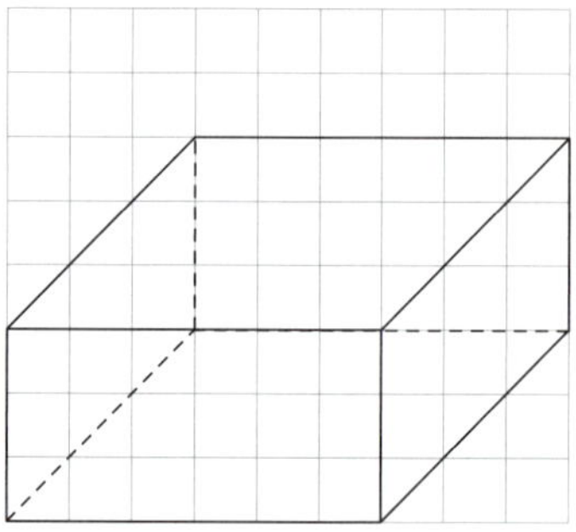

Vervollständigen Sie die Schrägbilder zu Quadern.

4|

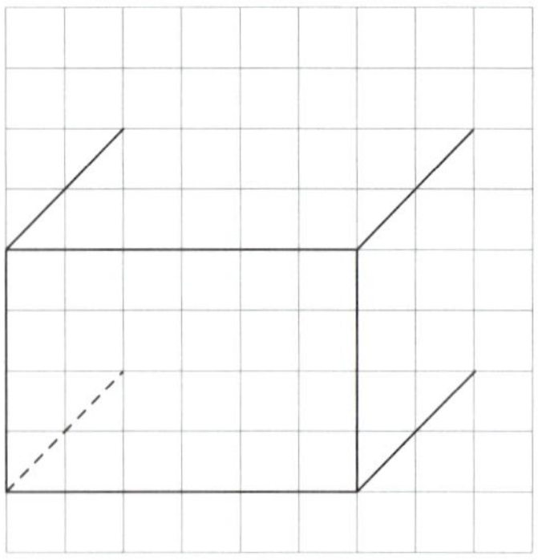

5|

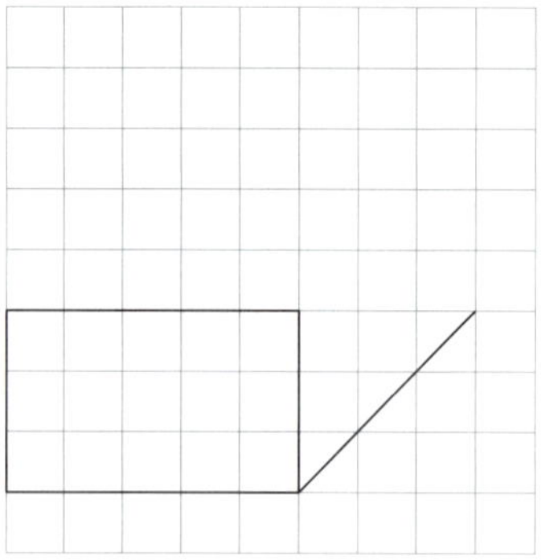

6|

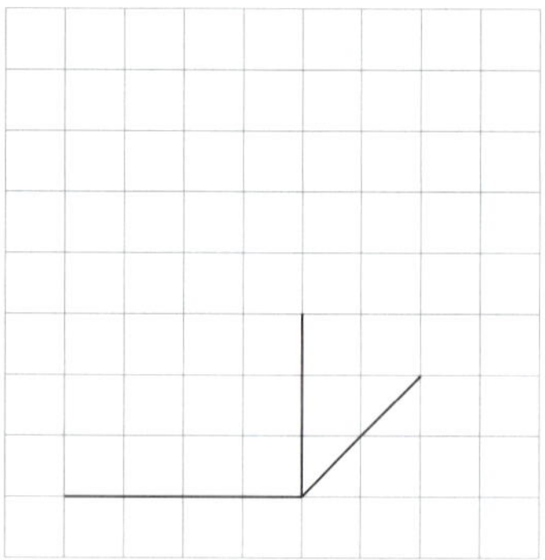

Zeichnen Sie die Schrägbilder der Körper auf Karopapier.

7| Würfel mit Kantenlänge 4 cm

8| Würfel mit Kantenlänge 6 cm

9| Würfel mit Kantenlänge 2,8 cm

10| Quader mit $a = 5\,\text{cm}$, $b = 6\,\text{cm}$ und $c = 2\,\text{cm}$

11| Quader mit $a = 4\,\text{cm}$, $b = 3\,\text{cm}$ und $c = 2{,}5\,\text{cm}$

12| Quader mit $a = 3\,\text{cm}$, $b = 2{,}6\,\text{cm}$ und $c = 1{,}5\,\text{cm}$

Lösungen

4–12| siehe Seite 204

Räumliches Vorstellungsvermögen

Verschiedene Ansichten eines Körpers:

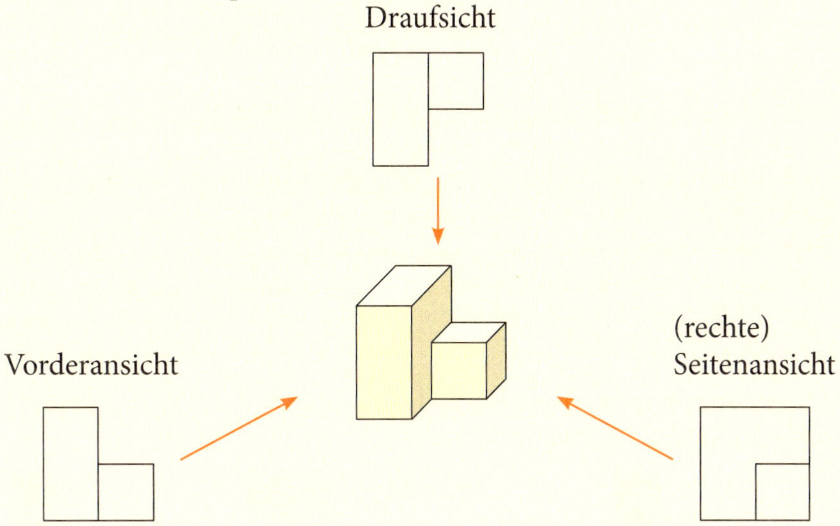

Rechts sind Vorder- und rechte Seitenansichten sowie Draufsichten (A–N) dargestellt. Ordnen Sie diese den Körpern zu. Tragen Sie dazu jeweils den passenden Buchstaben ein.

		Vorderansicht	Seitenansicht	Draufsicht
1	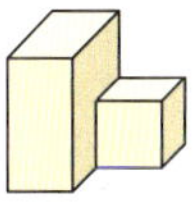	A	F	I
2	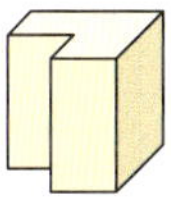			
3	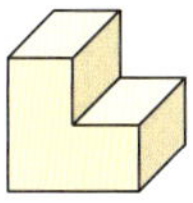			
4	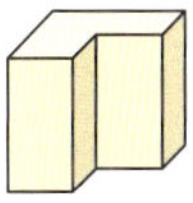			
5	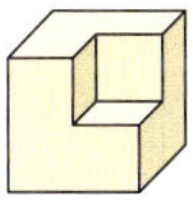			
6	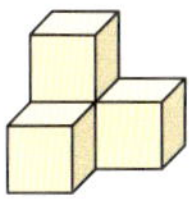			

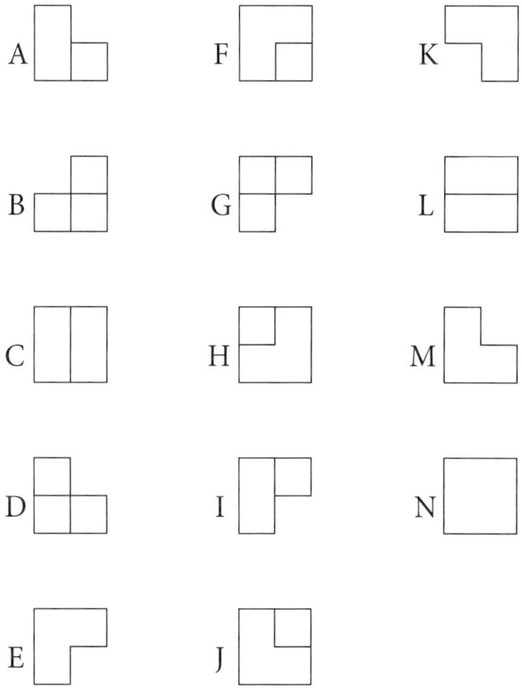

7| Welcher der vier rechten Würfel passt offensichtlich zu dem linken Würfel?
Tragen Sie den richtigen Buchstaben ein.

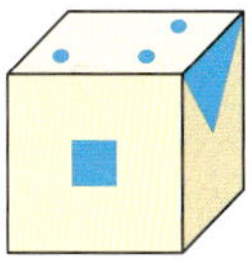

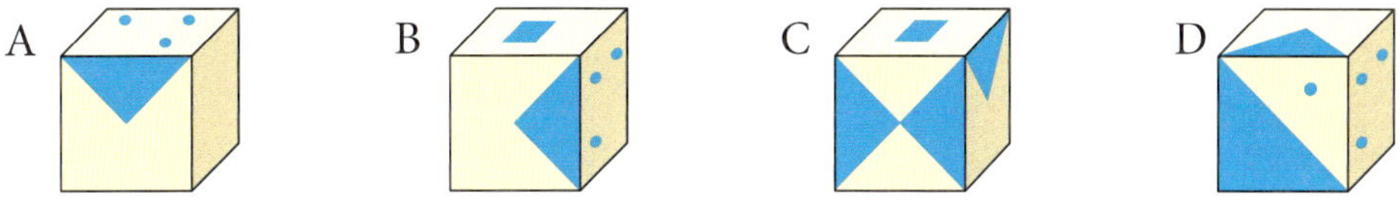

Lösungen

1–7| siehe Seite 204

Räumliches Vorstellungsvermögen

Denkt man sich einen Körper aufgeschnitten und aufgeklappt, entsteht ein **Körpernetz**.

Würfelnetz

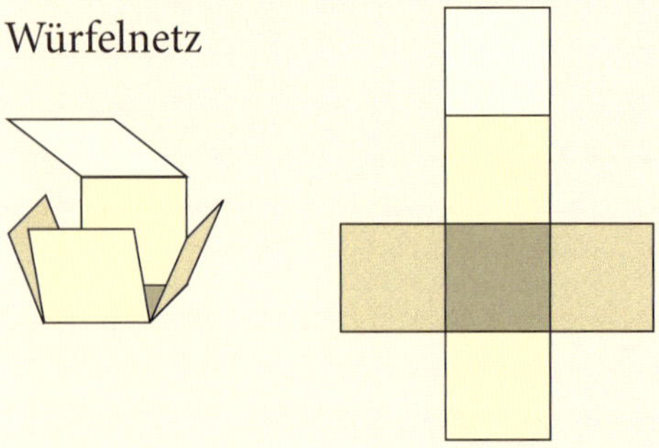

Quadernetz

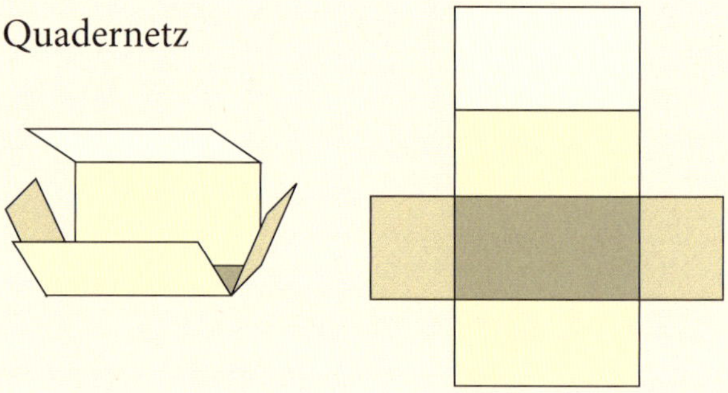

Aus den Netzen wird jeweils ein Würfel gebastelt. Welche Flächen liegen sich gegenüber? Tragen Sie jeweils die Farben in die Felder ein.

1|

Gelb und Rot
Rot und Orange
Orang und Rot

2|

Grün und Gelb
Blau und Orang
und

3|

und
und
und

4|

und
und
und

Handelt es sich um Netze von Quadern? Kreuzen Sie ja oder nein an.

5|

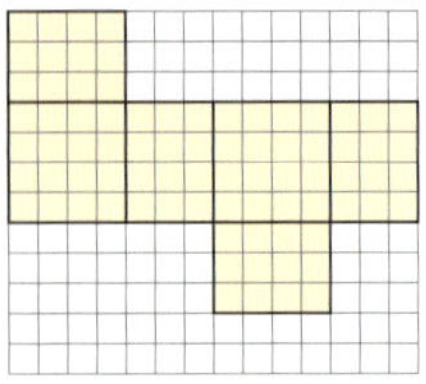

ja ☐
nein ☐

6|

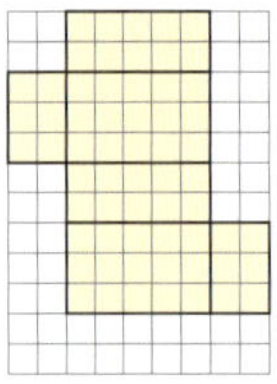

ja ☐
nein ☐

7|

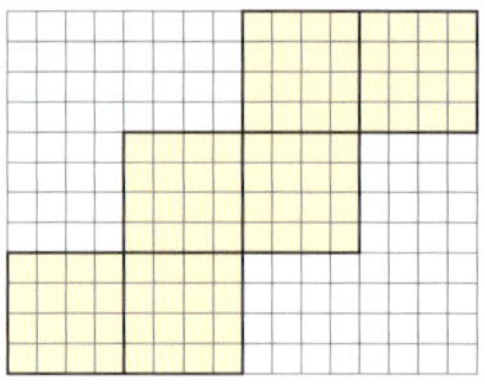

ja ☐
nein ☐

8|

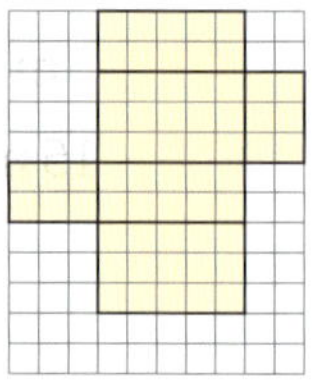

ja ☐
nein ☐

9|

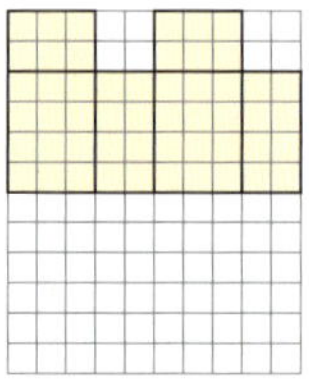

ja ☐
nein ☐

Ordnen Sie Netze und Körper einander zu. Tragen Sie den richtigen Buchstaben ein.

10|

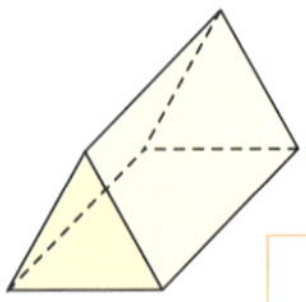

☐

11|

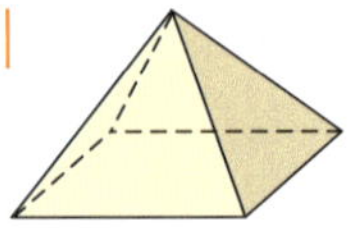

☐

12|

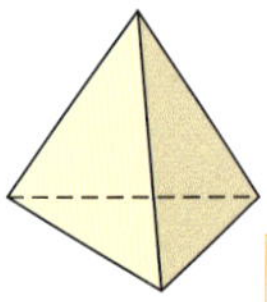

☐

13|

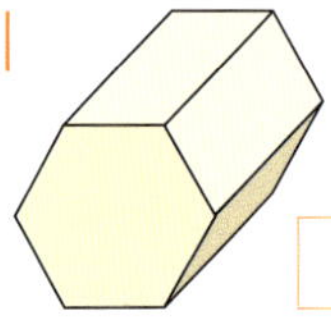

☐

A

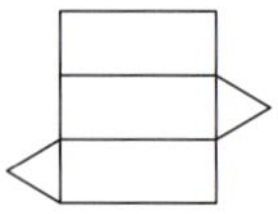

B

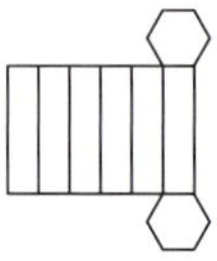

C

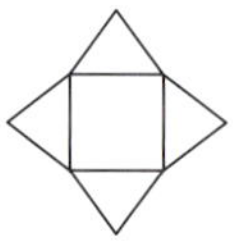

D

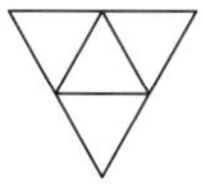

Hinweis
Die Netze sind verkleinert dargestellt.

Lösungen
1–13| siehe Seite 204

Check-out

Testen Sie sich selbst: Kreuzen Sie den Buchstaben neben dem richtigen Ergebnis an.

1| Ein Quadrat hat den Flächeninhalt $A = 2500\,m^2$. Berechnen Sie den Umfang.

A 50 m C $100\,m^2$
B 200 m D $25\,m^2$

2| Ein Rechteck ist 5,4 m lang und 3,2 m breit. Wie groß ist sein Flächeninhalt?

A $17{,}2\,m^2$ C $16{,}28\,m^2$
B $17{,}28\,m^2$ D $18{,}92\,m^2$

3| Berechnen Sie den Flächeninhalt des Dreiecks.

$h = 5\,cm$
$g = 7\,cm$

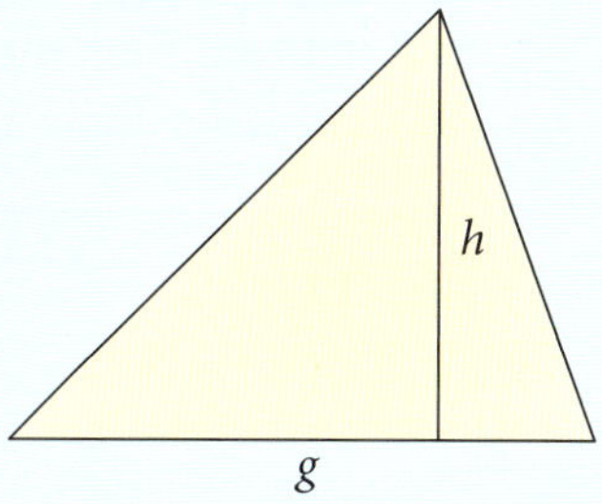

A $18\,cm^2$ C $17\,cm^2$
B $17{,}5\,cm^2$ D $16{,}7\,cm^2$

4| Eine kreisrunde Kuchenform hat einen Durchmesser von 28 cm. Wie groß ist ihr Flächeninhalt?

A $615{,}44\,cm^2$ C $87{,}92\,cm^2$
B $2\,461{,}76\,cm^2$ D $175{,}84\,cm^2$

5| Ein Kreis hat den Umfang $u = 15{,}7\,cm$. Bestimmen Sie den Flächeninhalt.

A $\approx 19{,}6\,cm^2$ C $\approx 20{,}9\,cm^2$
B $\approx 18{,}2\,cm^2$ D $\approx 17{,}4\,cm^2$

6| Berechnen Sie den Flächeninhalt der Figur.

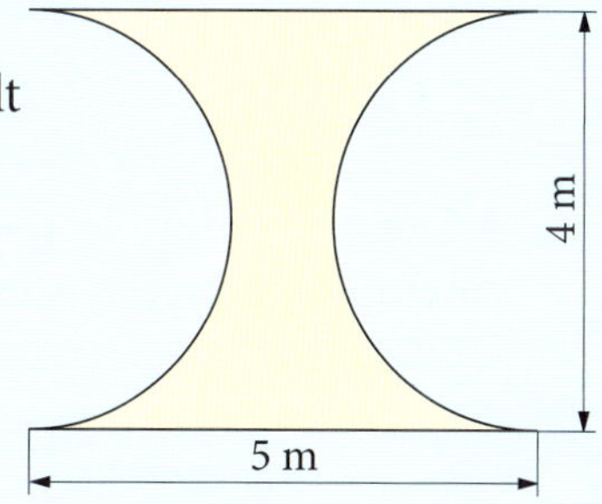

A $\approx 14{,}4\,m^2$ C $\approx 7{,}44\,m^2$
B $\approx 12{,}7\,m^2$ D $\approx 12\,m^2$

7| Ein Würfel hat ein Volumen von $125\,m^3$. Wie lang sind die Kanten des Würfels?

A 125 m C 5 m
B 25 m D 15 m

8| Ein Quader ist 8 cm lang, 4 cm breit und 2 cm hoch. Berechnen Sie die Oberfläche des Quaders.

A $56\,cm^2$ C $128\,cm^2$
B $112\,cm^2$ D $64\,cm^2$

9| Bestimmen Sie die Oberfläche des Zylinders.

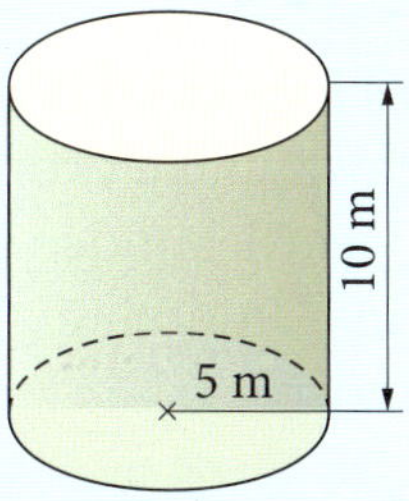

A $\approx 471\,m^2$ C $\approx 157\,m^2$
B $\approx 314\,m^2$ D $\approx 392\,m^2$

10| Eine Kugel hat den Radius $r = 4{,}5\,cm$. Berechnen Sie das Volumen der Kugel.

A $\approx 381{,}51\,cm^3$ C $\approx 286{,}13\,cm^3$
B $\approx 84{,}78\,cm^3$ D $\approx 121{,}5\,cm^3$

11| Eine Kugel hat eine Oberfläche von $314{,}16\,m^2$. Berechnen Sie das Volumen der Kugel.

A $\approx 104{,}72\,m^3$ C $\approx 314{,}16\,m^3$
B $\approx 392{,}7\,m^3$ D $\approx 523{,}33\,m^3$

Kontrollieren Sie Ihre Lösungen. Nutzen Sie dazu Seite 199.

- Haben Sie richtig gelöst, machen Sie in der Tabelle ein Kreuz.
- Haben Sie falsch gelöst, finden Sie Hilfen und weitere Übungen auf den angegebenen → Seiten.

1	2	3	4	5	6	7	8	9	10	11
→ S. 163		S. 164	→ S. 167		S. 169	→ S. 171		S. 172	→ S. 173	

Maßeinheiten für Längen → S. 61/62, für Flächen → S. 63 und für Rauminhalte → S. 64

Anwendungsaufgaben

(Lösungen Seite 205)

1| Das Spielfeld beim Tennis ist rechteckig. Es ist 23,77 m lang. Bei einem Einzelspiel ist es 8,23 m breit. Bei einem Doppelspiel ist das Feld auf jeder Seite 1,37 m breiter.

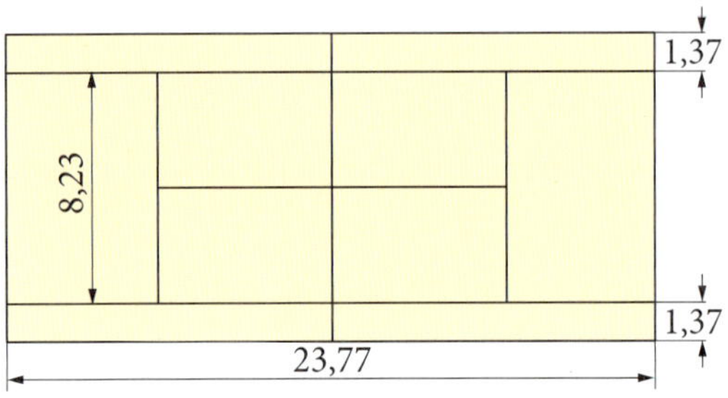

a Wie groß ist die Spielfläche bei einem Einzelspiel?

[ ] m^2

b Um wie viel m^2 ist die Spielfläche bei einem Doppelspiel größer?

[ ] m^2

2| Die Decke eines Supermarktbüros soll gestrichen werden. Das Büro ist 6,50 m lang und 4,20 m breit. Um 1 m^2 zu streichen, benötigt man ungefähr 150 mℓ Farbe. Wie viel Liter Farbe werden mindestens benötigt? Runden Sie auf eine Stelle nach dem Komma.

[ ] ℓ

3| In einem Baumarkt ist im Eingangsbereich eine Werbeaktion für Gartenmöbel aus Teakholz geplant. Dazu soll eine besondere Präsentationsfläche gestaltet werden. Diese rechteckige Fläche soll 5 m lang und 4 m breit sein. Umrandet wird die Fläche mit einem Holzzaun.

a Wie lang ist der gesamte Zaun?

[18] m

b Wie groß ist die Präsentationsfläche?

[20] m^2

4| Ein Kunde möchte sein Badezimmer mit quadratischen Fliesen auslegen. Das Badezimmer hat eine Breite von 3 m und eine Länge von 4,50 m. Im Baumarkt findet er folgendes Angebot:

Eine Fliese misst 0,3 m x 0,3 m.
Die Fliesen werden zu jeweils 20 Stück in einem Karton geliefert und kosten pro Paket 48 €.

a Berechnen Sie die Fläche des Bades.

[13,5] m^2

b Wie viele Fliesen müssen gelegt werden?

[150]

c Wie viele Pakete müssen geliefert werden, wenn ein halbes Paket als Verschnitt dazugerechnet wird?

[8]

d Wie viel € kosten die Fliesen?

[384] €

5| In einem Möbelhaus wird ein dreieckiger Spiegel angeboten. Die Seiten des Spiegels sind alle gleich lang. Der Umfang beträgt 144 cm.
Wie lang sind die Seiten?

[48] cm

6| Das Riesenrad in Wien hat einen Durchmesser von 61 m.

a Welche Strecke legt ein Waggon bei einer Umdrehung des Rades ungefähr zurück?

[191,54] m

b Das Riesenrad dreht sich mit einer Geschwindigkeit von 0,75 $\frac{m}{s}$.
Wie viele Sekunden benötigt ein Waggon für eine Umdrehung? Runden Sie auf ganze Sekunden.

[ ] s

7| Aus einem quadratischen Stück Stoff soll eine möglichst große runde Tischdecke geschnitten werden. Das Stück Stoff hat eine Seitenlänge von 1 m.

a Welchen Durchmesser hat die Tischdecke?

[ ] m

b Wie viel cm^2 Abfall fallen an?

[ ] cm^2

8| Ein Großhandelsbetrieb liefert einem Kunden Sand für den Spielplatz. Damit soll eine Buddelkiste, die 5 m lang, 4 m breit und 1,2 m tief ist, gefüllt werden.

a Wie viel m³ Sand müssen geliefert werden?

____ m³

b Zur Reserve sollen 10 % mehr Sand geliefert werden. Wie viel m³ Sand müssen dann insgesamt geliefert werden?

____ m³

9| Ein Baumarkt stellt ein quaderförmiges Tauchbecken auf. Es ist 3,5 m lang, 1,5 m breit und 2,4 m hoch.

a Wie viel m³ Wasser passen in das Tauchbecken?

12,6 m³

b Geben Sie die Wassermenge in ℓ an.

12600 ℓ

c Pro Minute werden 90 ℓ Wasser in das Becken gefüllt. Wie viele Minuten dauert es, bis das Becken voll ist?

140 min

10| Sebastian interessiert sich für ein Wasserbett und überlegt, ob die Decke seiner Altbauwohnung dem Gewicht standhalten wird.

a Welchen Rauminhalt hat eine Matratze, die 200 cm lang, 140 cm breit und 16 cm hoch ist?

____ cm³

b Wie viel ℓ Wasser passen in die Matratze?

____ ℓ

c 1 ℓ Wasser wiegt ungefähr 1 kg. Welches Gewicht wird die Matratze mindestens haben?

____ kg

11| Die Inhaberin eines Fachgeschäfts für Floristik möchte ein besonderes Blumenarrangement ausstellen. Dazu möchte sie eine zylinderförmige Vase mit einem Durchmesser von 24 cm und einer Füllhöhe von 20 cm mit farbigem Wasser füllen.
Wie viele ganze Liter passen in die Vase?

____ ℓ

12| Eine zylinderförmige Litfaßsäule mit 124 cm Durchmesser ist 2,25 m hoch. Berechnen Sie die Größe der Werbefläche. Runden Sie auf 2 Stellen nach dem Komma.

____ m²

13| Eine Konservendose hat einen Radius von 5 cm und ist 12 cm hoch.

a Berechnen Sie das Volumen der Dose.

____ cm³

b Wie viel mℓ passen in die Dose?

____ mℓ

c Wie viel cm² Blech werden für die Herstellung der Dose mindestens benötigt?

____ cm²

14| In einer Packung befinden sich 100 Stahlkugeln mit einem Radius von jeweils 3,5 mm.

a Bestimmen Sie das Gesamtvolumen der Kugeln in cm³.

____ cm³

b 1 cm³ Stahl wiegt 7,86 g. Geben Sie das Gesamtgewicht der Kugeln an.

____ g

15| Für eine Werbeaktion baut ein Sportfachgeschäft einen Pavillon mit der Form eines Zylinders und einer Halbkugel als Dach auf. Der Zylinder hat einen Durchmesser von 20 m und eine Höhe von 6 m.

a Bestimmen Sie den gesamten Rauminhalt.

____ m³

b Wie groß ist die Oberfläche des Daches?

____ m²

Abschlusstest

Kontrollieren Sie Ihre Lösungen auf der Seite 208.

1| Die Seiten eines Quadrates sind 8 m lang. Berechnen Sie den Umfang und Flächeninhalt.

$u =$ ______ m $A =$ ______ m^2

2| Ein Rechteck ist 5 cm lang und 7 cm breit. Berechnen Sie den Umfang und Flächeninhalt.

$u =$ ______ cm $A =$ ______ cm^2

3| Berechnen Sie den Flächeninhalt des Dreiecks.

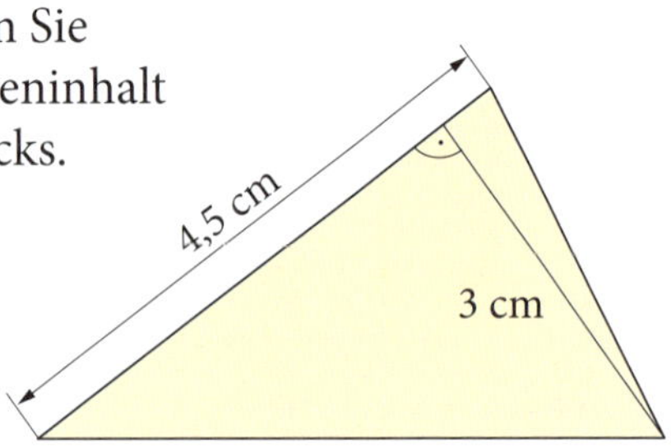

$A =$ ______ cm^2

4| Berechnen Sie den Umfang und Flächeninhalt eines Kreises mit dem Radius $r = 5$ mm.

$u \approx$ ______ mm $A \approx$ ______ mm^2

5| Berechnen Sie die Oberfläche eines Würfels mit 3 cm langen Kanten.

______ cm^2

6| Berechnen Sie das Volumen eines Quaders mit $a = 6$ cm, $b = 9$ cm und $c = 5$ cm.

______ cm^3

7| Bei einem speziellen Zylinder ist die Höhe gleich dem Durchmesser. Bestimmen Sie sein Volumen, wenn der Durchmesser 15 dm beträgt.

______ dm^3

8| Eine Kugel hat ein Volumen von 904,78 mm^3. Berechnen Sie die Oberfläche der Kugel.

______ mm^2

9| Einzelhändler Eder möchte die Wände seines Büros streichen. Sein Büro ist 3,60 m breit und 5,80 m lang. Die Höhe beträgt 2,40 m.

a Bestimmen Sie die Fläche der Wände.

______ m^2

b Für 1 m^2 Fläche benötigt er 130 mℓ Farbe. Wie viel Liter Farbe benötigt Herr Eder mindestens, wenn er berücksichtigt, dass die Tür- und Fensterflächen (zusammen 6 m^2) nicht gestrichen werden?

______ ℓ

10| Ein Kunde benötigt eine kreisrunde Tischplatte mit einem Durchmesser von 80 cm.

a Wie viel cm^2 Abfall fallen an, wenn die Platte aus einem 1,1 m langen und 0,8 m breiten Brett gesägt wird?

______ cm^2

b Wie viel cm^2 Abfall fallen an, wenn die Platte aus einem quadratischen Brett mit der Seitenlänge 0,95 m gesägt wird?

______ cm^2

11| Die Grube einer Weitsprunganlage ist 8 m lang, 2,75 m breit und 30 cm tief. Wie viel m^3 Sand werden dafür benötigt?

______ m^3

12| Eine Litfaßsäule ist 2,9 m hoch und hat einen Durchmesser von 1,5 m. Wie groß ist die Werbefläche?

______ m^2

13| Ein Lederfußball hat einen Durchmesser von 29 cm.

a Wie groß ist seine Oberfläche?

______ cm^2

b Bei der Herstellung benötigt man für die Nähte zusätzlich 20 % der Balloberfläche. Wie viel Leder benötigt man für einen Ball?

______ cm^2

Umgang mit Daten

Check-in

Testen Sie sich selbst: Kreuzen Sie den Buchstaben neben dem richtigen Ergebnis an.

Ausbildungsberufe mit den meisten männlichen Auszubildenden 2008:

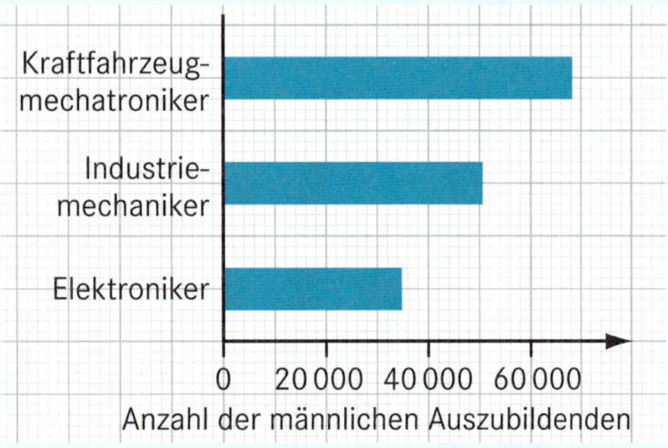

1| Wie viele männliche Auszubildende wurden im Jahr 2008 zum Industriemechaniker ausgebildet?

A 48 500   C 50 544
B 40 000   D 53 793

2| Rund 34 000 männliche Auszubildende wurden im Jahr 2008 zum Kaufmann im Einzelhandel ausgebildet. Welche Länge hätte der zugehörige Balken im Diagramm?

A 34 mm   C 15 mm
B 17 mm   D 19 mm

Wertentwicklung einer Aktie:

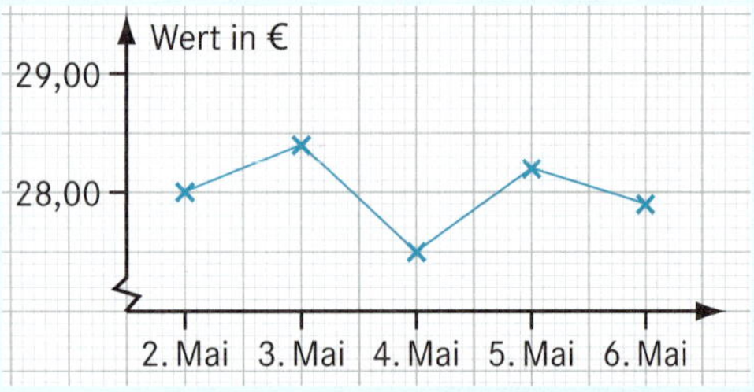

3| Welchen Wert hatte die Aktie am 4. Mai?

A 23,00 €   C 27,50 €
B 28,50 €   D 27,00 €

4| An welchem Tag betrug der Wert der Aktie 28,20 €?

A 2. Mai   C 5. Mai
B 3. Mai   D 6. Mai

Ergebnis einer Prüfung:

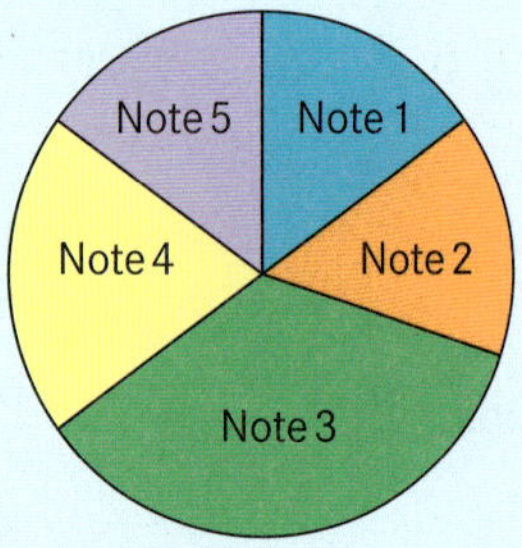

5| 35 % der Prüfungen haben die Note 3. Wie groß ist die Winkelgröße des zugehörigen Kreisteils?

A 125°   C 126°
B 135°   D 128°

6| Von den insgesamt 40 Prüfungen haben 6 die Note 1. Wie groß ist der Anteil der Prüfungen mit Note 1?

A 24 %   C 15 %
B 18 %   D 6,7 %

Gewicht von 9 Äpfeln:
141 g, 166 g, 153 g,
172 g, 148 g, 180 g,
136 g, 162 g, 182 g

7| Berechnen Sie das durchschnittliche Apfelgewicht.

A 150 g   C 160 g
B 153 g   D 166 g

8| Bestimmen Sie den Median der Apfelgewichte.

A 148 g   C 160 g
B 157,5 g   D 162 g

Kontrollieren Sie Ihre Lösungen. Nutzen Sie dazu Seite 199.

- Haben Sie richtig gelöst, machen Sie in der Tabelle ein Kreuz.
- Haben Sie falsch gelöst, finden Sie Hilfen und weitere Übungen auf den angegebenen → Seiten.

1	2	3	4	5	6	7	8
→ S. 186		→ S. 187		→ S. 188	→ S. 185	→ S. 190/191	→ S. 192/193

Daten erheben

Zur **Erhebung von Daten** werden häufig Umfragen durchgeführt.
Eine Umfrage kann mit Hilfe eines **Fragebogens** durchgeführt werden.

Erstellen eines Fragebogens

Thema und Ziele formulieren ↓	Was will man genau erfahren?
Personengruppe festlegen ↓	Wer soll befragt werden? Wie viele Personen sollen befragt werden?
Gliederung/Layout ↓	Welche Fragestellungen soll es geben? In welcher Reihenfolge sind die Fragen sinnvoll?
Fragestellungen formulieren ↓	Welche Formulierung ist am besten, damit die Fragen verständlich und eindeutig zu beantworten sind?
Antwortmöglichkeiten festlegen	Um die Auswertung zu erleichtern, werden häufig Antwortmöglichkeiten vorgegeben, z. B. • Ja – Nein • *Noten zur Bewertung:* 1 – 2 – 3 – 4 – 5 – 6 • *Abstufung:* sehr oft – oft – selten – nie

1| Der Geschäftsführer eines Baumarktes möchte für seine beiden Niederlassungen den Kundenservice verbessern. Er plant eine Umfrage unter den Kunden und erstellt hierfür einen Fragebogen.

Niederlassung I

Sind Sie mit dem Baumarkt zufrieden?
ja ☐ **nein** ☐

Niederlassung II

	Note 1	2	3	4	5	6
Die Qualität der Ware stimmt.	☐	☐	☐	☐	☐	☐
Die Preise sind angemessen.	☐	☐	☐	☐	☐	☐
Das Personal ist freundlich.	☐	☐	☐	☐	☐	☐

a Bei welcher Niederlassung erhält der Geschäftsführer mehr Informationen?

b Bei welcher Niederlassung geht die Auswertung schneller?

2| Die Besitzerin einer Damen-Boutique möchte ihre Kunden befragen, wie ihnen die neue Einrichtung gefällt.

Variante 1:

Wie gefällt Ihnen unsere neue Einrichtung?
besser ☐ genauso gut ☐ schlechter ☐

Variante 2:

Sehr geehrter Kunde,
schreiben Sie bitte in einigen Sätzen auf, wie Ihnen unsere neue Einrichtung gefällt.

a Bei welcher Variante erhält die Besitzerin mehr Informationen?

b Bei welcher Variante ist die Auswertung einfacher?

Lösungen
1–2| siehe Seite 205

Daten aufbereiten

Die Liste mit den Ergebnissen einer Befragung heißt **Urliste**.
Zur weiteren Auswertung werden die Ergebnisse geordnet.

Beispiel: Absatzzahlen einer Kaffeemaschine in den letzten 9 Verkaufstagen
Urliste: 4 Stück, 6 Stück, 2 Stück, 4 Stück, 5 Stück, 2 Stück, 3 Stück, 4 Stück, 5 Stück

Werden die Ergebnisse der Größe nach geordnet, entsteht eine **Rangliste**.
Rangliste: 2 Stück, 2 Stück, 3 Stück, 4 Stück, 4 Stück, 4 Stück, 5 Stück, 5 Stück, 6 Stück

Die Rangliste lässt sich kürzer fassen und übersichtlicher darstellen. Dazu werden die Ergebnisse mit der Anzahl ihres Auftretens in eine **Häufigkeitstabelle** eingetragen.

Anzahl verkaufter Kaffeemaschinen	2 Stück	3 Stück	4 Stück	5 Stück	6 Stück
Anzahl der Tage	2	1	3	2	1

1| Der Inhaber eines Feinkostladens möchte wissen, wie viele Flaschen Johannisbeersaft einer Sonderaktion die Kunden kaufen. Bei den ersten 30 Kunden notiert er die Anzahl der Flaschen.

2, 3, 1, 2, 3, 2, 2, 2, 1, 3, 1, 3, 4, 2, 3, 2, 2, 1,
1, 5, 3, 2 ,1, 4, 1, 1, 2, 1, 3, 4

a Erstellen Sie aus dieser Urliste eine Rangliste.

b Ergänzen Sie die Häufigkeitstabelle.

Anzahl der Flaschen	1	2	3	4	5
Anzahl der Kunden					

2| Herr Jansen plant für seine Firma den diesjährigen Betriebsausflug. Zur Auswahl stehen: eine Wanderung mit Restaurantbesuch (W), eine Radtour zum See (R) und eine Kanufahrt mit Picknick (K). Die Mitarbeiter sollen entscheiden. An die Pforte legt Herr Jansen einen Zettel, auf den jeder Mitarbeiter ein W, R oder K schreibt.

R, R, K, W, R, K, R, W, K, R, W, W, R, R, K, K,
W, R, W, R, R, K, W, R, K, K

Ergänzen Sie die Häufigkeitstabelle.

Betriebsausflug	Wanderung	Radtour	Kanufahrt
Anzahl der Mitarbeiter			

Lösungen
1–2| siehe Seite 205

Umrechnung Anzahl ⟷ Anteil

In vielen Tabellen und Diagrammen wird nicht die **Anzahl (absolute Häufigkeit)**, sondern der **Anteil (relative Häufigkeit)** in Prozent angegeben.

Beispiel: In einem Sportverein sind 168 Frauen und 232 Männer Mitglied.

	Frauen	Männer
Anzahl	168	232
Anteil	42 %	58 %

Gesamtanzahl der Mitglieder:
168 + 232 = 400

Die Gesamtanzahl entspricht 100 %.

Von der Anzahl zum Anteil

Frauen: $\frac{168}{400} = 0{,}42 = 42\,\%$

Männer: $\frac{232}{400} = 0{,}58 = 58\,\%$

Von dem Anteil zur Anzahl

Frauen: 42 % von 400 = $400 \cdot 0{,}42 = 168$
Männer: 58 % von 400 = $400 \cdot 0{,}58 = 232$

1| In einem Supermarkt weist der Kassenbericht am Ende des Tages die folgenden Zahlen auf. Von 580 Kunden haben 377 Kunden bar bezahlt, 203 Kunden haben mit Karte bezahlt. Berechnen Sie den Anteil der Kunden, die bar bezahlt haben und den Anteil der Kunden, die mit Karte bezahlt haben.

Barzahlung ______

Kartenzahlung ______

2| Die Bäckerei „Ofenfrisch“ bietet Roggenbrote in zwei Größen an. Von den am Vormittag verkauften Roggenbroten waren 18 % klein und 82 % groß. Insgesamt wurden am Vormittag 50 Roggenbrote verkauft. Wie viele davon waren klein und wie viele davon waren groß?

kleine Roggenbrote ______

große Roggenbrote ______

3| In einer Zoohandlung wurden die Wurfgrößen der Kaninchen in einer Häufigkeitstabelle notiert.

	2 Junge	3 Junge	4 Junge	5 Junge	6 Junge
Anzahl der Würfe	2	12	18	6	2
Anteil der Würfe	%	%	%	%	%

a Berechnen Sie die Gesamtanzahl der Würfe. ______

b Ergänzen Sie die Anteile in der Tabelle.

4| In einer Lebensmitteleinzelhandlung werden Pralinen in den drei Geschmacksrichtungen Marzipan, Nuss und Creme angeboten. Die Anteile der Geschmacksrichtungen am Verkauf des Monats Februar sind in der Tabelle angegeben. Insgesamt wurden im Februar 120 Tüten verkauft. Ergänzen Sie die Anzahlen in der Tabelle.

	Marzipan	Nuss	Creme
Anzahl verkaufter Tüten			
Anteil verkaufter Tüten	15,0 %	32,5 %	52,5 %

Lösungen
1–4| 5; 5; 9; 15; 18; 30; 35; 39; 40; 41; 45; 63; 65

Säulen- und Balkendiagramm

Ergebnis von 30 Klausuren:

Note	1	2	3	4	5	6
Anzahl der Klausuren	2	8	12	4	2	2

Die Darstellung im Säulendiagramm bzw. Balkendiagramm ergibt einen schnellen Überblick über die Notenverteilung.

Säulendiagramm

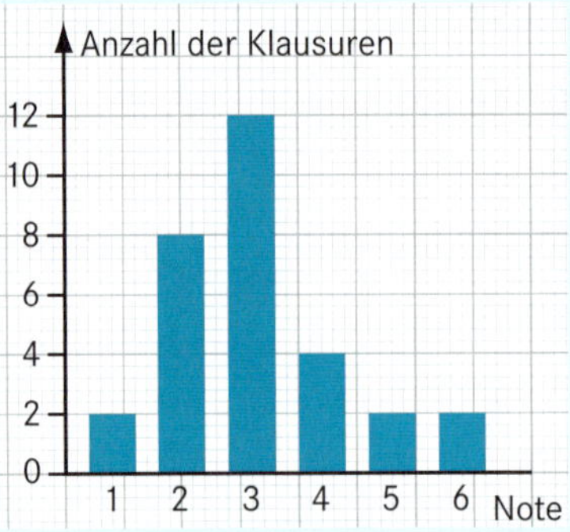

Die Höhe der Säulen gibt jeweils die Anzahl der Klausuren an.

Balkendiagramm

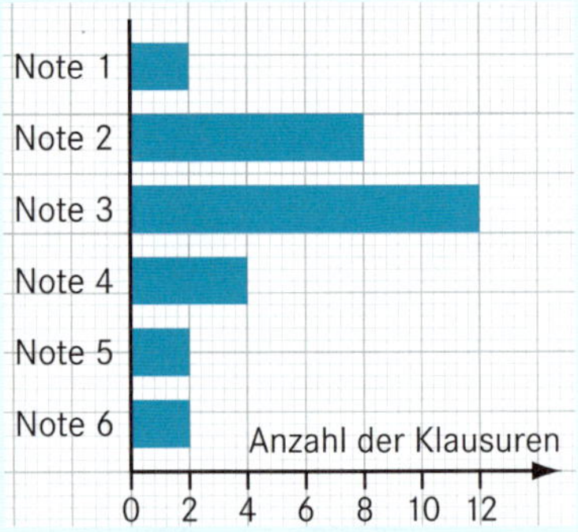

Die Länge der Balken gibt jeweils die Anzahl der Klausuren an.

1|

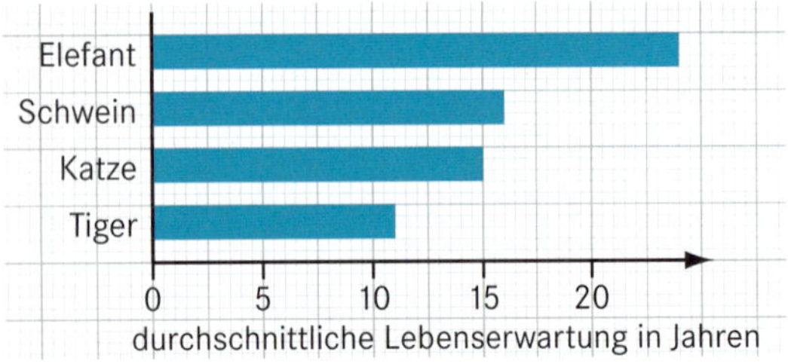

Lesen Sie im Balkendiagramm die Lebenserwartung der Tiere ab.

Elefant ☐ Jahre Katze ☐ Jahre

Schwein ☐ Jahre Tiger ☐ Jahre

2|

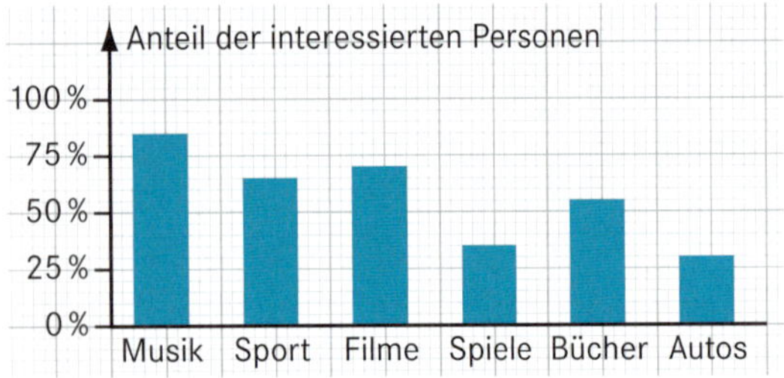

Wie viel Prozent der bei einer Umfrage befragten Personen interessieren sich für die folgenden Themen? Lesen Sie im Säulendiagramm ab.

Musik ☐ % Spiele ☐ %

Sport ☐ % Bücher ☐ %

Filme ☐ % Autos ☐ %

3|

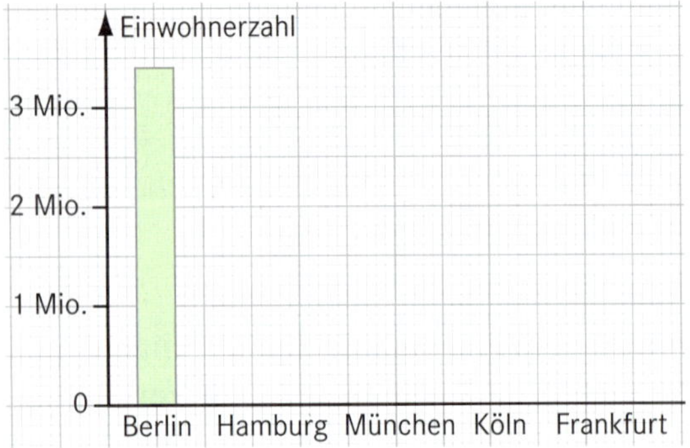

Die Einwohnerzahlen der größten deutschen Städte sind auf 100 000 gerundet. (Mio. = Millionen)

Berlin: 3,4 Mio. Köln: 1,0 Mio.
Hamburg: 1,8 Mio. Frankfurt: 0,7 Mio.
München: 1,3 Mio.

Stellen Sie die Einwohnerzahlen im Säulendiagramm dar.

4| In einem Industriebetrieb wurde eine Umfrage unter den Mitarbeitern durchgeführt. Zur Beurteilung der Kantine wurden folgende Angaben gemacht: 9 % der Mitarbeiter sind sehr zufrieden, 35 % sind zufrieden, 40 % finden die Kantine mittelmäßig, 11 % sind unzufrieden und 5 % sind sehr unzufrieden. Stellen Sie das Umfrageergebnis in einem Säulendiagramm dar.

Teilen Sie die Achsen sinnvoll in gleich große Abschnitte ein und beschriften Sie die Achsen.

Lösungen

1–4| siehe Seite 205

Liniendiagramm

Anzahl der Erwerbstätigen in Deutschland (gerundet auf 100 000):

Jahr	2004	2005	2006	2007	2008	2009
Erwerbstätige in Millionen	38,9	38,8	39,1	39,8	40,3	40,3

In Liniendiagrammen werden häufig zeitliche Entwicklungen dargestellt. Dabei werden die einzelnen Werte durch gerade Linien verbunden.

Liniendiagramm

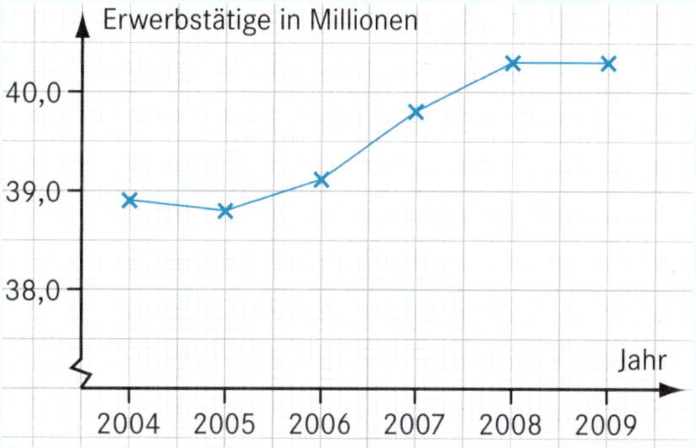

1|

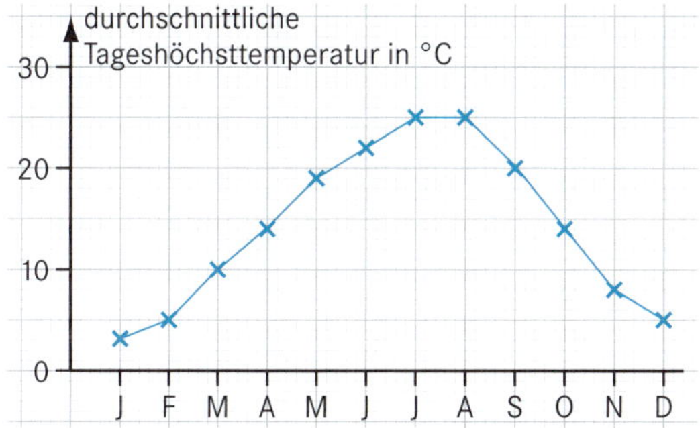

Lesen Sie die durchschnittlichen Tageshöchsttemperaturen der Monate des Jahres 2010 in Bonn ab.

Januar ____ °C Juli ____ °C

März ____ °C September ____ °C

Mai ____ °C November ____ °C

2|

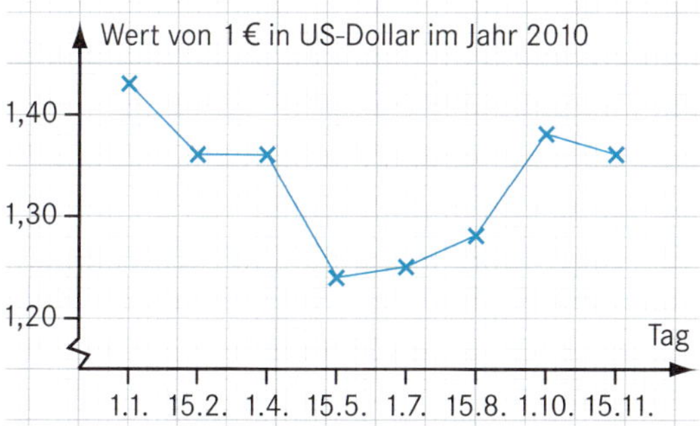

Lesen Sie den Wert von 1 € in US-Dollar ($) an den jeweiligen Tagen ab.

1.1.2010 ____ $ 1.7.2010 ____ $

15.2.2010 ____ $ 15.8.2010 ____ $

1.4.2010 ____ $ 1.10.2010 ____ $

15.5.2010 ____ $ 15.11.2010 ____ $

3|

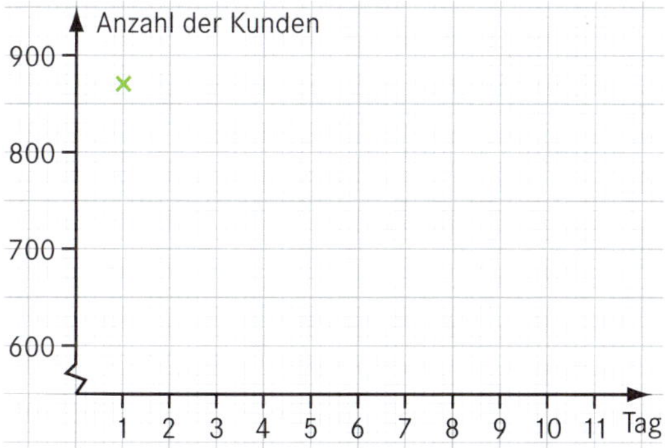

Stellen Sie die Anzahl der täglichen Kunden eines Einkaufszentrums im Liniendiagramm dar.

Tag	1	2	3	4	5	6
Anzahl der Kunden	870	760	820	840	890	890

Tag	7	8	9	10	11	12
Anzahl der Kunden	740	630	700	770	810	830

4| Die Tabelle gibt die jährlichen Gewinne eines Zeitschriftenladens gerundet auf 1 000 € an. Stellen Sie die Gewinne in einem Liniendiagramm dar.

Jahr	2003	2004	2005	2006	2007	2008	2009	2010
Gewinn in €	12 000	25 000	22 000	39 000	35 000	5 000	7 000	24 000

Lösungen

1–4| siehe Seite 205

Kreisdiagramm

Das **Kreisdiagramm** zeigt die Verteilung der Privathaushalte in Deutschland nach der Anzahl der Personen, die darin leben (Stand 2009).

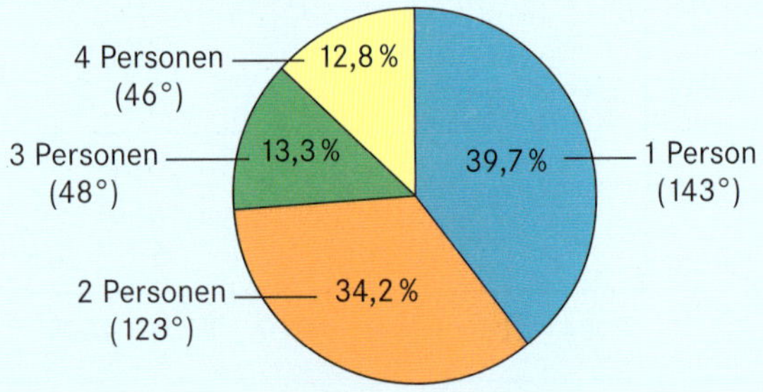

In Kreisdiagrammen werden stets die Anteile an einer Gesamtmenge (100 %) dargestellt.

Alle Privathaushalte (100 %) entsprechen dem Vollkreis (360°).

100 % ≙ 360° **1 % ≙ 3,6°**

Vom Anteil zur Winkelgröße

1 Person: 39,7 % ≙ 39,7 · 3,6° ≈ 143°
2 Personen: 34,2 % ≙ 34,2 · 3,6° ≈ 123°

Von der Winkelgröße zum Anteil

3 Personen: 48° ≙ 48 : 3,6 % ≈ 13,3 %
4 oder mehr Personen: 46° ≙ 46 : 3,6 % ≈ 12,8 %

1|

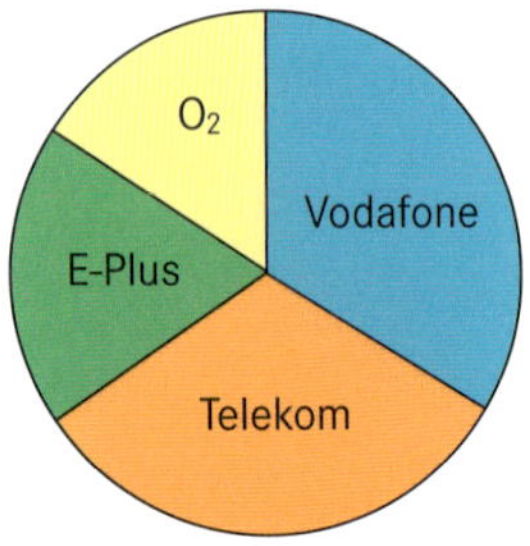

Das Kreisdiagramm zeigt die Verteilung der Mobilfunkkunden in Deutschland auf vier Anbieter (Stand 2010). In der Tabelle sind die Winkelgrößen der Kreisteile angegeben.
Berechnen Sie die Anteile. Runden Sie auf ganze Prozent.

	Vodafone	Telekom	E-Plus	O_2
Winkelgröße	121°	115°	67°	57°
Anteil	%	%	%	%

2|

	CDU/CSU	SPD	FDP	Die Linke	Grüne	Sonstige
Anteil	33,8 %	23,0 %	14,6 %	11,9 %	10,7 %	6,0 %
Winkelgröße	122°	°	°	°	°	°

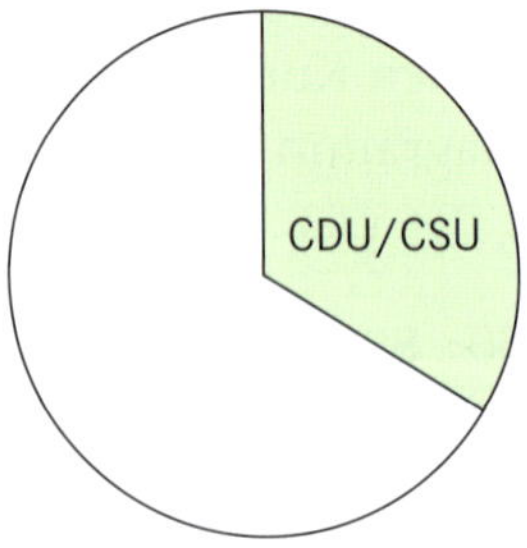

In der Tabelle ist die Verteilung der Zweitstimmen bei der Bundestagswahl 2009 in Deutschland angegeben.
Berechnen Sie für das Kreisdiagramm die Winkelgrößen der Kreisteile. Runden Sie auf ganze Grad. Runden Sie ab, wenn die erste Nachkommastelle eine 5 ist. (Sonst ergibt die Summe der Winkelgrößen nicht 360°.)
Ergänzen Sie das Kreisdiagramm.

3|

In der Tabelle sind die Bestandteile von 100 g Schokolade angegeben. Berechnen Sie die Winkelgrößen für ein Kreisdiagramm. Runden Sie auf ganze Grad. Zeichnen Sie anschließend das Kreisdiagramm.

	Eiweiß	Fett	Kohlenhydrate	Sonstige
Anteil	7 %	30 %	58 %	5 %
Winkelgröße	°	°	°	°

Lösungen
1–3| 16; 18; 19; 22; 25; 32; 34; 38; 43; 52; 83; 108; 209; Diagramme siehe Seite 206

Diagramme interpretieren

Ben und Maja sind Nachbarn. Ben fährt mit dem Moped zur Berufsschule, Maja mit dem Auto.

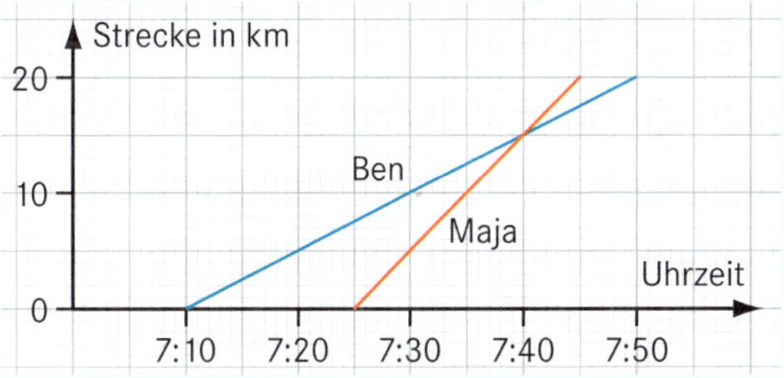

Aus dem Weg-Zeit-Diagramm erkennt man beispielsweise:

- Ben fährt um 7:10 Uhr los und kommt um 7:50 Uhr an. Er benötigt 40 min für die 20 km lange Strecke.
- Maja fährt um 7:25 Uhr los und kommt um 7:45 Uhr an. Sie benötigt 20 min für die 20 km lange Strecke.
- Maja fährt schneller, ihr Graph im Diagramm verläuft steiler.
- Maja überholt Ben nach 15 km um 7:40 Uhr.

1| Simon und Ahmet treffen sich im Café. Das Diagramm stellt die Fahrradfahrten von ihren Wohnungen zum Café dar.

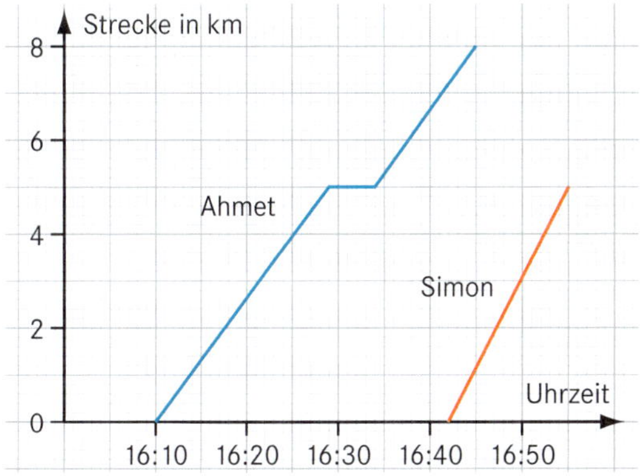

a Wie viele km fährt Simon? ☐ km

b Wie viele km fährt Ahmet? ☐ km

c Wann kommt Simon im Café an? ☐ Uhr

d Wer kommt zuerst im Café an? ☐

e Wie viele Minuten muss der erste im Café auf den anderen warten? ☐ min

f Wer von beiden hält unterwegs für kurze Zeit an? ☐

g Für wie viele Minuten hält er an? ☐ min

h Wer erreicht die höhere Geschwindigkeit? ☐

2| Hanna nimmt ein Bad.

Das Diagramm zeigt die Wassermenge in der Badewanne.

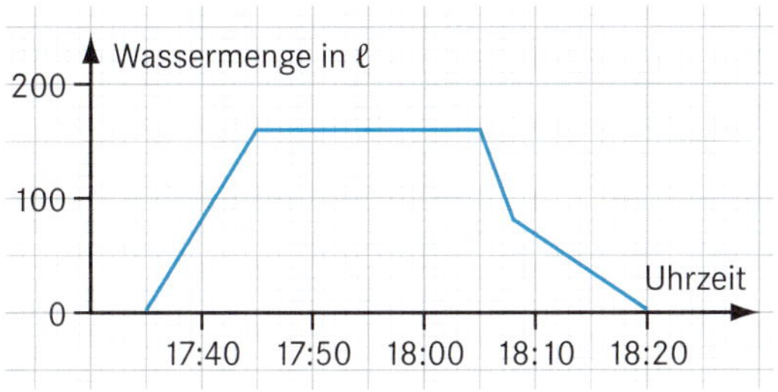

a Wann fängt Hanna an, das Wasser einzulassen? ☐ Uhr

b Wie viele Minuten dauert das Einlassen des Wassers? ☐ min

c Wie viel Liter Wasser befinden sich während des Bades in der Wanne? ☐ ℓ

d Wann zieht Hanna den Stöpsel aus der Wanne? ☐ Uhr

e Nach einiger Zeit verstopft ein Waschlappen den Abfluss. Das Wasser läuft danach langsamer ab. Wann passiert dies? ☐ Uhr

f Wie lange dauert das Ablaufen des Wassers insgesamt? ☐ min

g Wie lange würde das Ablaufen des Wassers ohne die Verstopfung dauern? ☐ min

Lösungen
1–2| siehe Seite 206

Durchschnitt – arithmetischer Mittelwert

Eine Bäckerei entnimmt ihrer Tagesproduktion eine Stichprobe von 15 Broten. Sie möchte das **durchschnittliche** Gewicht dieser Brote ermitteln. Mathematisch ausgedrückt bedeutet dies, den **arithmetischen Mittelwert** $\overline{x}$ zu berechnen.

Gewicht der Brote (**Urliste**):
503 g, 499 g, 511 g, 500 g, 498 g, 516 g, 500 g, 505 g, 507 g, 496 g, 524 g, 511 g, 501 g, 513 g, 506 g

Berechnung des Durchschnitts

1. Anzahl der Werte bestimmen:
   Es sind 15 Werte (Brotgewichte).
2. Alle Werte addieren:
   503 g + 499 g + 511 g + 500 g + 498 g + 516 g + 500 g +
   505 g + 507 g + 496 g + 524 g + 511 g + 501 g + 513 g + 506 g = 7 590 g
3. Die Summe durch die Anzahl der Werte dividieren:
   $\overline{x} = \frac{7\,590\,\text{g}}{15} = 506\,\text{g}$

Das durchschnittliche Brotgewicht beträgt 506 g.

1| Im Rahmen einer Kundenbefragung hat ein Warenhaus Fragebögen in folgender Anzahl zurückerhalten.

Montag:	136	Donnerstag:	210
Dienstag:	170	Freitag:	196
Mittwoch:	188	Samstag:	90

Berechnen Sie, wie viele Fragebögen durchschnittlich pro Tag zurückgekommen sind.

2| Eine Fahrradtour um den Bodensee hatte diesen Verlauf:

Wie viele km wurden durchschnittlich am Tag gefahren?

km

3| In der Abteilung Elektro liegen für die vergangene Woche die folgenden Verkaufszahlen von einem Smartphone vor.

Montag:	38	Donnerstag:	14
Dienstag:	26	Freitag:	27
Mittwoch:	32	Samstag:	43

Berechnen Sie den durchschnittlichen Tagesabsatz.

4| Dargestellt sind die Durchschnittstemperaturen der Monate eines Jahres in Berlin.

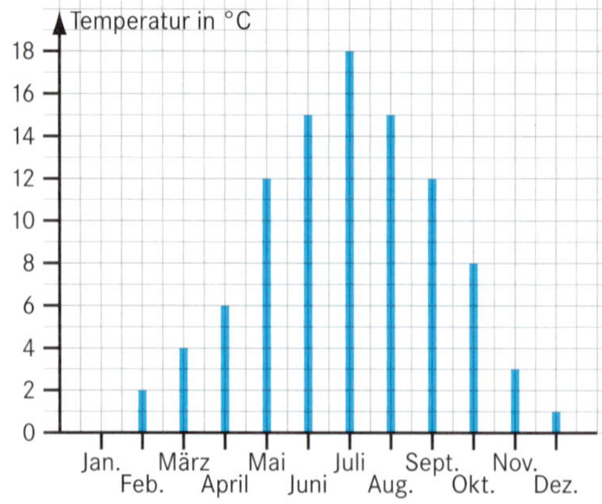

Berechnen Sie die durchschnittliche Temperatur für dieses Jahr.

°C

Lösungen
1–4| 8; 30; 35; 165

Durchschnitt – arithmetischer Mittelwert

Die Noten einer Klassenarbeit sind in der nebenstehenden **Häufigkeitstabelle** gegeben.
Berechnen Sie die Durchschnittsnote der Klassenarbeit.

Die einzelnen Noten sind mehrfach erreicht worden.

Der **Durchschnitt** wird dann schneller so ermittelt:

1. Alle Werte mit ihrer Häufigkeit multiplizieren und addieren:
   $3 \cdot 1 + 5 \cdot 2 + 9 \cdot 3 + 10 \cdot 4 + 2 \cdot 5 + 1 \cdot 6 = 96$
2. Anzahl aller Werte ermitteln:
   $3 + 5 + 9 + 10 + 2 + 1 = 30$
3. Die Summe (von 1.) durch die Anzahl dividieren:
   $\overline{x} = \frac{96}{30} = 3{,}2$

Kurz: $\overline{x} = \frac{3 \cdot 1 + 5 \cdot 2 + 9 \cdot 3 + 10 \cdot 4 + 2 \cdot 5 + 1 \cdot 6}{3 + 5 + 9 + 10 + 2 + 1} = \frac{96}{30} = 3{,}2$

Die Durchschnittsnote ist 3,2.

Berechnen Sie die Durchschnittsnoten. Runden Sie auf eine Stelle nach dem Komma.

1|

Note	1	2	3	4	5	6
Anzahl	2	8	11	9	0	1

Durchschnittsnote ______

2|

Note	1	2	3	4	5	6
Anzahl	3	5	11	9	4	0

Durchschnittsnote ______

3| Ein Preisvergleich für eine Spielkonsole ergibt folgendes Ergebnis.

Preis	185,99 €	189,99 €	199,00 €	199,90 €	199,99 €	210,00 €
Zahl der Anbieter	3	5	4	6	7	1

Wie viel € kostet die Spielkonsole im Durchschnitt? Runden Sie sinnvoll. ______ €

4| Jugendliche gaben an, wie viel Zeit sie täglich am PC verbringen.

Zeit	0 min	30 min	45 min	60 min	90 min	120 min	240 min
Anzahl der Jugendlichen	2	7	6	10	4	2	1

Wie viele Minuten verbringen die Jugendlichen im Durchschnitt täglich am PC? ______ min

5| Mit Hilfe von Automaten werden Nüsse in Tüten verpackt. Bei einer Stichprobe wurden folgende Gewichte ermittelt.

Gewicht	146 g	149 g	150 g	154 g	156 g	158 g	160 g	163 g
Anzahl der Tüten	2	4	5	3	1	1	1	2

Welches durchschnittliche Gewicht ergibt sich aus den überprüften Tüten? Runden Sie auf Zehntel.

______ g

Lösungen
1–5| 3,0; 3,2; 60; 152,6; 196,66

Median

Bei einer Datenreihe wird neben dem Durchschnitt auch ein anderer Mittelwert, der **Median** $\tilde{x}$ **(Zentralwert)**, betrachtet. Zur Bestimmung des Medians werden alle Werte der Größe nach geordnet.

Median bei ungerader Anzahl von Werten
Der Median ist derjenige Wert, der in der Mitte steht.
Beispiel:
Für die 15 Brotgewichte einer Bäckerei (vergleiche Seite 190) wird aus der Urliste eine **Rangliste** erstellt:
496 g, 498 g, 499 g, 500 g, 500 g, 501 g, 503 g, 505 g, 506 g, 507 g, 511 g, 511 g, 513 g, 516 g, 524 g

Der Median der Brotgewichte ist der Wert in der Mitte. $\tilde{x} = 505$ g.
7 Brote sind leichter als der Median und
7 Brote sind schwerer als der Median.

Lage des Medians bei 15 Werten: $\frac{15+1}{2} = 8$
Der Median ist der 8. Wert.

Median bei gerader Anzahl von Werten
Es befinden sich zwei Werte in der Mitte. Diese beiden Werte werden addiert und durch 2 geteilt.
Beispiel:
Rangliste mit 6 Fahrzeiten: 23 min, 24 min, 25 min, 27 min, 27 min, 30 min

$\tilde{x} = \frac{25\text{ min} + 27\text{ min}}{2} = 26\text{ min}$

Der Median der Fahrzeiten beträgt 26 min.

Lage des Medians bei 6 Werten: $\frac{6+1}{2} = 3{,}5$
Der Median wird aus dem 3. und 4. Wert berechnet.

1| Max möchte den Verbrauch seines Autos möglichst genau ermitteln. Jeden Freitag tankt er sein Auto voll und berechnet aus der gefahrenen Strecke und der Menge des getankten Benzins den Verbrauch pro 100 km. In den letzten 9 Wochen erhielt Max die folgenden Ergebnisse:

8,4 ℓ; 7,8 ℓ; 9,2 ℓ; 7,5 ℓ; 10,1 ℓ; 8,3 ℓ; 8,9 ℓ; 8,1 ℓ; 9,0 ℓ

a Erstellen Sie eine Rangliste.

___ ℓ, ___ ℓ, ___ ℓ, ___ ℓ, ___ ℓ, ___ ℓ, ___ ℓ, ___ ℓ, ___ ℓ

b Bestimmen Sie den Median. ___ ℓ

2| Herr Meinert ist Geschäftsführer eines großen Supermarktes. Am Abend erhält er eine Aufstellung der Umsätze an allen 8 Kassen. In der folgenden Rangliste sind die Umsätze der Kassen geordnet.

2 370 €, 2 800 €, 3 250 €, 3 570 €, 4 480 €, 4 920 €, 5 340 €, 5 600 €

Bestimmen Sie den Median. ___ €

3| Ein Marktforschungsinstitut untersucht die Preisspanne für eine Flasche Haarwaschmittel. In zehn unterschiedlichen Geschäften werden die folgenden Preise für die gleiche Flasche ermittelt.

1,99 €; 2,49 €; 2,49 €; 2,98 €; 2,99 €; 3,29 €; 3,45 €; 3,79 €; 3,99 €; 4,20 €

a Bestimmen Sie den Median der Preise für das Haarwaschmittel. ___ €

b Der günstigste Preis ist ein Sonderangebot.
Wo liegt der Median, wenn dieser Preis nicht bei der Mittelung berücksichtigt wird? ___ €

Lösungen
1–3| 3,14; 3,29; 8,4; 4 025; Rangliste siehe Seite 206

Median

Median bei ungerader Anzahl von Werten

Die Noten eines Tests sind in einer **Häufigkeitstabelle** gegeben:

Note	1	2	3	4	5	6
Anzahl	3	8	9	6	2	1

1. Anzahl der Werte bestimmen:
$3 + 8 + 9 + 6 + 2 + 1 = 29$

2. Lage des Medians bestimmen:
$\frac{29 + 1}{2} = 15$ Bei 29 Werten liegt der 15. Wert genau in der Mitte der Rangliste und ist somit der Median. 14 Werte sind kleiner und 14 Werte sind größer als der Median.

3. Aufsuchen des Medians in der Tabelle:
$3 + 8 = 11$ Die Noten 1 und 2 kommen insgesamt 11-mal vor.
$3 + 8 + 9 = 20$ Die Noten 1, 2 und 3 kommen insgesamt 20-mal vor.
Der 15. Wert entspricht der Note 3. Der Median beträgt 3.

Median bei gerader Anzahl von Werten

Beispiel:

Häufigkeitstabelle mit Schuhgrößen von 16 Frauen:

Schuhgröße	37	38	39	40	41
Anzahl der Frauen	1	3	4	6	2

$\frac{16 + 1}{2} = 8{,}5$ Der Median wird aus dem 8. und 9. Wert berechnet.

$1 + 3 + 4 = 8$ → 8. Wert: 39

$1 + 3 + 4 + 6 = 14$ → 9. Wert: 40 $\tilde{x} = \frac{39 + 40}{2} = 39{,}5$ Der Median beträgt 39,5.

Bestimmen Sie den Median der Noten.

1|

Note	1	2	3	4	5	6
Anzahl	2	8	11	9	0	1

Median

2|

Note	1	2	3	4	5	6
Anzahl	3	5	11	9	4	0

Median

3| Der Biobauer Günther verkauft Eier der Gewichtsklasse M (53 g bis unter 63 g).
In der letzten Woche hat er die Gewichte seiner Eier in einer Häufigkeitstabelle erfasst.

Gewicht der Eier	53 g	54 g	55 g	56 g	57 g	58 g	59 g	60 g	61 g	62 g
Anzahl der Eier	3	4	7	6	10	13	14	8	6	7

a Berechnen Sie die Gesamtanzahl der Eier.

b Bestimmen Sie den Median des Eiergewichts. g

4| Bei einem Verkaufstraining sollten sich die Auszubildenden in einer Minute 10 unterschiedliche Begriffe merken.
In der folgenden Häufigkeitstabelle sind die Ergebnisse dargestellt.

Anzahl der gemerkten Begriffe	0	1	2	3	4	5	6	7	8	9	10
Anzahl der Auszubildenden	1	0	2	3	5	7	11	5	3	1	0

Bestimmen Sie für die Anzahl der gemerkten Begriffe den Median.

Lösungen
1–4| 3; 3; 6; 58; 78

Vermischte Aufgaben

1| Füllen Sie die leeren Kreise so aus, dass dort jeweils der arithmetische Mittelwert der Zahlen aus den vier umgebenden größeren Kreisen steht.

a

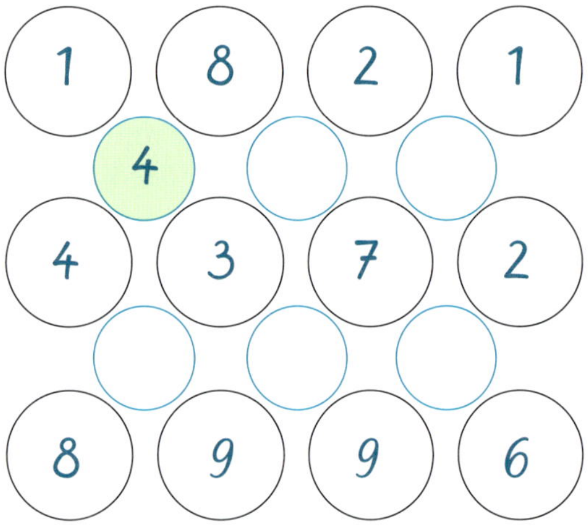

b

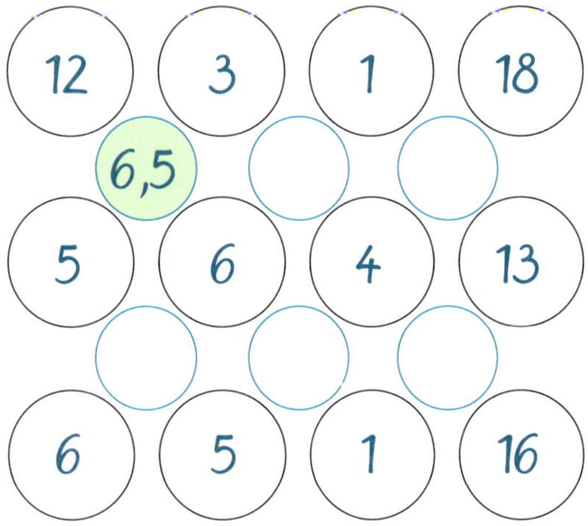

2| Füllen Sie die leeren Kreise so aus, dass dort jeweils der Median der Zahlen aus den vier umgebenden größeren Kreisen steht.

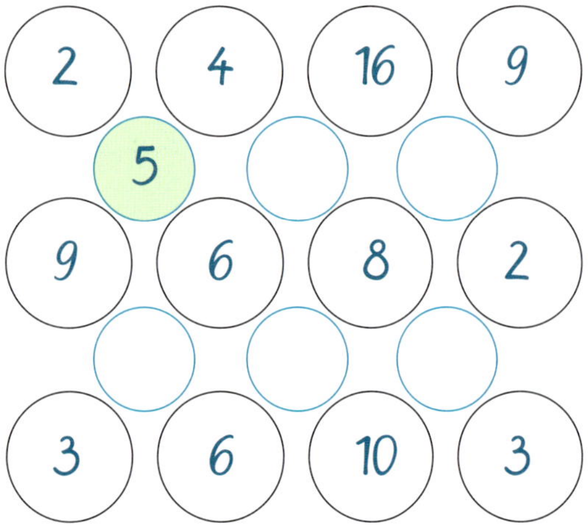

3| Josephine, Benjamin, Sebastian, Claudia und Daniel sammelten zusammen 265 € Spenden.

a Wie viel € hat jede Person im Durchschnitt gesammelt?

☐ €

b Josephine fehlten 6,50 € am Durchschnittsbetrag. Daniel fehlten 14,00 €. Dafür hatte Benjamin 12,50 € und Sebastian 4,00 € mehr als der Durchschnitt.
Welchen Betrag hat Claudia gesammelt?

☐ €

c Bestimmen Sie den Median der gesammelten Geldbeträge.

☐ €

4| Bei den Tests von Lehrer Lämpel werden jeweils 100 Punkte vergeben. Max hat bisher 73, 92, 60, und 86 Punkte erreicht.

a Welchen Punktedurchschnitt hat Max?

☐

b Max möchte seinen Durchschnitt mit dem nächsten Test auf 80 Punkte verbessern. Wie viele Punkte muss er dann erreichen?

☐

5| In einer Berufsschulklasse wurde untersucht, wie viele Paar Schuhe die Schülerinnen im Mittel haben. 18 Schülerinnen gaben an:
3, 4, 5, 6, 6, 7, 8, 9, 9, 9, 10, 11, 12, 13, 14, 17, 18, 19

a Berechnen Sie den Durchschnitt.

☐

b Bestimmen Sie den Median.

☐

c Am Tag der Befragung fehlten zwei Schülerinnen. Eine von ihnen hat 6 Paar Schuhe. Wie viele Paar Schuhe muss die andere besitzen, damit sich der Durchschnitt und der Median nicht ändern?

☐

Lösungen

1–2| 3; 3,5; 4; 5; 5,5; 5,5; 6; 6; 6; 7; 7; 7; 8,5; 8,5; 9

3–5| 9; 10; 14; 53; 57; 57; 77,75; 89

Check-out

Testen Sie sich selbst: Kreuzen Sie den Buchstaben neben dem richtigen Ergebnis an.

Ausbildungsberufe mit den meisten weiblichen Auszubildenden 2008:

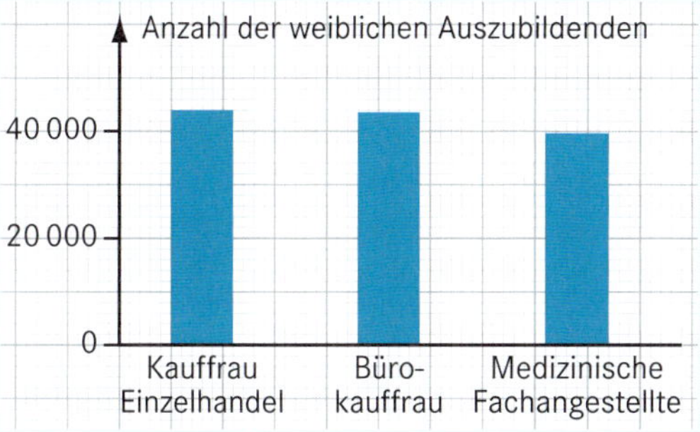

1| Wie viele weibliche Auszubildende wurden im Jahr 2008 zur Bürokauffrau ausgebildet?

A 48 500 C 46 712
B 40 000 D 43 664

2| Rund 36 000 weibliche Auszubildende wurden im Jahr 2008 zur Friseurin ausgebildet.
Welche Höhe hätte die zugehörige Säule im Diagramm?

A 36 mm C 18 mm
B 20 mm D 16 mm

Preis eines Smartphones:

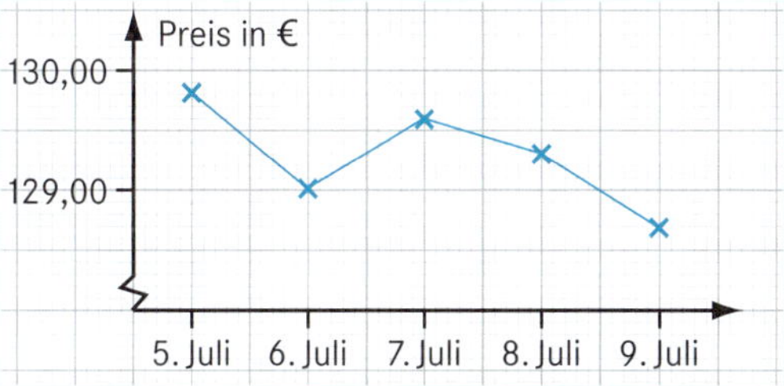

3| Wie teuer war das Smartphone am 9. Juli?

A 126,00 € C 128,40 €
B 128,70 € D 128,00 €

4| An welchem Tag kostete das Smartphone 129,60 €?

A 5. Juli C 7. Juli
B 6. Juli D 8. Juli

Wahl eines Schülervertreters:

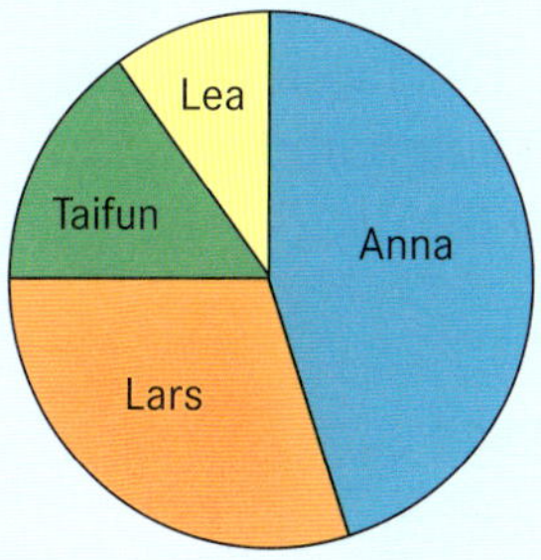

5| 30 % der Stimmen entfallen auf Lars.
Wie groß ist die Winkelgröße des zugehörigen Kreisteils?

A 110° C 105°
B 120° D 108°

6| Von den insgesamt 80 Stimmen erhielt Taifun 12.
Wie groß ist der Anteil der Stimmen von Taifun?

A 54 % C 9,6 %
B 18 % D 15 %

Alter der Kinder	Anzahl der Kinder
3 Jahre	4
4 Jahre	6
5 Jahre	8
6 Jahre	2

7| Berechnen Sie das Durchschnittsalter der Kinder.

A 4,4 Jahre C 4,5 Jahre
B 4 Jahre D 5 Jahre

8| Bestimmen Sie für das Alter der Kinder den Median.

A 4,4 Jahre C 4,5 Jahre
B 4 Jahre D 5 Jahre

Kontrollieren Sie Ihre Lösungen. Nutzen Sie dazu Seite 199.

- Haben Sie richtig gelöst, machen Sie in der Tabelle ein Kreuz.
- Haben Sie falsch gelöst, finden Sie Hilfen und weitere Übungen auf den angegebenen → Seiten.

1	2	3	4	5	6	7	8
→ S. 186		→ S. 187		→ S. 188	→ S. 185	→ S. 190/191	→ S. 192/193

Anwendungsaufgaben

(Lösungen Seite 206)

1|

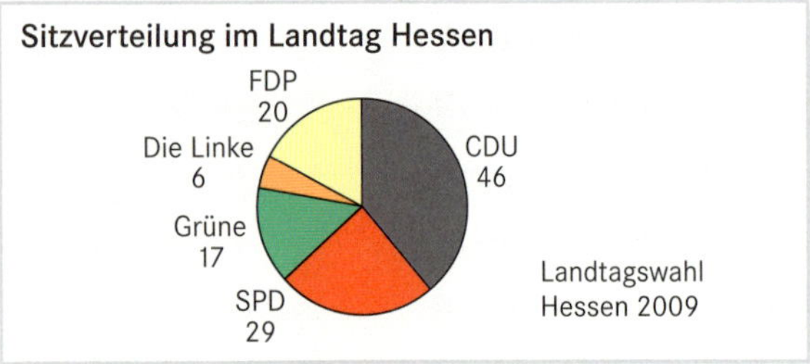

a Wie viele Sitze gibt es im Landtag von Hessen insgesamt?

b Wie viel Prozent der Sitze entfallen auf die einzelnen Parteien? Runden Sie auf eine Stelle nach dem Komma.

CDU ___ % Die Linke ___ %

SPD ___ % FDP ___ %

Grüne ___ %

2| Das Säulendiagramm zeigt, mit welchem Verkehrsmittel die Schülerinnen und Schüler einer Berufsschulklasse zur Schule kommen.

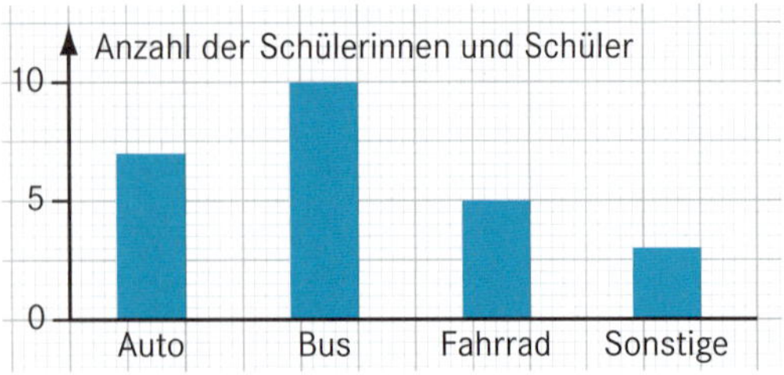

a Aus wie vielen Schülerinnen und Schülern besteht die Klasse?

b Wie viel Prozent der Schülerinnen und Schüler nutzen die einzelnen Verkehrsmittel?

Auto ___ % Fahrrad ___ %

Bus ___ % Sonstige ___ %

c Stellen Sie die Anteile in einem Balkendiagramm dar.

d Berechnen Sie die Winkelgrößen für die Darstellung in einem Kreisdiagramm. Runden Sie auf ganze Grad.

Auto ___ ° Fahrrad ___ °

Bus ___ ° Sonstige ___ °

e Zeichnen Sie ein Kreisdiagramm zu d.

3| Das monatliche Bruttogehalt setzt sich zusammen aus dem Nettogehalt und den Abgaben.
Berechnen Sie das Nettogehalt und die Abgaben.

a Bruttogehalt: 1 400 €

Nettogehalt ___ €

Abgaben ___ €

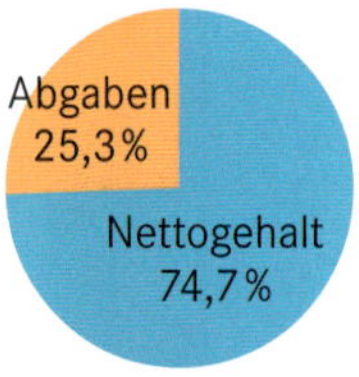

b Bruttogehalt: 1 900 €

Nettogehalt ___ €

Abgaben ___ €

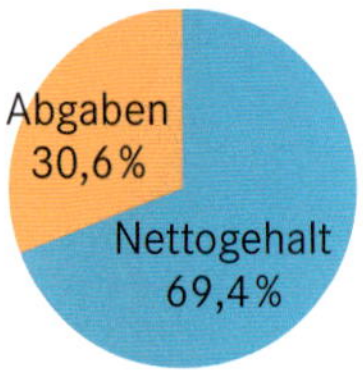

c Bruttogehalt: 2 400 €

Nettogehalt ___ €

Abgaben ___ €

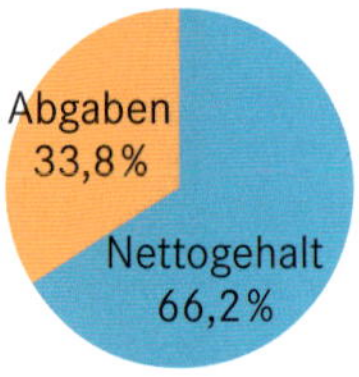

4| Felix Beck ist Bürokaufmann. Sein monatliches Bruttogehalt beträgt 1 820 €.

a In der Tabelle sind seine monatlichen Abgaben aufgeführt.
Ergänzen Sie die Tabelle.

Abgabe	Betrag
Lohnsteuer	158 €
Solidaritätszuschlag 5,5 % der Lohnsteuer	€
Sozialversicherungsbeiträge rund 21 % des Bruttogehalts	€
Abgaben insgesamt	€

b Ziehen Sie die gesamten Abgaben vom Bruttogehalt ab. Sie erhalten das Nettogehalt.

___ €

c Wie viel Prozent vom Bruttogehalt betragen das Nettogehalt und die gesamten Abgaben?
Runden Sie auf eine Stelle nach dem Komma.

Nettogehalt ___ %

Abgaben ___ %

d Stellen Sie das Nettogehalt und die gesamten Abgaben in einem Kreisdiagramm dar.

5| Marion geht in die Einzelhandelsklasse einer Berufsschule. Die Tabelle zeigt, dass die Schülerinnen und Schüler ihrer Klasse unterschiedliche Ausbildungsvergütungen erhalten.

Vergütung	Anzahl
478,00 €	3
485,00 €	11
512,40 €	2
524,30 €	1
532,80 €	4
555,60 €	5

a Berechnen Sie das durchschnittliche Einkommen aller Schülerinnen und Schüler der Klasse. Runden Sie sinnvoll.

_______ €

b Bestimmen Sie den Median.

_______ €

c Ein neuer Schüler kommt hinzu. Seine Ausbildungsvergütung beträgt 555,60 €. Wie lautet nun der Durchschnitt? Runden Sie wieder sinnvoll.

_______ €

6| Eine Elektrofirma erhält jeden Monat eine Lieferung von 200 Lampen.
Das Diagramm zeigt, wie viele dieser Lampen in den letzten Monaten jeweils defekt waren.

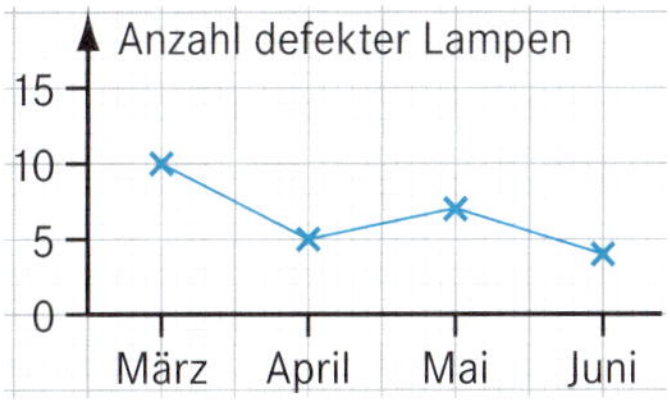

a Wie viele Lampen waren im Juni defekt?

____

b Wie viel Prozent der im Juni gelieferten Lampen waren defekt?

_______ %

c Wie viele Lampen waren insgesamt bei den Lieferungen von März bis Juni defekt?

____

d Wie viel Prozent der von März bis Juni gelieferten Lampen waren insgesamt defekt?

_______ %

e Wie viele der gelieferten Lampen waren von März bis Juni durchschnittlich pro Monat defekt?

____

7| 100 Frauen und Männer wurden befragt, wie häufig sie das Internet nutzen.

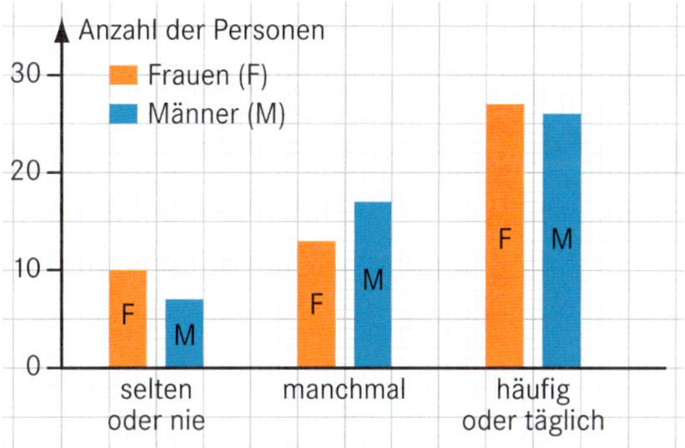

Beurteilen Sie die folgenden Aussagen anhand des Diagramms. Tragen Sie „richtig“ oder „falsch“ ein bzw. „fraglich“, wenn das Diagramm keine eindeutige Entscheidung zulässt.

a 7 Männer nutzen das Internet selten oder nie.

____

b 30 Personen nutzen das Internet manchmal.

____

c Es wurden 50 Männer befragt.

____

d 60 % der Männer nutzen das Internet häufig oder täglich.

____

e Etwas weniger als die Hälfte der Frauen nutzt das Internet häufig oder täglich.

____

f Die Männer chatten häufiger im Internet als die Frauen.

____

g Mehr Männer als Frauen nutzen das Internet manchmal, häufig oder sogar täglich.

____

h Mehr Frauen als Männer nutzen das Internet nie.

____

i Mehr Männer als Frauen haben einen Internetanschluss.

____

Abschlusstest

Kontrollieren Sie Ihre Lösungen auf der Seite 208.

1| **a** Stellen Sie die folgenden Stundenlöhne in einem Säulendiagramm dar.
Sara: 9,50 € Laura: 15,50 € Nina: 11,00 €
Nick: 14,00 € Elias: 9,00 € Timo: 13,50 €
b Berechnen Sie den durchschnittlichen Stundenlohn. Runden Sie sinnvoll.

€

2| Das Diagramm zeigt die Anteile der vier größten Bundesländer an der Gesamtfläche Deutschlands gerundet auf ganze Prozent.

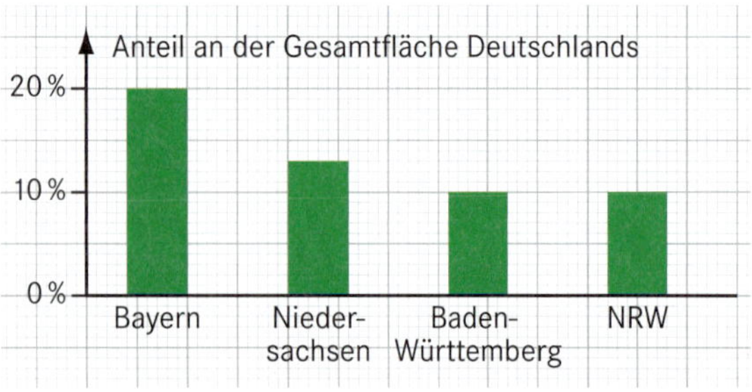

a Wie viel Prozent der Gesamtfläche entfallen auf Niedersachsen?

%

b Deutschland ist 357 093 km² groß. Berechnen Sie die Fläche von Bayern. Runden Sie auf 1 000 km².

km²

3| Die Mitarbeiter eines Büros überlegen, ob sich die Anschaffung eines Kaffeeautomaten lohnt. Hierzu haben sie den täglichen Kaffeekonsum der Kollegen in einer Tabelle erfasst.

Tassen Kaffee pro Tag	1	2	3	4	5
Anzahl der Kollegen	3	5	5	8	4

a Wie viele Tassen Kaffee trinken die Kollegen durchschnittlich pro Tag?

b Bestimmen Sie den Median.

c Welcher Mittelwert ändert sich, wenn ein neuer Kollege hinzukommt, der 2 Tassen Kaffee pro Tag trinkt?

4| Ein Elektrofachmarkt hat Niederlassungen in folgenden Städten.
Leipzig: 96 Mitarbeiter
Bremen: 78 Mitarbeiter
Mainz: 42 Mitarbeiter
Rosenheim: 24 Mitarbeiter
a Wie viele Mitarbeiter sind es insgesamt?

b Wie viel Prozent der Mitarbeiter entfallen auf die einzelnen Städte?

Leipzig % Mainz %

Bremen % Rosenheim %

c Berechnen Sie die Winkelgrößen für die Darstellung in einem Kreisdiagramm.

Leipzig ° Mainz °

Bremen ° Rosenheim °

d Zeichnen Sie ein Kreisdiagramm zu c.

5| Jasmin und Fiona schwimmen um die Wette. Die Strecke ist 50 m lang.

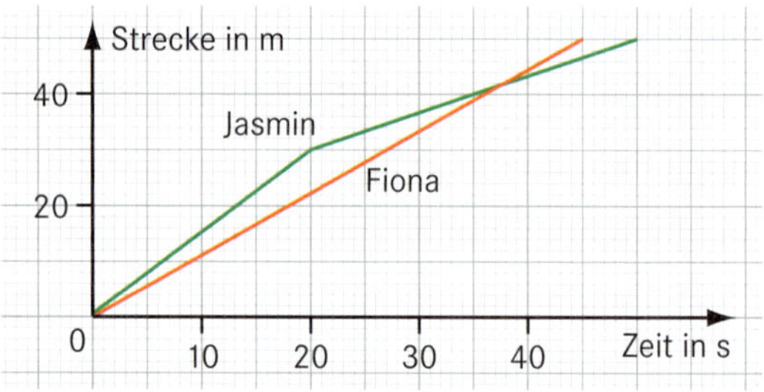

Beurteilen Sie die folgenden Aussagen anhand des Diagramms. Tragen Sie „richtig" oder „falsch" ein.
a Bei 20 m liegt Fiona in Führung.

b Bei 40 m wird Fiona von Jasmin überholt.

c Fiona gewinnt das Wettschwimmen.

d Jasmin schwimmt erst langsam, danach wird sie schneller.

Ganze Zahlen

	1	2	3	4	5	6	7	8	9	10	11	12	13	14	15	16	17	18	19	20
Seite 6	C	C	B	C	B	C	D	D	C	C	A	B	C	B	B	B	C	B	A	D
Seite 23	B	C	B	D	C	A	C	B	D	D	A	A	D	A	B	B	B	A	A	D

Brüche

	1	2	3	4	5	6	7	8	9	10	11	12	13	14	15	16	17	18
Seite 28	A	D	A	B	B	C	D	B	C	D	B	A	C	D	A	B	A	A
Seite 37	D	C	D	C	A	C	A	A	B	C	C	A	C	D	C	C	B	A

Dezimalbrüche

	1	2	3	4	5	6	7	8	9	10	11	12	13	14	15	16	17	18	19	20
Seite 42	C	A	C	C	C	B	C	B	D	A	A	B	A	C	B	B	B	D	A	B
Seite 55	B	A	C	C	B	B	A	B	A	C	A	B	A	C	B	B	B	A	C	D

Größen

	1	2	3	4	5	6	7	8	9	10	11	12	13	14	15	16	17	18	19	20
Seite 60	C	A	D	D	C	C	C	B	A	C	A	A	B	C	B	B	A	C	D	B
Seite 71	C	C	D	A	C	D	A	D	D	C	C	A	C	C	B	A	D	D	A	C

Gleichungen

	1	2	3	4	5	6	7	8	9	10
Seite 76	9	20,5	7	20	8	10	– 12	45	2	6
Seite 89	40	11	15	48	4	15	– 8	80	5	1,5

	11	12	13	14	15	16	17	18	19	20
Seite 76	5	3	16	– 2	72 cm	6 cm	91 m^2	3 m	6	Alex 17, Anna 16
Seite 89	5	– 1	8	4	60 cm	9 cm	96 m^2	4 m	11	Lena 18, Finn 16

Zuordnungen und Dreisatz

	1	2	3	4	5	6	7	8	9	10
Seite 94	C	A	C	B	A	B	C	B	B	A
Seite 115	B	D	A	C	C	B	D	B	D	A

Prozent- und Zinsrechnung

	1	2	3	4	5	6	7	8	9	10	11	12	13	14
Seite 120	A	C	C	D	D	C	A	B	D	B	A	C	D	B
Seite 145	C	A	C	D	B	A	B	B	C	B	A	D	C	C

Kalkulation und Angebotsvergleich

	1	2	3	4	5	6	7	8
Seite 150	A	D	A	A	B	C	C	C
Seite 157	B	D	A	B	C	C	D	D

Geometrie

	1	2	3	4	5	6	7	8	9	10	11
Seite 162	C	A	A	B	C	A	C	A	B	B	D
Seite 177	B	B	B	A	A	C	C	B	A	A	D

Umgang mit Daten

	1	2	3	4	5	6	7	8
Seite 182	C	B	C	C	C	C	C	D
Seite 195	D	C	B	C	D	D	A	C

Lösungen

Ganze Zahlen

Seite 24

1| 26 992 km

2| a 14 ℓ
b ja (Rest 2 ℓ)

3| a 271 €
b ja (Rest 29 €)

4| a 64 €
b ja (424 €)

5| 69 km

6| a 90 min
b 270 min
c ja (Rest 30 min)

7| a 130 km
b 125 km
c 5 km

Seite 25

8| a 72 €
b 188 €

9| a ja
b 47 €

10| a 24 €
b 86 €

11| 1 037 €

12| 1 160 €

13| 35 000

14| 3 612 €

15| a 672 €
b 84 €

Brüche

Seite 38

1| $\frac{11}{20}$

2| $\frac{1}{20}$

3| $\frac{1}{12}$

4| a $43\,\frac{9}{50}$ cm
b $48\,\frac{13}{50}$ cm

5| $47\,\frac{5}{6}$ kg

6| a $1\frac{1}{2}$ ℓ
b $4\,\frac{1}{20}$ ℓ
c $5\,\frac{11}{20}$ ℓ

7| 15 Runden

8| 603 €

Seite 39

9| $2\,\frac{1}{2}$ Stunden

10| a 15 Tüten
b 60 €

11| a 16 Flaschen
b 48 Flaschen

12| 98 Tage

13| 52 Tage
Rest $\frac{12}{19}$

14| a 10 Flaschen
b 600 Flaschen
c $\frac{1}{10}$ min

15| a $\frac{53}{100}$
b $\frac{47}{100}$

Dezimalbrüche

Seite 44

1| $-4 < -3{,}7 < -3 < 3{,}6 < 3{,}8$

2| $-6 < -5{,}6 < 0 < 6{,}19 < 6{,}2$

3| $\frac{1}{2} < 0{,}8 < 1{,}2 < 1\frac{1}{2} < 2$

4| $-202{,}1 < -202 < -201{,}99 < 200 < 200{,}02$

5| $4{,}004 < 4{,}40 < 4{,}404 < 4{,}49 < 4{,}5$

6| $-2{,}5 < -\frac{1}{2} < -0{,}2 < 0{,}2 < \frac{1}{2}$

	Milliarden			Millionen			Tausend						
	H	Z	E	H	Z	E	H	Z	E	H	Z	E	
8|							1	2	3	4	0	0	einhundertdreiundzwanzigtausendvierhundert
9|						1	2	5	0	0	0	0	eine Million zweihundertfünfzigtausend
10|						2	1	0	0	0	0	0	zwei Millionen einhunderttausend
11|							3	0	0	0	5	1	dreihunderttauseneinundfünfzig
12|			4	0	0	0	0	0	7	0	1	1	vier Milliarden siebentausendelf

Seite 52

1| 46 292
2| 46 290
3| 46 300
4| 46 000
5| 46 291,6
6| 46 291,56
7| 46 291,564
8| 67
9| 380
10| 930
11| 500
12| 14 000
13| 2
14| 8,3
15| 56,5
16| 9,30
17| 0,350
18| 6 200
19| 1 800
20| 1 400
21| 400
22| 335,79
23| 8,01
24| 13,93
25| 99,00

Seite 53

23|	$7 \cdot 15 = 105$	ist falsch
24|	$165 + 235 = 400$	kann stimmen
25|	$300 : 50 = 6$	ist falsch
26|	$235 - 45 = 190$	kann stimmen

Seite 54

25|	$567\,000 + 3\,000 = 570\,000$	kann stimmen
26|	$56\,000 : 8\,000 = 7$	ist falsch
27|	$1\,070\,000 - 500\,000 = 570\,000$	kann stimmen
28|	$4\,000 \cdot 3\,000 = 12\,000\,000$	ist falsch

Seite 56

1| 7,10 €
2| 0,08 €
3| 3,85 €
4| a 85,20 €
b 76,40 €
c 8,80 €
5| 882,00 €
6| a 10 Pakete
b 7 Paletten
c 70 Pakete
d ja (7 770 kg)
7| ja (7,2 t)

Seite 57

8| 149,85 €
9| 57,17 €
10| 19,85 €
11| a 6,50 €
b 0,70 €
12| 494,27 €
13| a Tankstelle: 384,55 €
Spezialhändler: 328,40 €
b ja (40,077 ℓ)
c 107,41 €
d 20,25 €

Größen

Seite 62

	km	m			dm	cm	mm	Länge umgerechnet in m	Länge umgerechnet in cm
2	5	0	4	7	0	7	0	5 047,07	504 707
3	5	6	3	0	2	0	0	5630,2	563 020
4	0	5	7	8	4	0	0	578,4	57 840
5	0	0	5	7	0	6	2	57,062	5 706,2
6	4	0	1	2	0	0	6	4 012,006	401 200,6

	km	m			dm	cm	mm	
8	0	6	7	0	0	9	0	0,67009 km = 670,09 m = 6 700,9 dm = 67 009 cm = 670 090 mm
9	0	0	6	9	5	0	3	0,069503 km = 69,503 m = 695,03 dm = 6 950,3 cm = 69 503 mm
10	8	0	0	4	0	6	0	8,00406 km = 8 004,06 m = 80 040,6 dm = 800 406 cm = 8 004 060 mm
11	2	0	1	6	9	0	0	2,0169 km = 2 016,9 m = 20 169 dm = 201 690 cm = 2 016 900 mm

Seite 72

1| 50 cm
2| 1 000 mm
3| a 1 800 m^2
b 1 300 m^2
c 24 €
4| 9920 m^2
5| a 200
b 250
6| a 300
b 400
c 0,375-ℓ-Flaschen
3 450 € bei 0,5 ℓ
3 800 € bei 0,375 ℓ
7| a 9 200 ℓ
b 1 840 ℓ
c 1 104 ℓ
8| 6,5 kg
9| 150 g
10| a 4 000
b 5 000

Seite 73

11| a 6 000
b 4 000
12| 16,8 t
13| 2,875 t
14| a 150 kg
b ja (100 kg)
c nein (7,95 t)
15| a 255 s 179 s
238 s 225 s
174 s 260 s
205 s
b 25 min 36 s
16| 10 h 21 min
17| 4 h 7 min

Gleichungen

Seite 90

1| a 14
b 4
2| 0
3| Hanna: 17
Schwester: 19
Bruder: 14
4| Daniel: 28
Eva: 13
Vanessa: 1
5| 4,80 €
6| 0,89 €
7| 150 €
8| a 25 Tage
b 696 €
9| a 8
b 8

Seite 91

10| 110 cm
11| 72 cm; 108 cm
12| 180 cm; 360 cm
13| 4 €
14| a 160
b 250
15| a 70
b 130
16| a Verleih B ist günstiger:
A 2 215 €; B 2 170 €
b Verleih A ist günstiger:
A 3 055 €; B 3 100 €
c 17 Tage
17| a Mediso ist günstiger:
Mediso 40,50 €
Hygio 43,80 €
b 16 Flaschen

Zuordnungen und Dreisatz

Seite 95

1| $A\ (1\,|\,0{,}4)$ $E\ (4{,}8\,|\,1{,}7)$ $I\ (1{,}7\,|\,3{,}9)$
$B\ (2{,}7\,|\,1{,}2)$ $F\ (3{,}5\,|\,2{,}3)$ $J\ (2\,|\,2{,}5)$
$C\ (3{,}5\,|\,0{,}3)$ $G\ (4{,}1\,|\,3{,}8)$ $K\ (0{,}5\,|\,2{,}2)$
$D\ (3{,}5\,|\,1{,}4)$ $H\ (2{,}6\,|\,2{,}9)$ $L\ (1{,}8\,|\,1{,}6)$

2|

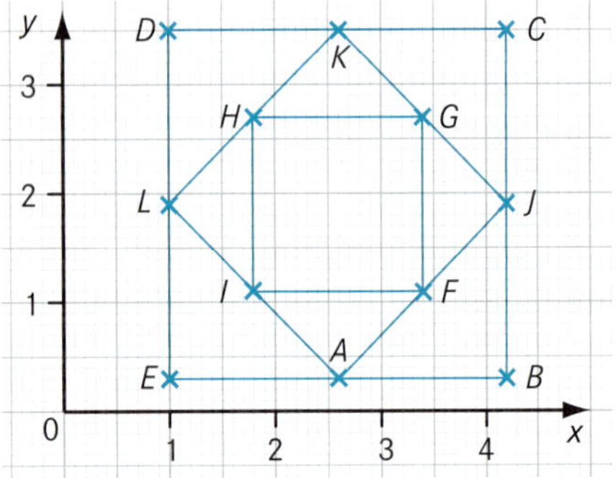

3|

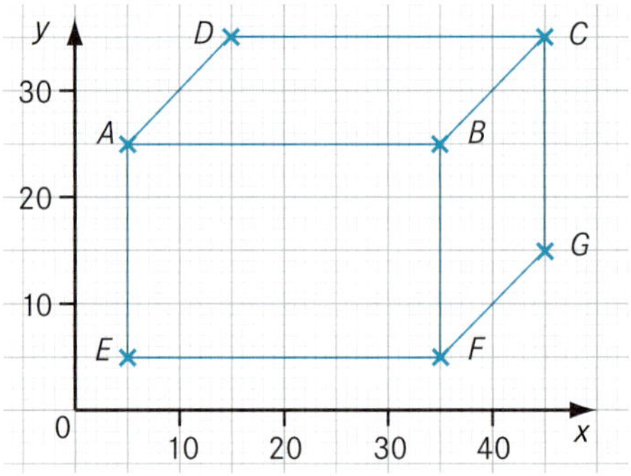

4|

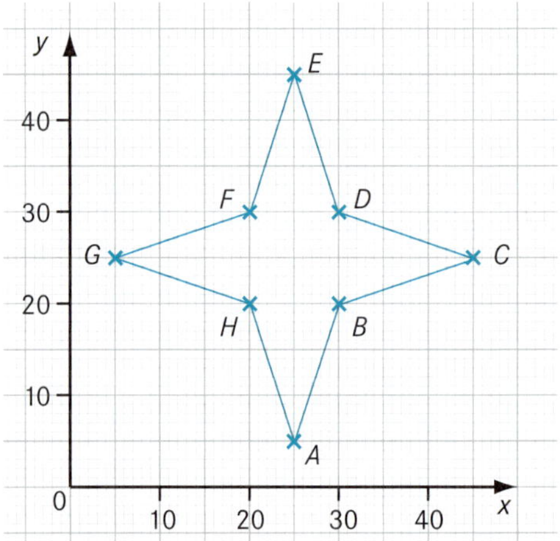

Seite 96

3|

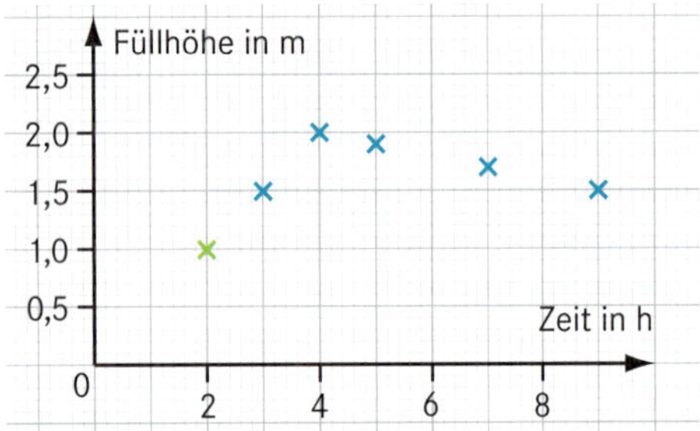

4|

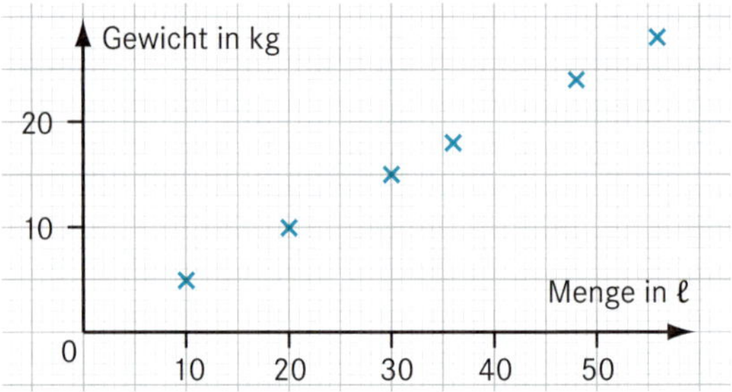

Seite 97

5|

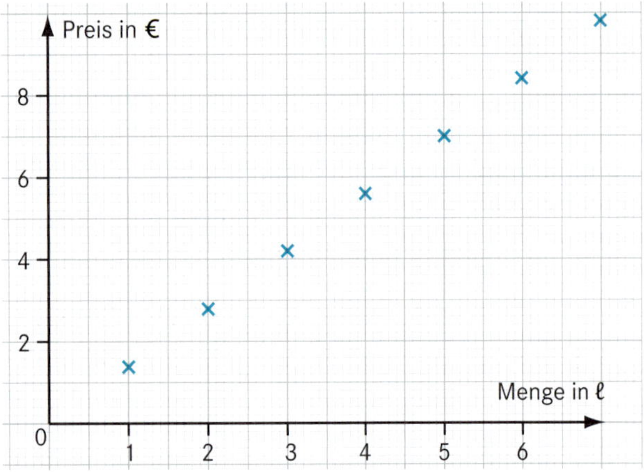

6|

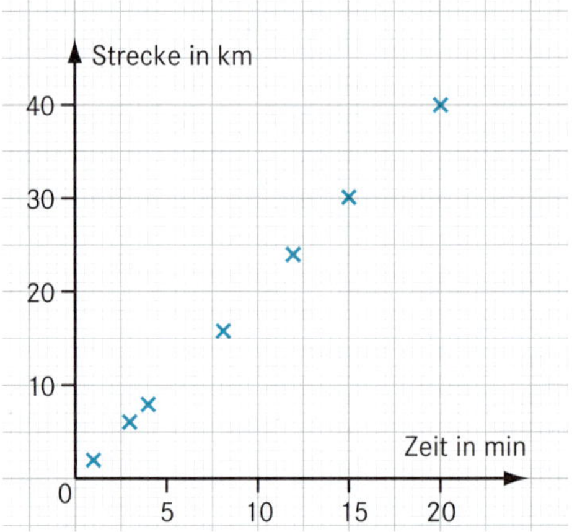

Seite 102

5|
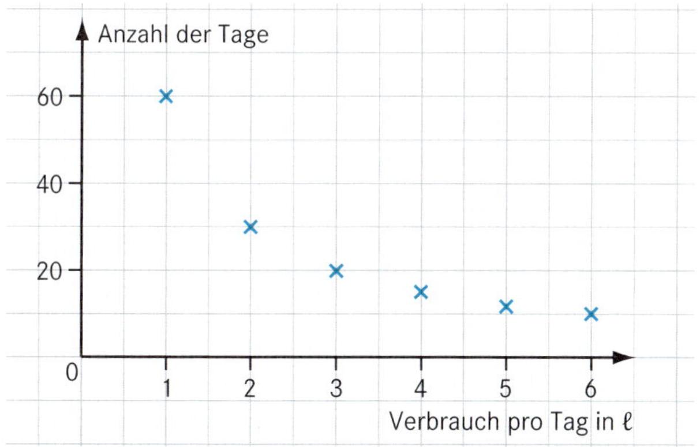

6|
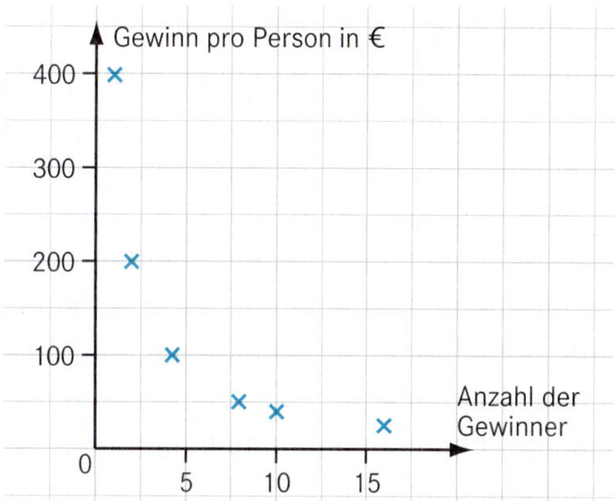

Seite 116

1| 4
2| 19,80 €
3| 8 000
4| 82,34 €
5| 281,25 €
6| 30
7| a 350 €
b 1 190 €
8| 15 Tage
9| 25 min
10| 1,5 ℓ

Seite 117

11| 4 Tage
12| Schrauben: 84
Unterlegscheiben: 168
13| 9,90 €
14| 3
15| 15 €
16| 1
17| 1,33 kg
18| 8 kg
19| 111 €
20| Amberger: 151 909,09 €
Breitling: 75 954,55 €
Döser: 50 636,36 €
21| 13,98 €

Prozent- und Zinsrechnung

Seite 123

1| Grundwert: 1 250 €
Prozentwert: 300 €
Prozentsatz: 24 %
2| Grundwert: 10
Prozentwert: 3
Prozentsatz: 30 %
3| Grundwert: 75
Prozentwert: 12
Prozentsatz: 16 %
4| Grundwert: 7,50 €
Prozentwert: 3 €
Prozentsatz: 40 %
5| 16 %
6| 8 %
7| 80 kg
8| 1 460 €

Seite 146

1| 45 €
2| 19,50 €
3| 26 €
4| 1 700 €
5| a 426
b 66
c 108
6| 80
7| 400
8| 475 €
9| $11,\overline{1}$ %
10| 28 %
11| ja (71,32 %)
12| 35 %
13| 12 %

Seite 147

14| a 109,20 €
b 43,60 €
15| 850 €
16| 162,50 €
17| 1 150 €
18| 47,74 €
19| 300 €
20| 300
21| a 176,04 €
b 6 696,04 €
22| a 216 €
b 16 %
23| 2 835 €
24| 7,50 €

Kalkulation und Angebotsvergleich

Seite 158

1| 309,50 €
2| 17,07 €
3| 1,32 €
4| a 75,14 €
b 66,71 €
5| 474,62 €
6| 84,76 €
7| a 109,13 €
b 189,92 €
8| 53,12 €

Seite 159

9| 210,00 €
10| 100,00 €
11| 22,56 €
12| 110,23 €
13| 740,11 €
14| 516,08 €
15| Angebot 1: 3 710,90 €
Angebot 2: 3 666,60 €
16| Stark GmbH: 7,30 €
Abel OHG: 7,68 €

Geometrie

Seite 166

1| $x = 50\,\text{cm}$
2| $(5\,\text{m})^2 + (6\,\text{m})^2 = x^2$ $x \approx 7{,}81\,\text{m}$
3| $(9\,\text{mm})^2 + (12\,\text{mm})^2 = x^2$ $x \approx 15\,\text{mm}$
4| $(5\,\text{dm})^2 + (8\,\text{dm})^2 = x^2$ $x \approx 9{,}43\,\text{dm}$
5| $x = 48\,\text{mm}$
6| $x^2 + (10\,\text{cm})^2 = (13\,\text{cm})^2$ $x \approx 8{,}31\,\text{cm}$
7| $x^2 + (27\,\text{dm})^2 = (45\,\text{dm})^2$ $x \approx 36\,\text{dm}$
8| $x^2 + (1\,\text{m})^2 = (2\,\text{m})^2$ $x \approx 1{,}73\,\text{m}$

Seite 170

1| $\alpha = 40°$ spitzer Winkel
2| $\beta = 110°$ stumpfer Winkel
3| $\gamma = 75°$ spitzer Winkel
4| $\delta = 90°$ rechter Winkel
5| $\varepsilon = 155°$ stumpfer Winkel
6| $\varphi = 180°$ gestreckter Winkel

7|
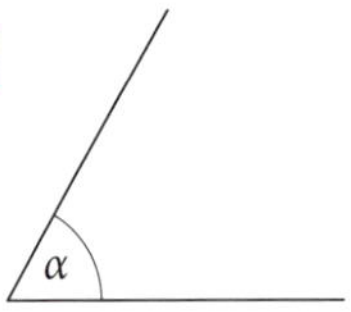

8|
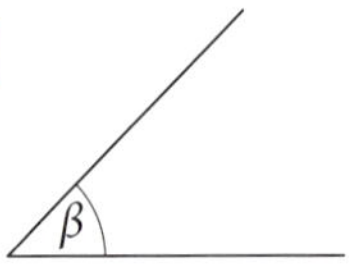

9|
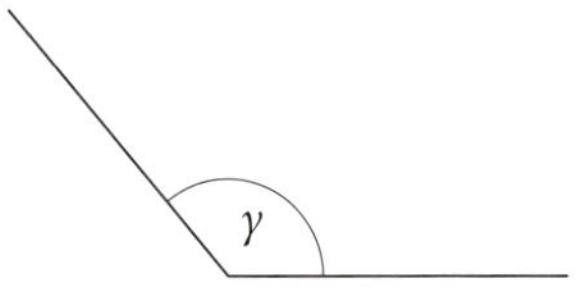

10|

11|
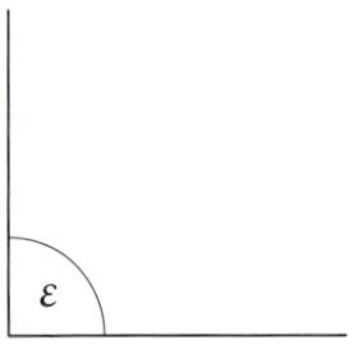

12|
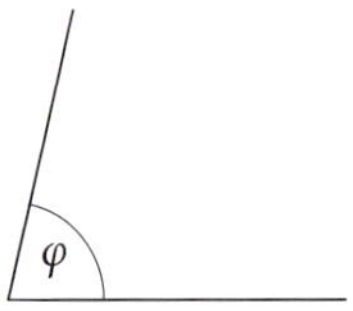

Seite 174

4|
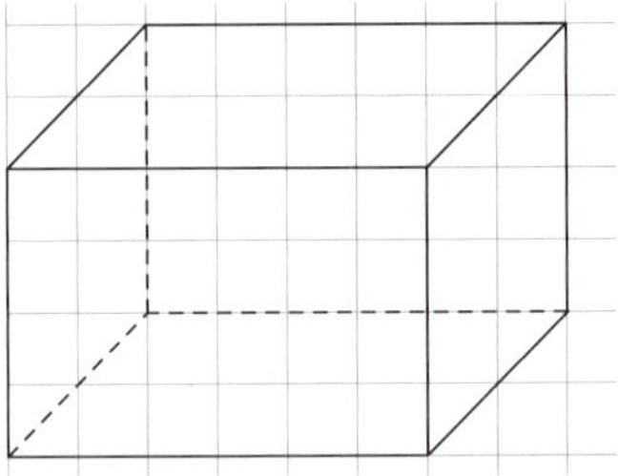

5|
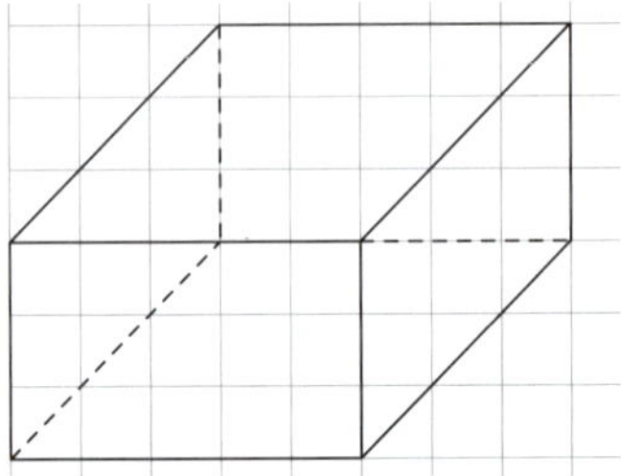

6|
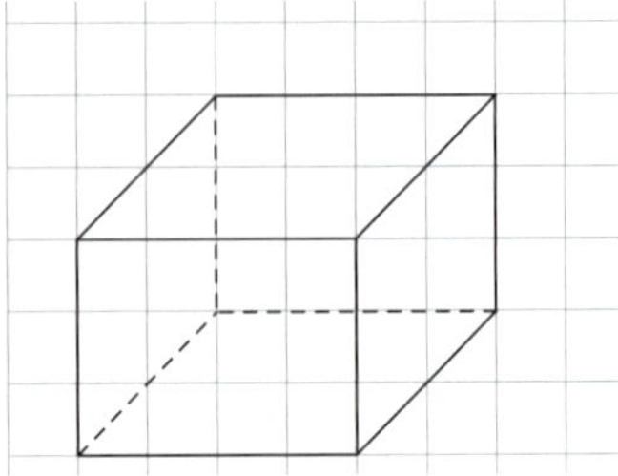

7|
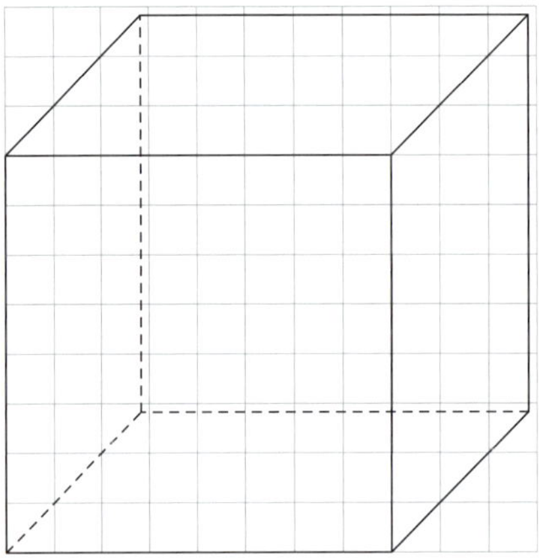

8| wie 7|, aber $a = 6\,\text{cm}$

9| wie 7|, aber $a = 2{,}8\,\text{cm}$

10|
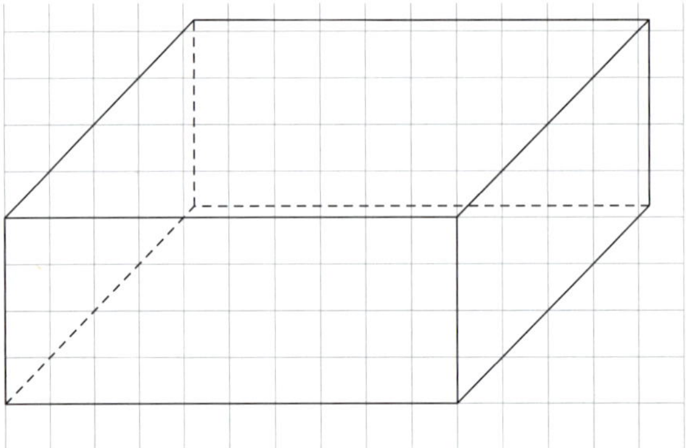

11|
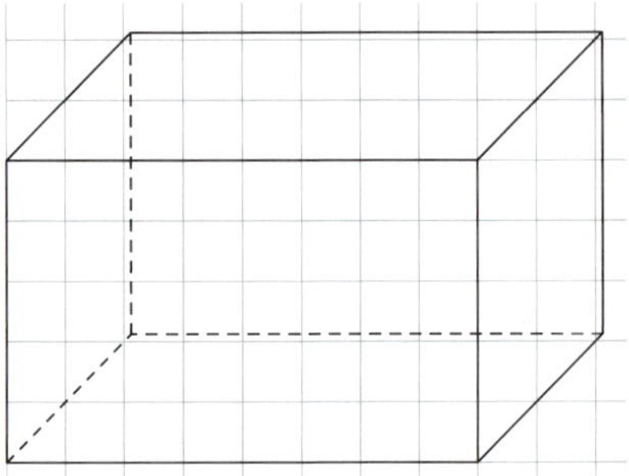

12|
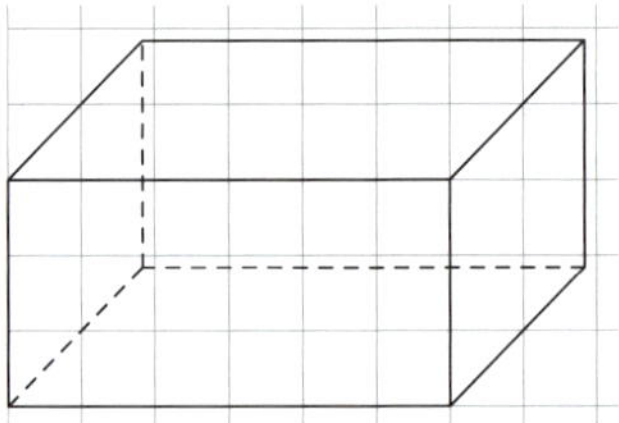

Seite 175

	Vorderansicht	Seitenansicht	Draufsicht
2|	C	N	K
3|	M	L	C
4|	C	C	E
5|	J	H	F
6|	D	B	G

7| B

Seite 176

1| gelb/orange, blau/lila, grün/rot
2| grün/orange, gelb/lila, blau/rot
3| blau/grün, rot/lila, gelb/orange
4| blau/grün, gelb/rot, orange/lila
5| ja
6| ja
7| ja
8| ja
9| nein
10| A
11| C
12| D
13| B

Seite 178

1| a $195{,}63\,m^2$ b $65{,}13\,m^2$
2| $4{,}1\,\ell$
3| a 18 m b $20\,m^2$
4| a $13{,}5\,m^2$ b 150 c 8 d 384 €
5| 48 cm
6| a 191,54 m b 255 s
7| a 1 m b $2\,150\,cm^2$

Seite 179

8| a $24\,m^3$ b $26{,}4\,m^3$
9| a $12{,}6\,m^3$ b $12\,600\,\ell$ c 140 min
10| a $448\,000\,cm^3$ b $448\,\ell$ c 448 kg
11| $9\,\ell$
12| $8{,}76\,m^2$
13| a $942\,cm^3$ b $942\,m\ell$ c $533{,}8\,cm^2$
14| a $17{,}95\,cm^3$ b 141,09 g
15| a $3\,977{,}\overline{3}\,m^3$ b $628\,m^2$

Umgang mit Daten

Seite 183

1| a Niederlassung II b Niederlassung I
2| a Variante 2 b Variante 1

Seite 184

1| a 1, 1, 1, 1, 1, 1, 1, 1, 1, 2, 2, 2, 2, 2, 2, 2, 2, 2, 2, 3, 3, 3, 3, 3, 3, 3, 4, 4, 4, 5

b

Flaschen	1	2	3	4	5
Kunden	9	10	7	3	1

2|

Betriebsausflug	Wanderung	Radtour	Kanufahrt
Mitarbeiter	7	11	8

Seite 186

1| Elefant: 24 Jahre Katze: 15 Jahre
Schwein: 16 Jahre Tiger: 11 Jahre

2| Musik: 85 % Filme: 70 % Bücher: 55 %
Sport: 65 % Spiele: 35 % Autos: 30 %

3|
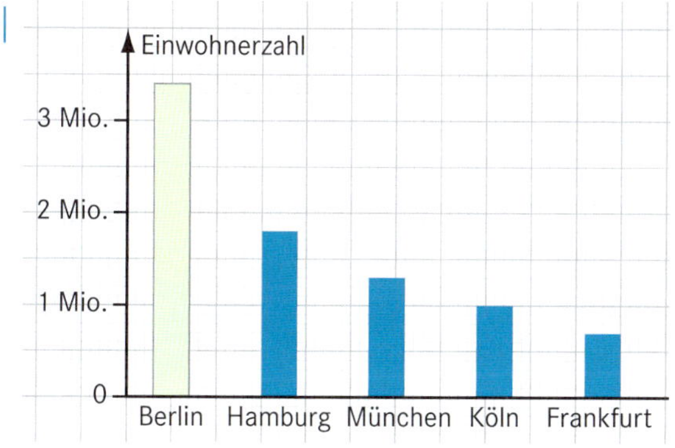

4|
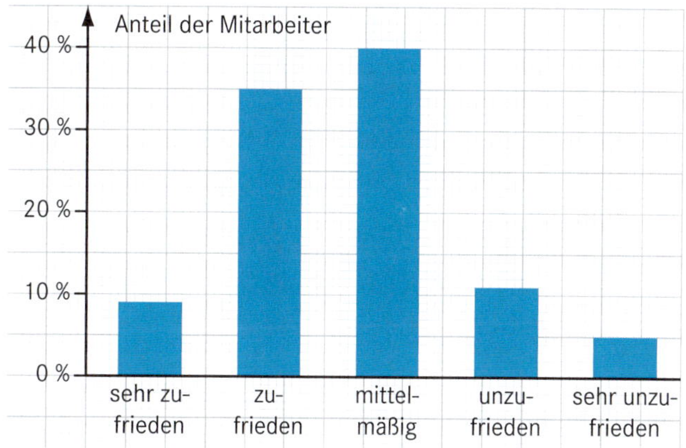

Seite 187

1| Januar: 3 °C Juli: 25 °C
März: 10 °C September: 20 °C
Mai: 19 °C November: 8 °C

2| 1.1. 2010: 1,43 $ 1.7. 2010: 1,25 $
15.2. 2010: 1,36 $ 15.8. 2010: 1,28 $
1.4. 2010: 1,36 $ 1.10. 2010: 1,38 $
15.5. 2010: 1,24 $ 15.11. 2010: 1,36 $

3|
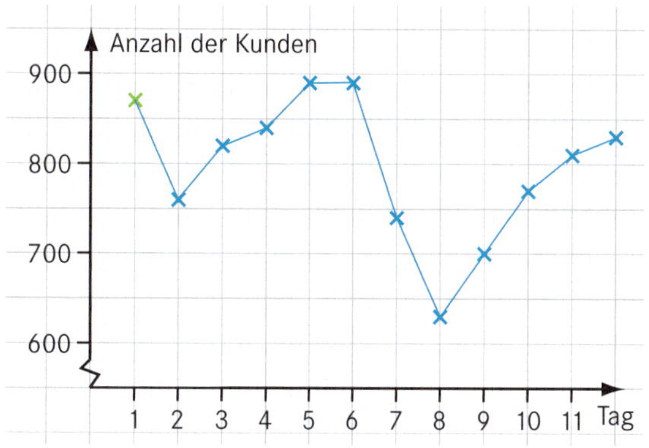

4|
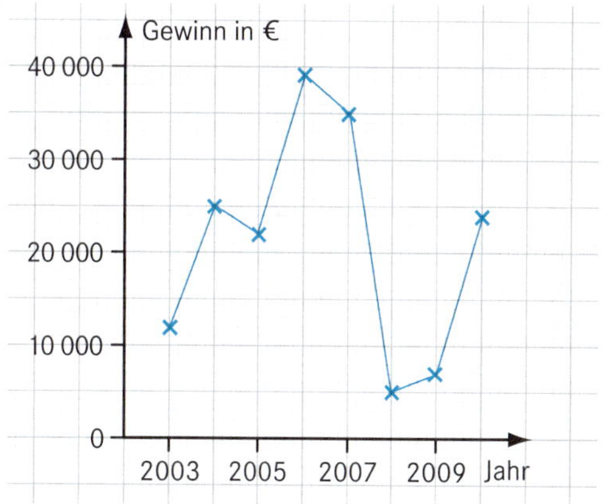

Seite 188

2| 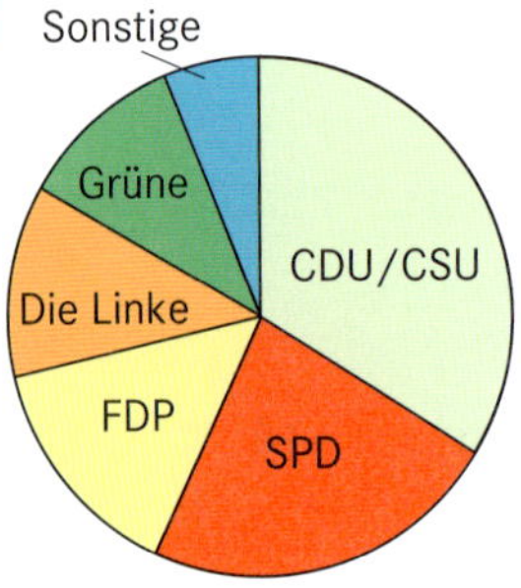

3| 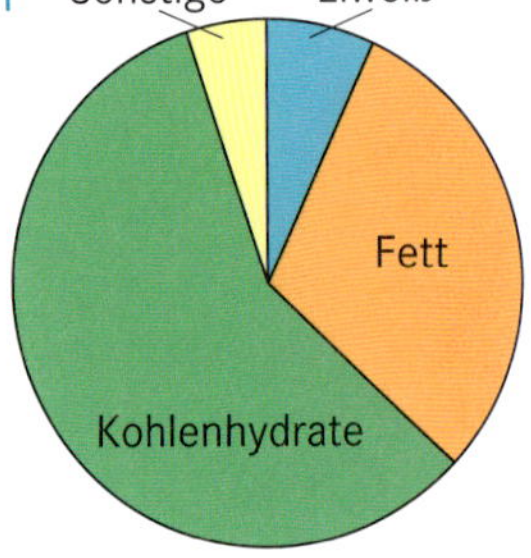

Seite 189

1| a 5 km
b 8 km
c 16:55 Uhr
d Ahmet
e 10 min
f Ahmet
g 5 min
h Simon

2| a 17:35 Uhr
b 10 min
c 160 ℓ
d 18:05 Uhr
e 18:08 Uhr
f 15 min
g 6 min

Seite 192

1| a 7,5 ℓ, 7,8 ℓ, 8,1 ℓ, 8,3 ℓ, 8,4 ℓ, 8,9 ℓ, 9,0 ℓ, 9,2 ℓ, 10,1 ℓ

Seite 196

1| a 118
b CDU: 39,0 % SPD: 24,6 % Grüne: 14,4 % Die Linke: 5,1 % FDP: 16,9 %

2| a 25
b Auto: 28 %
Bus: 40 %
Fahrrad: 20 %
Sonstige: 12 %

c 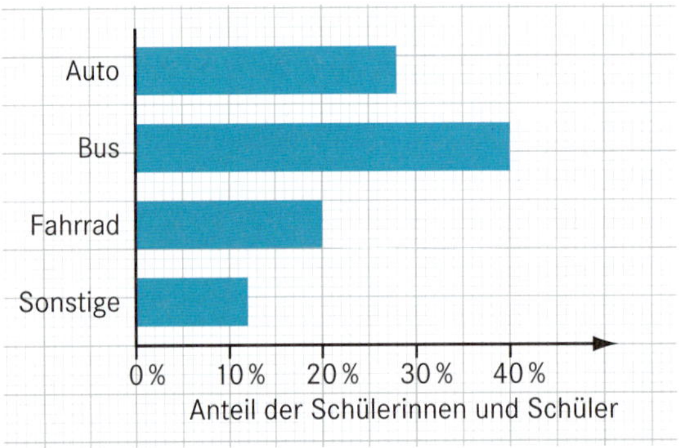

d Auto: 101°
Bus: 144°
Fahrrad: 72°
Sonstige: 43°

e 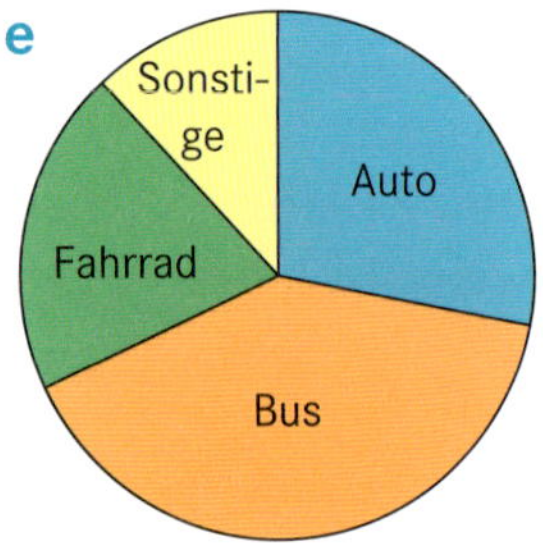

3| a Nettogehalt: 1 045,80 € Abgaben: 354,20 €
b Nettogehalt: 1 318,60 € Abgaben: 581,40 €
c Nettogehalt: 1 588,80 € Abgaben: 811,20 €

4| a Solidaritätszuschlag: 8,69 €
Sozialversicherungsbeiträge: 382,20 €
Abgaben insgesamt: 548,89 €
b 1 271,11 €
c Nettogehalt: 69,8 %
Abgaben: 30,2 %
d 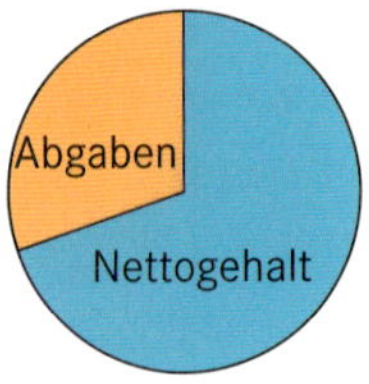

Seite 197

5| a 508,74 €
b 485 €
c 510,48 €

6| a 4
b 2 %
c 26
d 3,25 %
e 6,5

7| a richtig
b richtig
c richtig
d falsch
e falsch
f fraglich
g richtig
h fraglich
i fraglich

Lösungen Abschlusstest

Ganze Zahlen Seite 26

1| 6894
2| 5788
3| 6931
4| 4536
5| 27510
6| 126
7| 563
8| 91
9| 3887
10| 197
11| 685
12| 1216
13| 49
14| 6
15| a 3 °C
b – 2 °C
c – 15 °C
d 2 °C
16| 55
17| – 90
18| – 48
19| 30
20| – 48
21| 462 €
22| 125 Stunden
23| 10916 €
24| 39663 km
25| 38 €
26| 372000 Umdrehungen pro Stunde
27| 65 min

Brüche Seite 40

1| $\frac{16}{36}$
2| $\frac{8}{9}$
3| $\frac{7}{9}$
4| $\frac{11}{56}$
5| $3\frac{5}{6}$
6| $1\frac{1}{20}$
7| $3\frac{3}{7}$
8| $\frac{5}{6}$
9| $1\frac{3}{4}$
10| $1\frac{1}{11}$
11| $3\frac{1}{2}$
12| $22\frac{2}{3}$
13| $1\frac{1}{3}$
14| 6
15| $\frac{2}{27}$
16| $\frac{15}{19}$
17| $\frac{1}{16}$
18| $\frac{7}{40}$
19| a 20
b 6
c $\frac{1}{2}$ m
20| $38\frac{1}{2}$ €
21| 870 €
22| $10\frac{461}{500}$ cm

Dezimalbrüche Seite 58

1| a 0,875
b 12,5
c 1,75
d $0{,}8\overline{3}$
2| 7,385
3| 12,981
4| 11,055
5| 38,73
6| 1387,61
7| 988,45
8| 3,5
9| 18,6352
10| 4261
11| 1430
12| 0,027
13| 10
14| 62,65
15| 0,723
16| 6,8
17| 0,06
18| 0
19| a 648
b 650
c 648,5
20| nein (4,74 GB)
21| 253,75 €
22| a 70 €
b 71,99 €
23| a 0,13 ℓ
b 13 ℓ

Größen Seite 74

1| 45 mm
2| 87 cm
3| 1284 mm
4| 138 mm^2
5| 0,056 m^2
6| 58,3 cm^2
7| 1,45 cm^3
8| 2856 dm^3
9| 60 cm^3
10| 24 ℓ
11| 500 cm^3
12| 125 cm^3
13| 0,75 ℓ
14| 650 mℓ
15| 73800 mg
16| 785 kg
17| 261,35 t
18| 6 min
19| 3 d
20| 735 min
21| 12,25 h
22| 3 h 48 min
23| a 679 km 561 m
b 18 h 18 min
24| a 1188 €
b 1512 €
25| 0,025 g
26| 24 h

Gleichungen Seite 92

1| 97
2| 56
3| 60
4| 12
5| 30
6| 0,5
7| 16
8| 7
9| 6
10| 17
11| 10
12| 9
13| 5
14| 9
15| – 1
16| 18 cm
17| 1 m
18| 3 m
19| 4 h
20| 224
21| Jan: 35 Tarik: 18 Nadja: 20
22| Füller: 8,25 € Marker: 0,75 €
23| 85 cm
24| 500

Zuordnungen und Dreisatz Seite 118

1| a

Fläche	0,5 m^2	1 m^2	2 m^2	2,5 m^2	3 m^2
Preis	6 €	12 €	24 €	30 €	36 €

b

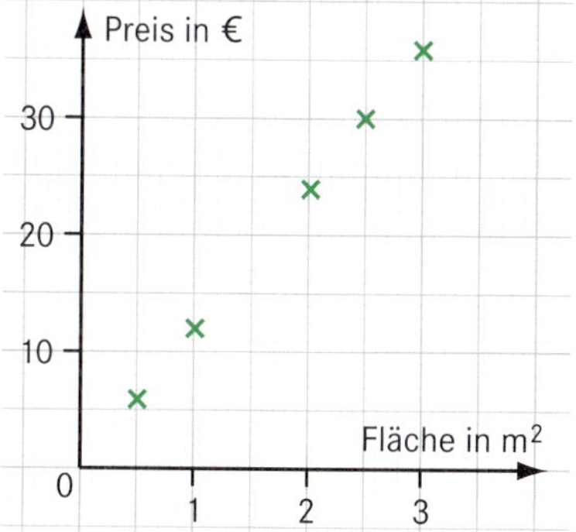

2|

Anzahl	1	2	4	5	10	20
Länge	10 m	5 m	2,5 m	2 m	1 m	0,5 m

3| a 3,35 €
b 16,75 €
4| 198 €
5| 66 Tage
6| 13
7| 80
8| 2,4 h
9| Pfirsiche: 6,4 kg Ananas: 9,6 kg
10| 420 €

Lösungen Abschlusstest

Prozent- und Zinsrechnung Seite 148

1| a 80 %
   b 37,5 %
2| a 40 %
   b 62,5 %
3| a 9 %
   b 80,3 %
4| a 0,79
   b 0,057
5| a 140 €
   b 11,25 €
   c 85 %
   d 0,1 %
   e 251 €
   f 400 cm^2
6| a 57 €
   b 19,57 €
   c 4,94 €
7| 80 %
8| 5 %
9| a 5 200 ℓ
   b 4 732 ℓ
10| a 65,60 €
   b 10,20 €
   c 6,75 €
11| 2150 €
12| 996 €

Kalkulation und Angebotsvergleich Seite 160

1| 235,50 €
2| Angebot 1: 13,96 €
   Angebot 2: 14,57 €
3| 371,32 €
4| 28,56 € 18 %
5| 4,41 €
6| 9,19 €
7| 208,38 €
8| Angebot 1: 6,79 €
   Angebot 2: 7,56 €

Geometrie Seite 180

1| 32 m 64 m^2
2| 24 cm 35 cm^2
3| 6,75 cm^2
4| 31,4 mm 78,5 mm^2
5| 54 cm^2
6| 270 cm^3
7| 2 649,375 dm^3
8| 452,16 mm^2
9| a 45,12 m^2
   b 5,0856 ℓ
10| a 3 776 cm^2
   b 4 001 cm^2
11| 6,6 m^3
12| 13,659 m^2
13| a 2 640,74 cm^2
   b 3 168,89 cm^2

Umgang mit Daten Seite 198

1| a
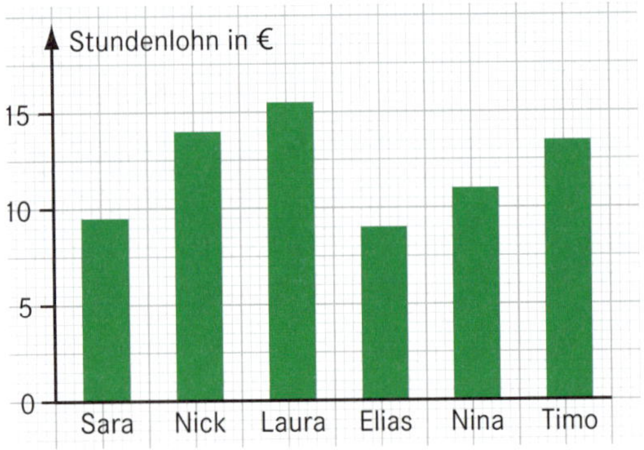

   b 12,08 €

2| a 13 %
   b 71 000 km^2
3| a 3,2
   b 3
   c Durchschnitt (arithmetischer Mittelwert)
4| a 240
   b Leipzig: 40 % Mainz: 17,5 %
   Bremen: 32,5 % Rosenheim: 10 %
   c Leipzig: 144° Mainz: 63°
   Bremen: 117° Rosenheim: 36°
   d
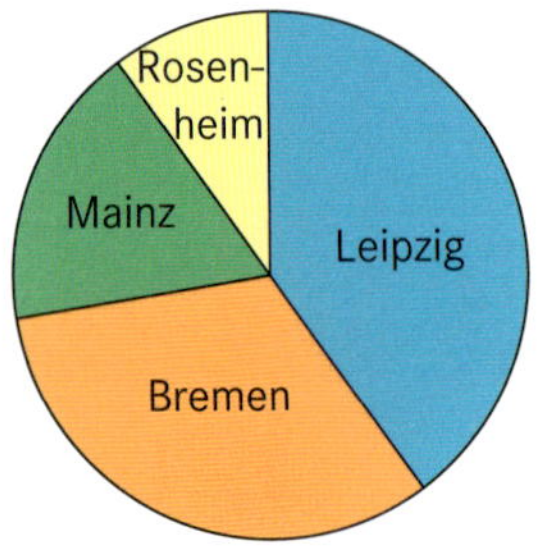

5| a falsch
   b falsch
   c richtig
   d falsch